Mediação na
Administração Pública Brasileira

CB000714

Mediação na Administração Pública Brasileira

O DESENHO INSTITUCIONAL E PROCEDIMENTAL

2018

Sílvia Helena Picarelli Gonçalves Johonsom di Salvo

MEDIAÇÃO NA ADMINISTRAÇÃO PÚBLICA BRASILEIRA
O DESENHO INSTITUCIONAL E PROCEDIMENTAL
© Almedina, 2018
AUTOR: Sílvia Helena Picarelli Gonçalves Johonsom di Salvo
DIAGRAMAÇÃO: Almedina
DESIGN DE CAPA: FBA
ISBN: 9788584932757

Dados Internacionais de Catalogação na Publicação (CIP)
(Câmara Brasileira do Livro, SP, Brasil)

Salvo, Sílvia Helena Picarelli Gonçalves Johonsom di
Mediação na administração pública brasileira : o desenho institucional e procedimental / Sílvia Helena Picarelli Gonçalves Johonsom di Salvo. -- São Paulo : Almedina, 2018.

Bibliografia.
ISBN 978-85-8493-275-7

1. Administração pública 2. Administração pública - Brasil 3. Arbitragem 4. Conciliação 5. Direito administrativo 6. Mediação 7. Solução de conflitos (Direito) I. Título.

18-14805 CDU-354.81

Índices para catálogo sistemático:

1. Brasil : Administração pública 354.81

Cibele Maria Dias - Bibliotecária - CRB-8/9427

Aviso: O presente trabalho não representa parecer legal ou a opinião de Pinheiro Neto Advogados sobre o assunto tratado, mas apenas de seu autor, para fins acadêmicos.

Este livro segue as regras do novo Acordo Ortográfico da Língua Portuguesa (1990).

Todos os direitos reservados. Nenhuma parte deste livro, protegido por copyright, pode ser reproduzida, armazenada ou transmitida de alguma forma ou por algum meio, seja eletrônico ou mecânico, inclusive fotocópia, gravação ou qualquer sistema de armazenagem de informações, sem a permissão expressa e por escrito da editora.

Abril, 2018

EDITORA: Almedina Brasil
Rua José Maria Lisboa, 860, Conj.131 e 132, Jardim Paulista | 01423-001 São Paulo | Brasil
editora@almedina.com.br
www.almedina.com.br

PREFÁCIO

Para além de representar a dissertação de conclusão do Mestrado em Direito do Estado da secular Faculdade de Direito da Universidade de São Paulo, a obra cujo prefácio tenho a felicidade e a honra de escrever nasceu, a meu ver, de duplo desafio a si imposto pela autora.

Primeiro, de forma segura e concatenada, a autora contextualiza nos dias de hoje o instituto da mediação no vastíssimo campo da Administração pública, apresentando as principais âncoras normativas e dogmáticas deste método autocompositivo de resolução de conflitos. Segundo, por meio de uma robusta pesquisa empírica, a autora nos entrega uma análise clara, concisa e percuciente da recente prática da mediação no âmbito da Câmara de Conciliação e Arbitragem da Administração Federal-CCAF, experiência ainda bastante desconhecida, não somente dos especialistas e estudiosos do tema, mas da própria Administração pública brasileira.

Toda a realidade jurídico-normativa vinculada à mediação no setor público – especialmente a partir das Leis federais nº 13.105/15 – Novo Código de Processo Civil – e nº 13.140/15 – Lei Geral de Mediação – configura em si uma grande novidade, uma terra inóspita a ser desbravada, encorajando o intérprete a empreender esforços exegéticos de acentuada dificuldade, tarefa árdua mas plenamente realizada pela jovem autora. Entretanto, ao lado desse difícil mister, a obra é magistral em resgatar e desvendar importante momento de utilização prática da mediação no setor público brasileiro, por meio da análise de diversos casos submetidos à CCAF em um "presente recentíssimo", por assim dizer, A despeito da tarefa revelar-se um percurso investigativo demasiadamente íngreme para uma pesquisa na área do direito administrativo brasileiro, a autora dela desincumbiu-se extremamente bem, alcançando resultados bastante elevados, como o leitor terá o prazer de comprovar.

Sabedor do espírito crítico e exigente da autora, a quem tive o prazer de orientar no seus passos iniciais nas letras do direito público, se a proposta original era a de conferir um tratamento científico adequado à mediação na Administração pública hodierna, com o fito de contribuir para a sua evolução, necessariamente ter-se-ia que perpassar pela opção metodológica escolhida: (i) empreender pesquisa na dupla rota jurídico-normativa e empírica, (ii) indagar-se sobre eventuais convergências e divergências entre os planos do *law on the books* e do *law in action* e (iii) apresentar propostas de aprimoramento do emprego da mediação no setor público. Se de modo isolado estas tarefas configurar-se-iam difíceis, realizadas em conjunto os desafios certamente seriam tidos como hercúleos, porém foram todos brilhantemente enfrentados pela autora, resultando em uma obra ao mesmo tempo didática, densamente problematizada e contemporânea em suas conclusões e prospecções finais. Enfim, um belo exemplar daquelas obras jurídicas construídas sobre as melhores bases científicas existentes, o que certamente a levará a ser considerada atualíssima por muito e muito tempo.

Para uma obra enfrentar adequadamente o tema indicado, parece-me que seu marco zero há de ser investigar sobre o *lugar da mediação na Administração pública*, ou seja, indagar e intentar detectar a real atitude dos órgãos, entes e autoridades públicas frente ao conflito: a decisão é enfrentar e solucioná-lo, ou é fugir e renegá-lo? A relação entre o público e o privado nos dias atuais é de tensão permanente e distanciamento, ou de aproximação possível e conciliação? O que de fato pretende a Administração pública brasileira quando recorre à mediação para resolver conflitos dos quais é parte?

Eis o ponto de partida desta obra, e por isso a autora preocupa-se no primeiro capítulo em traçar as linhas de transformação da Administração pública contemporânea, que tende a promover cada vez mais uma cultura do diálogo, da negociação e do consensualismo no setor público. É justamente nesse ambiente de maior interação – público-privada e público-pública – que emerge um dever da boa administração de considerar a existência do conflito e de procurar institucionalizar métodos e práticas para solucioná-lo eficientemente na esfera administrativa extrajudicial, despendendo maior atenção, consideração e respeito às opiniões e posições ocupadas por todos os atores nele envolvidos, sejam públicos ou privados. Destarte, a autora passa a relacionar diferentes acepções e funcionalidades da mediação a um cenário administrativo que pretende estimular não somente a resolução, mas igualmente a contenção e a prevenção dos conflitos no setor público, cabendo à mediação um papel de grande protagonismo.

Contudo, da intenção de estimular uma nova cultura administrativa de mediar conflitos até os momentos de sua implementação e do atingimento de um nível ótimo de institucionalização da mediação como método extrajudicial de resolução desses conflitos, há de ser percorrido pela Administração pública um extenso e difícil caminho. Por isso, no capítulo dois da obra a autora discorre de modo exemplar sobre os possíveis modelos institucionais e procedimentais da mediação de conflitos no setor público, com destaque para os seguintes temas: (i) instituição de um sistema de mediação, (ii) estruturação do processo administrativo de mediação e (iii) desafios para a operacionalização do processo administrativo de mediação. Aqui a obra alcança um altíssimo patamar de cientificidade, consistente na verticalizada problematização de inúmeras questões relacionadas ao processo evolutivo do uso da mediação no cotidiano administrativo, sempre em direção à sua institucionalização no setor público. Planejamento institucional da mediação, publicidade do sistema de mediação, a figura do mediador no setor público, confidencialidade e publicidade da mediação, o recurso ao *caucus*, parâmetros para celebrar o acordo administrativo na mediação, são alguns dos importantes tópicos extremamente bem delineados e encarados na obra.

Finalmente, no derradeiro capítulo, a autora expressa com vigor uma feliz combinação de generosidade científica e apuradas técnicas investigativas, infelizmente ainda não tão corriqueiras nas pesquisas jurídicas brasileiras. Com recortes temporal e espacial impecáveis, é criticamente analisada a experiência da Câmara de Conciliação e Arbitragem da Administração Federal-CCAF. Inegável que neste capítulo residem os *highlights* da obra, pois a autora nos apresenta a realidade do trato da mediação na Administração pública federal, conferindo ao leitor a oportunidade de constatar empiricamente os desafios e problemas relativos à implementação da mediação no setor público, mormente à luz do que fora tratado no capítulo anterior.

Com irrepreensível espírito prospectivo, a obra alcança valor e maturidade metodológicas inarredáveis, ao demonstrar que o caminho rumo à institucionalização da mediação na Administração pública pode ser melhor pavimentado, sobretudo se os atores encarregados desse processo evitarem certos contratempos e concentrarem-se em determinados aspectos nevrálgicos do método mediativo. As propostas ao final do capítulo elencadas – (i) a promoção do acordo como caráter de eficiência e validade, (ii) publicidade ao gerenciamento dos conflitos e notadamente, (iii) a avaliação como medida da qualidade – apoiam-se não em uma opinião livre da autora, mas em estatísticas e dados da realidade cuidadosamente aferidos e entabulados no transcurso da pesquisa.

Não pairam dúvidas sobre o fato de que estamos todos diante de uma obra referência no tema da aplicabilidade da mediação pelo setor público, resultado de um intenso trabalho investigativo que primou, não somente pela qualidade das fontes normativas e dogmáticas consultadas, mas igualmente por técnicas de pesquisa de natureza empírica altamente efetivas. Todos estes pontos reunidos reforçam sobremaneira o caráter pioneiro e corajoso da autora que, embora jovem na idade, revela-se repleta de predicados de índole científica e investigativa típicos de juristas mais experientes e engajados nas Ciências Jurídicas. Aguardam-se, com imensa expectativa, os próximos passos da autora no ambiente acadêmico, pois a partir desta obra todos certamente esperaremos em futuro não muito distante sermos brindados com novo trabalho monográfico, tão ou mais inquietante do que este ora apresentado. Que venham novas contribuições da autora!

Gustavo Henrique Justino de Oliveira
Professor Doutor de Direito Administrativo na USP. Pós-Doutor em Arbitragem Internacional pelo Max Planck Institut für ausländisches und internationales Privatrecht (Hamburg-Alemanha, 2013). Especialista em Global Arbitration Law and Practice: national and transborder perspectives pela Queen Mary University of London (2013). Certificado em Negociação pela Harvard Law School (2013) e em arbitragem internacional pela International Arbitration & Mediation Training and Assistance Institute (IATAI). Pós-Doutor em Direito Administrativo pela Universidade de Coimbra (2008). Professor Visitante de Direito Administrativo na Universidade de Lisboa. Árbitro na CAESP, CAMARB, CAM-FIEP e Câmara FGV de Conciliação e Arbitragem. Presidente da Comissão de Administração Pública do CAM-CCBC. Coordenador do Grupo de Estudos em Arbitragem e Administração Pública do CBAR-Comitê Brasileiro de Arbitragem. Ex-Procurador do Estado do Paraná. Advogado e consultor jurídico em São Paulo (Justino de Oliveira Advogados Associados – www.justinodeoliveira.com.br)

LISTA DE ABREVIATURAS

ADR	Alternative/Adequate Dispute Resolution (métodos alternativos/ adequados de resolução de disputas)
AG	Assessoria de Gabinete
AP	Assessoria de Planejamento
AT	Assessoria Técnica e de Informação
CADIN	Cadastro Informativo de créditos não quitados do setor público federal
CAFAD	Coordenação de Articulação Federativa e Ações Descentralizadas
CAI	Coordenação de Apoio Institucional
CCAF	Câmara de Conciliação e Arbitragem da Administração Federal
CEBEPEJ	Centro Brasileiro de Estudos e Pesquisas Judiciais
CGP	Coordenação de Gestão do Procedimento Conciliatório e Diretora Substituta
CJF	Conselho da Justiça Federal
CJU	Consultoria Jurídica da União
DETRAN	Departamento Estadual de Trânsito
EAGU	Escola da Advocacia-Geral da União
IPHAN	Instituto do Patrimônio Histórico e Artístico Nacional
LOLF	Loi organique relative aux lois de finance (Lei orgânica das finanças)
MEC	Ministério da Educação
NOVACAP	Companhia Urbanizadora da Nova Capital
ONU	Organização das Nações Unidas
PGR	Procuradoria-Geral da República
PNUD	Programa das Nações Unidas para o Desenvolvimento
REDRESS	Resolve Employment Disputes, Reach Equitable Solutions Swiftly

SEDHAB	Secretaria de Habitação, Regularização e Desenvolvimento Urbano
STF	Supremo Tribunal Federal
STJ	Superior Tribunal de Justiça
TCU	Tribunal de Contas da União
TST	Tribunal Superior do Trabalho
UFRJ	Universidade Federal do Rio de Janeiro
ZOPA	Zone of Possible Agreement

LISTA DE FIGURAS

Lista de quadros

Lista de gráficos

SUMÁRIO

INTRODUÇÃO

Conflitos são inerentes à condição humana e, como tal, os conflitos também são característica natural de ficções jurídicas criadas pela humanidade para o propósito de sua organização, seja ela social, empresarial ou governamental. A Administração Pública, como criação humana, também compartilha de sua parcela de conflitos, estes com características bastante especiais.

Conflitos na Administração Pública não possuem apenas dimensões jurídicas e não raro caracterizam-se pela assimetria de poder entre os participantes do conflito, em que uma parte possui maiores privilégio econômico, influência política ou mesmo poder regulatório, em detrimento das outras partes, ainda que tais partes sejam entes jurídicos da Administração Pública.

É também de fácil aferição que, diante da similitude dos conflitos na Administração Pública e sua recorrência, evidencia-se a cultura do litígio pelo litígio praticada pela Administração Pública, por meio da qual acumulam-se demandas sem a efetiva intenção de solucioná-las, em desconsideração da eficiência, da moralidade e da autotutela administrativas.

Em paralelo à forma com a qual a Administração Pública brasileira cria e lida com seus conflitos, tem-se uma alteração de paradigmas da atividade administrativa estatal, cujo caminho fora pavimentado pela ordem constitucional democrática inaugurada pela Constituição Federal de 1998. Seguindo tendência do Direito Administrativo moderno, a Administração Pública brasileira tem-se voltado ao consensualismo para pautar suas atividades, traduzido na substituição de relações administrativas fundadas na tomada de decisão unilateral acompanhada pelo binômio imposição-subordinação, por relações dialógicas e que privilegiem a participação popular.

Dessa forma, ao passo que a atividade administrativa brasileira passa a se abster de imposições autoritárias e busca concertar interesses da sociedade civil e da iniciativa privada com seus próprios, para encontrar a sua legitimidade, os mecanismos para resolução de conflitos da Administração Pública parecem não refletir a busca por melhores resultados a um custo menor, encontrando-se maneiras de lidar com as diferenças para se restaurar a confiança e o relacionamento no âmbito da Administração Pública.

Diante desse impasse, precisamos repensar se o método contencioso e heterocompositivo de solução de conflitos realmente é o mais adequado para pacificar todas as controvérsias da Administração Pública.

Assim, os antigos institutos de *autocomposição*, notadamente a *mediação*, parecem ressurgir como método possível para a resolução de conflitos na Administração Pública. A mediação corresponde a um método não adversarial de resolução do conflito (autocompositivo), valendo-se da cooperação e do diálogo para a solução do conflito. Por meio da mediação, dá-se às partes maior empoderamento e liberdade, colaborando-se para a prevenção de novos conflitos e para a emancipação dos indivíduos quanto à resolução de seus conflitos.

No entanto, a reação tradicional para o uso de mediação na resolução de disputas atinentes à Administração Pública é de descrença, diante de elementos complicadores ligados à relação entre Administração Pública e administrados, bem como à conformação do Direito Administrativo, que muitas vezes parece estar em dissonância com a ideia da tomada consensual da solução de conflitos.

Para além de autorização legal[1] e do tecido teórico-doutrinário que sustenta a mediação na Administração Pública brasileira, a aceitação da mediação nesse âmbito depende do recebimento menos resistente desse método pelos agentes que comumente integram o conflito – entes da Administração Pública – e pelos órgãos de controle do Estado que ajudam a conformá-lo, como as Procuradorias, o Ministério Público, os Tribunais de Contas municipais, dos estados e da União.

[1] O ano de 2015 tornou-se um ano paradigmático para a mediação no Brasil – tanto entre particulares como no âmbito da Administração Pública –, com a edição do novo Código de Processo Civil (Lei federal n. 13.105, de 16 de março de 2015) e da Lei de Mediação (Lei federal n. 13.140, de 26 de junho de 2015).

A consolidação da mediação como método eficiente e apropriado para resolução de conflitos por órgãos e entes da Administração Pública, assim, depende invariavelmente da institucionalização desse método – no que a criação da CCAF pode ser considerada um marco da legitimação da mediação na Administração Pública – e do desenho procedimental conferido ao instituto.

Assim, o escopo da presente pesquisa é identificar, com base nos elementos estruturais da CCAF – o modelo-paradigma da mediação institucional para a Administração Pública brasileira – aferidos pelo estudo de casos por ela mediados, a composição de equilíbrio entre as características inerentes à mediação, com o regime jurídico-administrativo a que se sujeita a Administração Pública, para que se avalie a mediação como meio legítimo de solução de controvérsias.

A institucionalização da mediação no âmbito de um órgão da Administração Pública, tal como a CCAF, levanta uma série de questionamentos, pois, ao passo que contribui para o desenvolvimento de uma cultura de mediação, por outro lado pode incutir uma padronização procedimental que desnatura as características inerentes da mediação, transformando-a em mero modal do processo administrativo.

De início, destaca-se a preocupação com os tipos de conflitos que são submetidos à mediação, que, no caso da CCAF, trata-se de conflitos intra e interfederativos. Questionam-se os critérios de seleção dos conflitos a serem mediados, bem como a efetiva participação popular que contribui para a legitimação da decisão, sendo que os litígios submetidos à CCAF, por seu mérito, dialogam com as políticas públicas. Em conexão à seleção do litígio está a voluntariedade das partes (no presente caso, entre a Administração Pública federal, dos estados, do Distrito Federal e dos municípios) em submeter-se à mediação no âmbito da CCAF.

A figura do mediador também é elemento-chave para a legitimação da mediação e está diretamente ligada ao sucesso do procedimento mediativo. Nesse tocante, para além das problemáticas genéricas – como influência das partes na escolha do mediador, sua preparação e conhecimento do objeto do litígio –, discute-se a função do mediador como função administrativa, e as implicações de se ter um agente administrativo como mediador do conflito, em detrimento de um terceiro sem vínculo com a Administração Pública, para a questão da neutralidade do mediador.

Tem-se também que a necessidade de se estabelecerem regras claras quanto à possibilidade de transação e aos limites objetivos do processo de mediação não pode ser óbice para se chegar a um acordo possível entre as partes.

Ainda, levanta-se o questionamento quanto à forma de aprimoramento do desenho institucional e procedimental escolhido, por meio de métodos de revisão do sistema e de seus agentes.

A fim de enfrentar esses questionamentos, esta obra baseia-se na revisão de literatura sobre o tema da mediação de conflitos na Administração Pública, mormente literatura estadunidense e do Direito Comum europeu, por duas justificativas centrais: (i) a experiência brasileira, e mesmo a mediação de conflitos públicos em si, ainda é território a ser proficuamente explorado pela doutrina nacional até o presente momento; (ii) teoria e prática da mediação de conflitos públicos têm sido objeto de análise doutrinária por autores norte-americanos ao menos desde o final da década de 1980,[2] bem como a União Europeia estabelece a mediação como política pública desde 2008.[3] Dessa feita, para melhor disseminação do conhecimento, os trechos em doutrina estrangeira foram livremente traduzidos ao vernáculo, restando sob responsabilidade da autora sua tradução, constando a versão em português no corpo do texto e os excertos na língua original em nota de rodapé, com a devida referência.

A abordagem empregada ao raciocínio dessa fase do trabalho é indutiva, lastreada na observância de casos de mediação tratados pela doutrina para que se possa chegar à teorização do desenho institucional e procedimental de mediação de conflitos pela Administração Pública brasileira.

Não menos importante, porém, é a vertente empírica da presente obra, fundada em: (i) casos submetidos à mediação pela CCAF e nos quais chegou-se a consenso final, no período de 2010 a 2015; e (ii) processo de entrevista realizado com conciliadores da CCAF que atuaram nos casos mediados, no período de 2010 a 2015.

[2] Cf. PURDY, J. M; GRAY, B. Government Agencies as Mediators in Public Policy Conflicts. **The International Journal of Conflict Management**, v. 5, n. 2, p. 158-180, abr. 1994.

[3] EUROPA. Parlamento Europeu; Conselho. **Diretiva n. 2008/52/EC**. 21 maio 2008. Esta diretiva fala sobre certos aspectos da mediação em assuntos civis e comerciais.

Os dados obtidos foram investigados por análise de conteúdo,[4] porém com o temperamento peculiar à pesquisa empírica de métodos alternativos/adequados de resolução de disputas ("ADR"), a partir do aferimento de critérios[5] relativos a: (a) equidade; (b) binômio custo/eficiência; (c) satisfação dos participantes; (d) autonomia e empoderamento das partes; (e) capacitação e atuação dos agentes investidos na função de terceiro; (f) viabilidade e exequibilidade de acordo ou decisão; (g) *accountability*[6] sistêmica.

Os casos mediados pela CCAF foram selecionados dentre um universo representativo,[7] escolhidos a partir de lista disponibilizada pela Advocacia-Geral da União, em atendimento a dois requerimentos[8] formulados pela autora desta obra com base na Lei federal n. 12.527, de 18 de novembro de 2011 (Lei de Acesso à Informação). São eles a fonte primária da pesquisa empírica que orienta o presente trabalho.

Como complemento, ou seja, como fonte secundária da vertente empírica do trabalho, para uma análise qualitativa, tem-se o processo de entrevista com os conciliadores. Foi realizado questionário por meio da plataforma virtual Survey Monkey e submetido aos conciliadores por meio de seus endereços eletrônicos, totalizando 16 conciliadores entrevistados, sendo que, após os quatro meses em que a pesquisa esteve ativa, foram respondentes 4 dos conciliadores a quem o questionário fora submetido. Os resultados foram então entabulados e submetidos à análise qualitativa conforme os parâmetros acima descritos.

[4] "[...] um conjunto de técnicas de análise das comunicações visando a obter, por procedimentos sistemáticos e objetivos de descrição do conteúdo das mensagens, indicadores (quantitativos ou não) que permitam a inferência de conhecimentos relativos às condições de produção/recepção (variáveis inferidas) destas mensagens." (BARDIN, L. **Análise de conteúdo**. Lisboa: Edições 70; LDA, 2011, p. 47).

[5] Sobre o tema, confiram-se SUSSKIND, L.; CRUIKSHANK, J. **Breaking the Impasse**: Consensual Approaches to Resolving Public Disputes. [S.l.]: Basic Books, 1987; e MENKEL-MEADOW, Carrie J. Dispute Resolution. In: CANE, P.; KRITZER, H. M. (Eds.) **The Oxford Handbook of Empirical Legal Research**. Oxford: Oxford University Press, 2013, cap. 25, p. 596-624.

[6] *"Responsável por suas decisões ou ações no que se espera que sejam explicadas quando demandado."* Tradução nossa. WEHMEIER, Sally (Ed.). **Oxford Advanced Learner's Dictionary of Current English**. 6. ed. New York: Oxford University Press, 2002.

[7] Cf. GUERRA, Isabel Carvalho. **Pesquisa qualitativa e análise de conteúdo**: sentidos e formas de uso. Portugal: Principia, 2010.

[8] Processos n. 002640/201549 e 00700.000140/201585.

O primeiro capítulo visa apresentar novos paradigmas dogmáticos da Administração Pública brasileira que cooperaram para incentivo e incremento da adoção da mediação para a resolução de seus conflitos; nesse cenário destacam-se o consensualismo na Administração Pública e a boa Administração. Para se conciliar com esses paradigmas, a mediação, por seu turno, é vista sob suas diferentes percepções, como método autocompositivo de resolução de conflitos, como peça do aparelho da Justiça estatal e como instrumental do consensualismo administrativo.

O segundo capítulo apresenta modelos de desenho institucional e procedimental da mediação de conflitos da Administração Pública, como criação originária ou adaptação, aferidos a partir de *standards* de mediação de conflitos públicos que fornecem a síntese teórica dos componentes de estruturação do processo de mediação como forma de resolução da disputa. Assim, são trazidos os elementos centrais da confecção do processo de mediação: tempo, espaço, sujeito e objeto.

O terceiro capítulo visa testar os modelos teóricos apresentados, a partir de uma subsunção dos *standards* aos resultados de pesquisa empírica realizada no trabalho, no que concerne aos conflitos dirimidos por mediação no âmbito da Câmara de Arbitragem e Mediação da Administração Federal (CCAF), órgão da Advocacia-Geral da União, durante o período de 2010 a 2015. O gerenciamento do conflito pela CCAF será retratado de forma empírica. A partir do estudo de casos, serão expostos e testados os elementos centrais que compõem o processo mediativo (tempo, espaço, sujeito e objeto, retomando-se as premissas expostas no segundo capítulo). Por fim, o capítulo ainda aborda pontos sensíveis que influenciam diretamente na legitimação da atividade mediativa exercida pela CCAF.

1
Mediação e Novos Paradigmas de Consensualismo da Administração Pública na Resolução de seus Conflitos

O consensualismo nas relações administrativas é um dos grandes marcos de evolução na disciplina da gestão administrativa no século XXI. Em contraposição à Administração Pública burocrática, o consensualismo rompe com a concepção clássica de verticalização da relação entre Administração Pública e administrados, incutida na doutrina e transplantada para a realidade gerencial do Poder Público.

Essa mudança de paradigma está conectada à humanização de relacionamentos de caráter público por meio da resolução pacífica de conflitos, sendo que a adoção dessa premissa nas relações conflituosas entre Estados tem servido de exemplo marcante.

A Declaração de Manila para a Resolução Pacífica de Conflitos, aprovada pela Assembleia Geral da Organização das Nações Unidas (ONU) em 05 de novembro de 1982, destaca a flexibilidade de Estados – entes públicos que são nada menos que o arquétipo da institucionalização – para a escolha de meios de resolução de seus conflitos baseada em tratamento igualitário das partes.[9]

Transportado o consensualismo imanente à resolução pacífica de conflitos entre Estados para contextos nacionais, à primeira vista pode parecer difícil

[9] Sobre o tema, confira-se UNITED NATIONS. Office of Legal Affairs. Codification Division. **Handbook on the Peaceful Settlement of Disputes Between States.** New York, 1992.

conceber a humanização de uma relação tão díspar quanto a que a Administração Pública entretém com os seus administrados.

No entanto, a facilitação de uma paridade de entendimentos em relações estratificadas advém de uma necessidade universal de valorização do indivíduo que vem se refletindo nas Constituições nacionais e comunitárias, de forma que os sistemas de Direito Administrativo não mais conseguem escapar dessa realidade latente nas sociedades atuais.

Este capítulo trata da forma pela qual a Administração Pública passa a adotar o consensualismo como norte para a resolução de conflitos, qual seja, a de se valer de elementos de modernização, parâmetros de qualidade e eficiência. Trata-se, por consequência, da forma pela qual se tem recepcionado o processo negociado de resolução de disputas na Administração Pública, tendo-se em conta as diferentes percepções da mediação.

1.1 Elementos de modernização da Administração Pública aplicados à resolução de conflitos

Embora vivamos em uma democracia representativa que serve como base para nosso sistema político e que orienta a atividade administrativa, nosso modo de resolver conflitos na Administração Pública precisa ser aprimorado.

Sob a égide do Direito Administrativo moderno, é imperioso que se tenham melhores resultados a um custo – econômico e social – menor, encontrando-se maneiras de lidar com as diferenças para constantemente restaurar a confiança das partes em conflito, sejam essas partes os administrados ou os próprios entes da Administração Pública, entre si e em sua própria habilidade de lidar com conflitos.

Diante disso, é necessário repensar se o método contencioso-dialético de solução de conflitos realmente é o mais adequado para resolver todas as controvérsias da Administração Pública.

Os elementos de modernização da Administração Pública têm proporcionado o crescimento da cultura do diálogo como forma de democracia administrativa participativa. Baseando-se em noções de eficiência, qualidade e boa Administração, a Administração Pública tem as ferramentas teóricas necessárias para perseguir o consensualismo, ferramentas estas que emergem de um contexto bastante real.

1.1.1 Evolução da dogmática clássica do Direito Administrativo: da atividade imperativa unilateral à cultura do diálogo

A evolução do Direito Administrativo está bastante ligada às metamorfoses do regime político de determinado Estado,[10] que alcança os próprios traços de seus objetivos. Fala-se da mudança do papel do Estado, porém não se trata de se afirmar se o Estado deve aumentar ou diminuir a sua atuação, mas sim de que forma o Estado pode *melhorar*[11] a sua atuação.

> Mas a regra básica da ordem administrativa foi revertida: Ao enfrentar renovação constante das demandas da sociedade, a necessidade de adaptação dos serviços administrativos se torna permanente, a rotina

[10] Odete Medauar sintetiza a ideia no seguinte sentido: "A Administração Pública integra o contexto geral do sistema político de um Estado, refletindo e expressando as características e distorções desse sistema. À medida que se foram ampliando as funções do Estado aumentaram as atividades da Administração. Hoje adquiriu dimensões gigantescas e tornou-se findamental na vida da coletividade, sendo fator condicionnte de grande parte das relações econômicas e sociais dos indivíduos, com a responsabilidade, sobretudo, de buscar meios para a efetivação dos direitos assrgurados pela Constituição. Daí resulta a enorme variedade e compexidade das atribuições que exerce." (MEDAUAR, Odete. **Direito Administrativo moderno**. 17. ed. São Paulo: Revista dos Tribunais, 2013, p. 42). Sobre o paralelo entre o direito administrativo francês e as alterações do cenário político, confira-se: "[...] De um liberalismo pós-napoleônico extremamente desconfiado quanto ao poder, passou-se progressivamente a um intervencionismo estatal crescente que se traduz em atividades, serviços, fontes, fiscalização, gerenciamento, e controle públicos cada vez mais numerosos. As causas deste desenvolvimento são várias: por exemplo, os mecanismos de reparação de danos de guerra têm uma origem óbvia, contratos de programa atendem a uma nova concepção do papel do Estado em matéria econômica, o fornecimento de energia e telecomunicações precede a uma evolução técnica, as políticas ambientais (urbanismo e distribuição de terras, a exploração de estabelecimentos perigosos, insalubres e inadequados) estão seguindo a explosão demográfica e as suas consequências." Tradução nossa. BOUVIER, P. et al. Éléments **de Droit Administratif**. 2. ed. Larcier, 2013, item 11.

[11] "Exige-se uma ação diferenciada, orientada a outras exigências que correspondem à mudança permanente de hábitos de nossas sociedades. O campo de aplicação das competências do Poder Público se expandiu principalmente em matéria econômica." Tradução nossa. PAULIAT, Hélène (Org.). **La qualité**: une exigence pour l'action publique en Europe. Limonges: Pulim, 2004, p. 30.

> é excepcional. [...] A Administração deve saber construir e fornecer essa resposta se deseja manter a sua oportunidade de estar em sintonia com a sociedade à qual serve.[12]

Desde os anos 1960, a doutrina francesa vem explorando o preceito de democracia administrativa, a partir da noção de que "democracia" não apenas designa o estado de coisas daqueles que detêm o poder administrativo, mas também guia o próprio exercício desse poder: a democracia rege tanto a produção das normas do sistema de intervenção administrativa quanto a aplicação destas normas.

É verdade que o conceito de democracia administrativa não é desacompanhado de críticas; como um conceito aberto e constantemente em construção, pode ser manejado para polarização política.

Apesar das consistentes reservas quanto ao uso político do conceito de democracia administrativa, a evolução do conceito aponta para uma relação menos carregada na tinta política. Reportando-se ao processo de elaboração da decisão administrativa ao longo de quatro décadas, em colóquio realizado na data de 05 de dezembro de 2014, o Vice-Presidente do Conselho de Estado francês, Jean-Marc Sauvé assim se pronunciou:

> Por meio das leis de transparência e dos direitos dos cidadãos nas suas relações com a Administração, e leis relativas aos processos de consulta e participação pública, renovou-se a "base democrática" do direito público. Esta "democracia administrativa" é de fato menos polarizada "em um lugar – o congresso – e no tempo – da eleição e da adoção de leis", e agora está mais preocupada com a transparência e pluralismo na prática cotidiana dos procedimentos administrativos.[13]

[12] Tradução nossa. WEISS, Jean-Pierre. **La division par zéro**: essai de gestion et management publics. Paris: Groupe Revue Fiduciaire, 2009, p. 250-251.

[13] Tradução nossa. SAUVÉ, Jean-Marc. **A la recherche des principes du droit de la procédure administrative**. 5 dez. 2014. Disponível em < http://www.conseil-etat.fr/Actualites/Discours-Interventions/A-la-recherche-des-principes-du-droit-de-la-procedure-administrative >. Acesso em: 17 out. 2017.

Ao longo dos anos, foi se evidenciando que o caráter democrático da ação administrativa não era conferido apenas politicamente, mas também não bastava que a ação administrativa fosse subordinada às leis.

Em França, a promulgação da *Loi organique relative aux lois de finance* ("Lei orgânica das finanças" – LOLF) nos anos 2000 tinha como premissa a transformação radical das regras orçamentárias do Estado como meio de reformar a gestão estatal, imprimindo uma gestão mais democrática e eficaz dos gastos públicos para "enfrentar diretamente a melhora dos serviços públicos conforme a democracia exige e controlar as despesas públicas que dela são derivadas".[14] Porém, como recorda Weiss,[15] a crise econômica e financeira de 2008 atingiu em cheio a forma como se estabelece o custeio de serviços públicos naquele país, impondo-lhe um grande desafio: fazer com que os serviços públicos custem cada vez menos ao Estado, que necessita de margem de manobra orçamentária para contornar os efeitos da crise, mas ao mesmo tempo garantir aos cidadãos segurança e equidade na prestação de tais serviços, especialmente em tempos de crise.

A realidade vem mostrando, portanto, que a democracia administrativa não está conformada apenas à qualidade de leis e à subordinação da atuação administrativa a elas. Um personagem que paradoxalmente sempre se afigurou na atuação administrativa passa a ter um papel central: o administrado.

A representatividade do administrado sobre a atuação administrativa é o que passa a dar nova tônica à democracia administrativa, que se vincula à democracia participativa.

> Na verdade, a reforma das instituições democráticas, com vistas a contribuir para o estabelecimento de uma Democracia Participativa, deve ser norteada pela busca de participação política, cada vez mais efetiva e abrangente. Não se trata, portanto, de inventar fórmulas dogmáticas mirabolantes, mas de provocar a transformação dos cidadãos para que exerçam seu poder de controle por meio das instituições jurídicas.[16]

[14] WEISS, Jean-Pierre. Op. cit., p. 67.
[15] Ibidem, p. 67.
[16] PEIXINHO, Fábio G. C. **Governança judicial**. São Paulo: Quartier Latin, 2012, p. 27.

Nas duas últimas décadas, o Estado brasileiro tem reduzido paulatinamente sua presença interventiva em diversos segmentos da vida econômico-social do país, tendo desempenhado um papel maior no fomento e orientação das atividades dos particulares voltadas à concretização das utilidades públicas. Esta é uma das facetas do denominado "neoliberalismo", que, ao genericamente propor a mitigação da presença estatal, tem contribuído para uma mudança de paradigma na atuação da Administração Pública.

> Com a aceleração do desenvolvimento tecnológico ocorrida na segunda metade deste século, o sistema econômico mundial passou por uma profunda transformação. Com a redução brutal dos custos de transporte e de comunicação, a economia mundial globalizou-se, ou seja, tornou-se muito mais integrada e competitiva. Em conseqüência, os estados nacionais perderam autonomia, e as políticas econômicas desenvolvimentistas, que pressupunham países relativamente fechados e autárquicos, não mais se revelaram efetivas. Aos poucos foi se tornando claro que o objetivo da intervenção deixara de ser a proteção contra a concorrência, para se transformar na política deliberada de estimular e preparar as empresas e o país para a competição generalizada. Estado e mercado não mais podiam ser vistos como alternativas polares para se transformarem em fatores complementares de coordenação econômica.[17]

Passa-se então a observar ações de tendências consensualistas por parte da Administração Pública, pela qual a realização do aclamado interesse público também depende de conjugação de esforços e, notadamente, de uma série de concessões feitas pela Administração Pública; afasta-se a tradicional visão do Estado centralizador.

Moreira Neto, abordando a transformação da sociedade pós-moderna, oferece uma reflexão sobre a cambiante noção de Estado a partir do interesse público, e aponta a existência de um consensualismo no relacionamento entre sociedade civil e Estado:

[17] BRESSER PEREIRA, L. C. A Reforma do Estado dos anos 90: lógica e mecanismos de controle. **Cadernos MARE da Reforma do Estado**, n. 1, 1997. Disponível em: <http://www.bresserpereira.org.br/ ver_file_3.asp?id=2789>. Acesso em 17 out. 2017.

> Assim, a partir da feliz distinção de Renato Alessi, entre interesses públicos primários, referidos aos da sociedade, e interesses públicos secundários, estes conotados aos do Estado, enquanto instituição multipersonalizada, esse quadro ainda se ampliaria para comportar uma nova categoria, de interesses públicos terciários, como aqueles referidos ao objeto do jogo de poder político cada vez mais praticado entre os partidos.
> À falta da autêntica legitimidade, que resulta da consonância com um projeto de poder dimanado da sociedade, os interesses públicos terciários se voltam prioritariamente à disputa do poder, que nem sempre é respeitosa das regras do jogo democrático e, até mesmo, com indevido sacrifício de interesses públicos secundários, quando não, e de modo ainda mais aberrante, dos próprios interesses públicos primários.
> É, pois, esta renovação trazida pela juridicidade que progressivamente se vem impondo, tangida pelos novos sopros da consensualidade e da flexibilidade, para atender às crescentes demandas sociais próprias da complexidade e do pluralismo desta vida contemporânea, densamente organizada em sociedades cada vez mais conscientes e atuantes, e às suas céleres e profundas mutações em todos os setores da interação humana.[18]

Trata-se de tendência do Direito Administrativo a que se vem observando em decorrência do que se convencionou de chamar de "pós-modernismo".[19]

[18] MOREIRA NETO, Diogo de Figueiredo. Para a compreensão do Direito Pós-Moderno. **Revista de Direito Público da Economia – RDPE**. Belo Horizonte, v. 11, n. 44, p. 67-86, out./dez. 2013.

[19] "A expressão direito administrativo pós-moderno indica a necessidade de tomar em vista as alterações sociais, econômicas e políticas contemporâneas. Mais precisamente, trata-se de admitir a impossibilidade de compreender a realidade contemporânea (denominada ou não pós-moderna) a partir de conceitos e fórmulas elaboradas para explicar e compreender o Estado e o Direito de cem anos atrás. Ou seja, o direito reflete as vicissitudes e características do universo político, social, econômico e cultural em que se insere. A evolução civilizatória exige do doutrinador a atualização de suas propostas, sob pena de revoltar-se contra os fatos e expor ao leitor um direito que já deixou de existir. Mas também impõe que as novas necessidades sejam identificadas e expostas, especialmente para que o Estado neutralize os excessos e se valha de seu poder como instrumento de controle da atuação privada. O direito administrativo pós-moderno envolve a convocação do Estado para a defesa de valores essenciais e

O histórico da Administração Pública no Brasil foi marcado pelo exercício de prerrogativas administrativas de forma hierarquizada e verticalizada no relacionamento com particulares, sob os auspícios de uma visão autoritária do princípio da supremacia do interesse público sobre os privados.

Essa forma de agir administrativo é consentânea com uma concepção absolutista de relacionamento Estado-súdito, no qual o indivíduo não era possuidor de direitos frente ao Estado, mas unicamente de direitos para com o Estado; distorção derivada da desigualdade funcional entre Administração e administrado.

Nesse panorama, tem-se a Constituição Federal brasileira de 1988, que traz o indivíduo como figura central e principal destinatário. É o indivíduo o receptor de direitos humanos e para quem o aparato estatal deve funcionar para garantir o resguardo de liberdades fundamentais.

Nesse contexto, a autoridade e legalidade das ações do Estado são pautadas pelo respeito ao indivíduo, o que se traduz num sistema de governo responsivo e responsável, pautado pela transparência e publicidade de seus atos, com a observância ao espírito democrático na sua estrutura organizacional.

Di Pietro observou de forma acurada a influência da nova concepção de Estado para a conformação do Direito Administrativo, mormente pela sua constitucionalização.

> A outra idéia que decorre da adoção do Estado Democrático de Direito é a de participação do cidadão na gestão e no controle da Administração Pública, no processo político, econômico, social e cultural. Também essa idéia foi incorporada pela Constituição de 1988, com a previsão de vários instrumentos de participação, dos quais podem ser citados o direito à informação (art. 5º, XXXIII), participação dos trabalhadores e empregadores nos colegiados dos órgãos públicos em que seus interesses profissionais sejam objeto de discussão e deliberação (art. 10); direito de denunciar irregularidades perante o Tribunal de Contas (art. 74, § 2º); participação do produtor e trabalhador rural

para o controle e repressão dos abusos propiciados pela concentração do poder econômico e pela afirmação de uma sociedade de consumo." (JUSTEN FILHO, Marçal. **Curso de Direito Administrativo**. 10. ed. São Paulo: RT, 2014, v. 1, p. 78).

> no planejamento e execução da política agrícola (art. 187); participação da sociedade e dos Poderes Públicos nas iniciativas referentes à seguridade social (art. 194); caráter democrático e descentralizado da gestão administrativa, com participação da comunidade, em especial de trabalhadores, empresários e aposentados na seguridade (art. 194, VII), na saúde (art. 198, III) e na assistência social (art. 204, II); gestão democrática do ensino público (art. 206, VI); colaboração da comunidade na proteção do patrimônio cultural (art. 216, § 1º). Essa idéia de participação se reforça agora com a Emenda Constitucional n. 19, de 1998, com a inclusão do § 3º ao artigo 37, prevendo lei que discipline as formas de participação do usuário na administração pública direta e indireta, de modo a facilitar as reclamações contra os serviços ineficientes e o acesso do usuário a registros administrativos e a informações sobre atos de governo.[20]

Azevedo Marques, ao discorrer sobre os momentos-chave do Direito Administrativo brasileiro e as influências dos sistemas romanístico e de *common law* sobre esses eventos, destaca a Reforma do Estado, pontuando que

> o quarto momento-chave é o da reforma dos anos 1990. Desnecessário tecer maiores argumentações, pois é nítida a influência dos modelos dos sistemas da *common law*: agências reguladoras, agências executivas e terceiro setor, todos trazidos do direito americano; New Public Management e princípio da eficiência, do direito inglês. Não estou a afirmar que o direito administrativo brasileiro seja integralmente construído por espelhamento ao modelo da *common law*, mas é inegável sua influência em nosso ordenamento.[21]

[20] DI PIETRO, Maria Sylvia Zanella. 500 anos de Direito Administrativo brasileiro. **Revista Eletrônica de Direito do Estado**, n. 5, jan./fev/mar/ 2006. Disponível em < http://www.direitodoestado.com/revista/rede-5-janeiro-2006-maria%20sylvia%20zanella.pdf> Acesso em: 17 out. 2017, p. 21.

[21] MARQUES NETO, Floriano de Azevedo Peixoto. O Direito Administrativo no sistema de base romanística e de common law. **RDA – Revista de Direito Administrativo**. Rio de Janeiro, v. 268, p. 55-81, jan./abr. 2015, p. 74.

Di Pietro, resumindo o momento da Reforma do Estado e suas fontes de inspiração, coloca que

> As principais inovações no âmbito do direito administrativo foram introduzidas após a Constituição de 1988, seja com a adoção dos princípios do Estado Democrático de Direito, seja sob a inspiração do neoliberalismo e da globalização, do sistema da *common law* e do direito comunitário europeu, que levaram à chamada Reforma do Estado, na qual se insere a Reforma da Administração Pública e, em consequência, a introdução de novidades no âmbito do direito administrativo. Não se pode deixar de mencionar a influência dos princípios da ciência econômica e da ciência da administração no direito administrativo, com duas consequências: de um lado, a formação do chamado direito administrativo econômico (em relação ao qual o direito administrativo tradicional é chamado, pejorativamente, de conservador ou, mesmo, ultrapassado) e, de outro lado, a preocupação com princípios técnicos, mais próprios da ciência da administração, significando um retorno a uma fase anterior em que já houve a confusão entre os institutos e princípios jurídicos, próprios do direito, e os aspectos puramente técnicos, mais ligados à ciência da administração.[22]

Medauar, ao observar como preponderante o movimento de reforma administrativa, aponta alguns vetores para a modernização da Administração Pública em vista da evidência constitucional dada a ela, expondo que

> Algumas ideias de fundo devem nortear a reforma administrativa: Administração a serviço do público; Administração eficiente, ágil, rápida, para atender adequadamente às necessidades da população, o que facilitará o combate à corrupção; economicidade e Administração de resultados; predomínio da publicidade sobre o segredo.
> Um rol inicial de medidas desencadearia o processo contínuo de reforma: a) modelos organizacionais com menos graus hierárquicos, menos

[22] DI PIETRO, Maria Sylvia Zanella. **Direito Administrativo**. 25. ed. São Paulo: Atlas, 2012, v. 1, p. 27.

> chefias, mas cada dotado de mais poder de decisão; b) desconcentração e descentralização, para conferir poder de decisão a escalões hierárquicos inferiores ou setores locais; c) eliminação da superposição de órgãos com atribuições semelhantes; d) redução drástica dos cargos em comissão; e) aplicação rigorosa da exigência de concurso público para investidura em cargo, função e emprego público; f) treinamento e reciclagem constante dos servidores públicos; g) instituição de carreiras, em todas as funções, com avaliação verdadeira de mérito; h) redução drástica de exigências de papéis e documentos inúteis; i) implantação de controle de resultados e gestão.[23]

A nova forma de visualizar a relação entre Estado e a sociedade aponta para uma mudança na forma como o Direito Público enxerga a gestão da Administração Pública. De um sistema verticalizado, burocratizado e autoritário, deve-se mudar a concepção para uma gestão horizontalizada, flexível e que permita a concertação de interesses legítimos, para que a tomada de decisão seja feita de acordo com uma negociação entre a Administração e seus administrados.

Essa nova forma depende de uma cooperação recíproca entre Estado e sociedade civil, que passa a ter sentido axiológico na legitimação democrática do Estado. Nesse sentido, faz-se necessário o estabelecimento de um espaço dialógico entre Estado e sociedade civil, a qual por natureza já é pluralizada e complexa. Assim, é necessário que se estabeleçam mecanismos que propiciem o diálogo permanente e democrático na gestão administrativa.

Dentre os reflexos desta nova concepção de Administração Pública – denominada "paritária" – está a dimensão macroeconômica dada à atividade contratual do Estado brasileiro, no sentido de que os contratos administrativos mostram-se como ferramentas eficientes de aproximação de interesses públicos e privados.

> O recurso da administração ao contrato é antigo, mas estava limitado, na origem, a certos domínios como as obras públicas [...] Em nossos dias, o recurso à fórmula contratual está "à la mode". O "tout

[23] MEDAUAR, Odete. **Direito Administrativo moderno**. Op. cit., p. 42.

> contrat" é percebido como uma maneira consensual e emparceirada de administrar e melhorar as relações com os cidadãos e mesmo entre as pessoas públicas. As relações são consentidas mais que prescritas. Elas se ligam mais como uma rede que como uma pirâmide. Trata-se de uma aproximação pluralista e consensual da ação pública que se manifesta pela externalização, a regulação e a negociação.[24]

É necessário pontuar que a inserção da Administração Pública num contexto de trocas bilaterais e concertação de interesses encontrou resistência durante muito tempo por força da imperatividade do ato administrativo como manifestação sacramental do exercício do poder estatal. Daí advém a resistência para se aceitar que o módulo contratual da Administração Pública pudesse ser manifestação legítima da atividade administrativa.

É inegável que, pela mutação das funções administrativas como forma de promoção do bem comum, a Administração Pública necessita contar com uma postura colaborativa dos particulares, de forma que o módulo contratual da Administração Pública deve ser revisitado, a fim de que interesses privados legítimos sejam atraídos, como forma de beneficiar a coletividade.

É bem verdade que o consenso entre a Administração Pública e a sociedade civil representa uma forma de legitimação da atuação estatal, uma vez que representa a participação dos interesses, poderes e humores privados dentro do exercício da função pública, em um inter-relacionamento harmônico. Dessa forma, o consenso instrumentaliza o atingimento do bem comum, em nova forma de se estabelecer o interesse público.

Medauar explicita a atividade negocial do Poder Público, trazendo a importância do consensualismo para a conformação da atividade da Administração Pública:

> A atividade de consenso-negociação entre Poder Público e particulares, mesmo informal, passa a assumir papel importante no processo de identificação de interesses públicos e privados, tutelados pela Administração. Esta não mais detém exclusividade no estabelecimento

[24] MORAND-DEVILLER, Jacqueline. **Droit Administratif**. Paris: Montchrestien, 2011, p. 308; p. 384.

> do interesse público; a discricionariedade se reduz, atenua-se a prática de imposição unilateral e autoritária de decisões. A Administração volta-se para a coletividade, passando a conhecer melhor os problemas e aspirações da sociedade. A Administração passa a ter atividade de mediação para dirimir e compor conflitos de interesses entre várias partes ou entre estas e a Administração. Daí decorre um novo modo de agir, não mais centrado sobre o ato como instrumento exclusivo de definição e atendimento do interesse público, mas como atividade aberta à colaboração dos indivíduos. Passa a ter relevo o momento do consenso e da participação.[25]

Diante desse cenário, o modo de resolução de controvérsias pela Administração Pública também merece ser revisitado, como forma de conduzir a Administração Pública a adotar maior dinamismo em suas relações com os administrados, seja no módulo contratual, seja em matéria de sujeição. Assim, a Administração Pública pode revelar uma feição mais conciliatória, mais ciosa do equilíbrio necessário entre interesses dos particulares e o interesse da coisa pública, como forma de boa governança administrativa.

A atividade consensual permite que o Direito Administrativo forneça ao gestor público ferramentas institucionais mais interativas, hábeis a estabelecer um canal de diálogo que favoreça as transações multiparte, de forma que seja possível se almejar maior estabilidade nas relações encetadas entre o Estado e sociedade civil, vislumbrando pôr a termo litígios que, via de regra, se protraem no tempo até pronunciamento definitivo do Poder Judiciário. Conquanto o litígio esteja aos cuidados do órgão jurisdicional, não é incorreto afirmar que o atendimento ao interesse público ainda não se perfez, pois a solução eficiente do litígio ainda não ocorreu.

É importante, no entanto, fazer a ressalva de que a feição consensualista da Administração Pública não representa uma ruptura dramática com o modelo imperativo da gestão administrativa, mas é certo que se atenua.

[25] MEDAUAR, Odete. **O Direito Administrativo em evolução**. 2. ed. São Paulo: Revista dos Tribunais, 2003, p. 211.

Para Oliveira,[26] o alargamento do emprego do consensualismo nas atividades administrativas acarreta o deslocamento do eixo do Direito Administrativo, que segue com a lógica da autoridade, porém agora matizada pela lógica do consenso.

1.1.2 A boa Administração e a boa administração da justiça

A boa Administração é um elemento bastante presente no Direito Administrativo moderno pelas mãos do Direito francês e do Direito Comunitário europeu, veiculado pelo "direito à boa Administração" e pelos princípios de boa Administração, consagrados pelo artigo 41 da Carta dos Direitos Fundamentais da União Europeia.[27]

A análise dos Direitos Comunitários sob a tutela da boa Administração revela um caráter bastante funcional: são direitos positivados que se referem ao comportamento esperado da Administração Pública ante seus administrados, em situações específicas dessa relação.

Interessante notar, contudo, que a boa Administração tem-se feito presente na doutrina francesa desde o início do século XX, sob os ensinamentos de Maurice Hauriou, a quem se reputa sua gênese.[28]

[26] OLIVEIRA, Gustavo Justino de. A administração consensual como a nova face da Administração Pública no século XXI: fundamentos dogmáticos, formas de expressão e instrumentos de ação. In: OLIVEIRA, Gustavo Justino de. **Direito Administrativo democrático**. Belo Horizonte: Forum, 2010, p. 211-232.

[27] "Artigo 41.º Direito a uma boa administração 1. Todas as pessoas têm direito a que os seus assuntos sejam tratados pelas Instituições e órgãos da União de forma imparcial, equitativa e num prazo razoável. 2. Este direito compreende, nomeadamente: – o direito de qualquer pessoa a ser ouvida antes de a seu respeito ser tomada qualquer medida individual que a afecte desfavoravelmente; – o direito de qualquer pessoa a ter acesso aos processos que se lhe refiram, no respeito dos legítimos interesses da confidencialidade e do segredo profissional e comercial; – a obrigação, por parte da administração, de fundamentar as suas decisões. 3. Todas as pessoas têm direito à reparação, por parte da Comunidade, dos danos causados pelas suas Instituições ou pelos seus agentes no exercício das respectivas funções, de acordo com os princípios gerais comuns às legislações dos Estados-Membros. 4. Todas as pessoas têm a possibilidade de se dirigir às Instituições da União numa das línguas oficiais dos Tratados, devendo obter uma resposta na mesma língua."

[28] BOUSTA, Rhita. **Essai sur la notion de bonne administration en Droit Public**. Paris: L'Harmattan, 2010, p. 70.

A apresentação da boa Administração na obra de Hauriou dá-se sob a ótica funcional da atuação administrativa. Consentâneo aos seus estudos sobre a moralidade administrativa, o autor coloca sob a rubrica da boa Administração as justificativas para contenção de excessos de poder.[29] Nada obstante a referência certeira de Hauriou à boa Administração, a definição de boa Administração não fez parte central do pensamento do autor. Desde então, a posição majoritária da doutrina francesa é de considerar indefinível o conceito de "boa Administração", porém, como se nota pelo artigo 41 da Carta de Direitos Fundamentais da União Europeia, a boa Administração se traduz em ideias utilitaristas.

> Esta constatação acusa um paradoxo intrigante: como explicar que a "boa administração" é tão pouco familiar aos juristas franceses, ao passo que ela está no centro das relações entre os administrados e a Administração, e em termos mais amplos, ao direito público? Para esta pergunta, muitas vezes se argumenta que o adjetivo "bom" não recai sob o domínio da área jurídica.[30]

A falta de definição de boa Administração não impede uma reflexão desprovida de critérios de normatização jurídica, bem melhor, evita que a boa Administração seja estratificada sob qualquer forma de dogma.

A boa Administração é assim interpretada deontologicamente e dialoga com os campos do dever-ser jurídico e do dever-ser moral.

> A noção de boa Administração não tem por objeto nem os resultados obtidos nem a finalidade perseguida pela Administração, mas sim o uso de seus recursos, que representa tanto seus recursos materiais e humanos como os métodos e processos de ação.[31]

[29] "O Poder Público não é obrigado frente ao requerente, no sentido de que sua recusa não gera a ele um direito à indenização, mas [o Poder Público] pode ser responsável frente a si mesmo, por conta da preocupação com a boa Administração em dar uma resposta e, portanto, sua recusa ou silêncio pode gerar uma ação por abuso de poder e, por vezes, permitir ao interessado ignorar [a necessidade de autorização ou decisão do Poder Público]." Tradução nossa. HAURIOU, Maurice. **Précis de Droit Administratif et de droit public general**. Paris: Recueil Sirey, 1933, p. 226.

[30] Tradução nossa. BOUSTA, Rhita. Op. cit., p. 21.

[31] Tradução nossa. BOUSTA, Rhita. Op. cit., p. 172.

A boa administração da justiça, por seu turno, passa pela aplicação da noção de "boa Administração" à administração da justiça, ou seja, os órgãos que se ocupam da distribuição da justiça.

A diferença, no entanto, é que a aplicação da noção de "boa Administração" à administração da justiça não se refere unicamente a um aspecto funcional, para identificar a adequação do meio. Refere-se também ao conteúdo material da administração da justiça, ou seja, regras de competência e organização de procedimento com vistas a garantir o acesso à justiça, o devido processo decisório e a execução da decisão. Este modo de garantir, segundo Bousta, depende da necessária conciliação entre as garantias dos cidadãos e as exigências de rapidez.

> A abordagem puramente quantitativa, característica da LOLF e todos os instrumentos de medida de justiça que reduzem o problema da qualidade à questão financeira devem ser relativizados. A justiça que funciona bem é uma justiça eficaz e coerente, cujas decisões são rapidamente tomadas e executadas. Esta definição enfatiza a importância do método e a adaptação dos recursos humanos em conexão com a noção de boa Administração.[32]

Como recorda Barrère,[33] grande parte dos aplicadores da justiça – não somente de decisões judiciais – propõe-se a interpretar os problemas de distribuição de justiça como problemas de direito dos bens ou das obrigações, ou seja, como problemas de alocação de recursos escassos propensos a obedecer a critérios de eficiência.

Porém, a lógica da administração da justiça passa por duas dimensões, a dimensão econômica, de eficiência, e a dimensão social, de equidade. A boa administração da justiça não impõe um dever-ser que cede às pressões de resultados quantitativos,[34] aliás, a boa administração da justiça concentra-se

[32] Tradução nossa. Ibidem, p. 236.

[33] BARRÈRE, Christian. Logique judiciaire et logique de l'efficience. In: ALCOUFFE, A.; FOUCARDE, B.; PLASSARD, J.-M.; TAHAR, G. (Org.). **Efficacité versus équité en économie sociale**. Paris: L'Harmattan, 2000, t. 1, p. 103-114, p. 103.

[34] GABORIAU, Simone. **La qualité de la justice**: une nouvelle légitimité pour une institution em crise de confiance. In: PAULIAT, H. (Org.). **La qualité**: une exigence pour l'action publique en Europe. Limoges: Pulim, 2004, p. 123-132.

sobretudo nos meios de distribuição da justiça e na obtenção de resultado segundo um parâmetro de qualidade.[35]

1.1.3 Construção de *standards* de boa Administração para resolução de conflitos

No contexto da Reforma do Estado, a qualidade possui um caráter ambivalente. Ao mesmo tempo em que embasa uma crise de consciência da Administração Pública em tentar conciliar um modelo de produção da iniciativa privada com o setor público na busca de modernização, a qualidade serve de guia para a política de modernização da Administração Pública, pois lhe oferece parâmetros outros que simplesmente diminuir efetivo, cortar gastos e suprimir estruturas consideradas supérfluas.[36]

A aplicação da noção de boa Administração traz consigo uma ideia de formação de modelo de qualidade, a partir do qual a Administração Pública será avaliada ou se avaliará. Trata-se de uma ideia que não se limita à formação de modelos jurídico-administrativos estanques, mas se relaciona aos mais diversos objetivos que a atividade administrativa pode perseguir.

Para Bousta, "a noção de boa Administração não possui por função criar novos direitos nem por essência a ideia de subjetividade; ela é um dever objetivo. Desse dever pode ser extraído um *standard*, que confirma sua essência objetiva."[37]

Ainda para a autora, a formação do *standard* de boa Administração tem como critério intrínseco a ideia de normalidade da atuação administrativa, com algumas nuances. O comportamento normal da Administração deve ser medido conforme seu próprio regime jurídico, pois o "normal" da atividade administrativa é muito mais exigente do que o comportamento privado; a normalidade aqui guarda estreita relação com a moralidade administrativa.

[35] LAMARZELLE, Denys. Le management public en Europe: dirigeant public et qualité de la décision. In: LACHAUME, J. F. et al. **Droit Administratif**: les grandes décisions de la jurisprudence. 16. ed. Paris: PUF, 2014, p. 135-142.
[36] Sobre o tema, cf. POULET, Nadine. Le concept de qualité. In: PAULIAT, H. (Org.). **La qualité**: une exigence pour l'action publique en Europe. Limoges: Pulim, 2004, p. 17-33.
[37] Tradução nossa. BOUSTA, Rhita. Op. cit., p. 288.

Levando-se em consideração o parâmetro de moralidade administrativa, a normalidade corresponde ao comportamento adequado da Administração segundo a finalidade de seu ato.

> A normalidade da ação administrativa é frequentemente avaliada em relação à sua finalidade. A Administração pode ser responsabilizada se não faz uso de seus meios senão pela "destinação lógica e natural". Por exemplo, o funcionamento anormal do serviço público de justiça consiste numa utilização deficiente dos meios que permitam a resolução do conflito. A "normalidade" entretém, assim, uma relação evidente entre a ideia de adaptação, e por consequência com a noção de boa Administração.[38]

Pelo exemplo fornecido por Bousta, não é difícil inferir que métodos de resolução de conflitos na Administração Pública demandam *standards* de boa Administração.

Kapsali[39] traz a problemática, inserta dentro dos procedimentos não contenciosos de solução de controvérsias administrativas, da promoção da democracia administrativa, ao passo em que se restringem direitos procedimentais com vistas à celeridade e economicidade. Conciliar dois imperativos aparentemente opostos exige, para Kapsali, parafraseando Schwarze, encontrar um *optimum* e não um *maximum* em termos de garantias procedimentais.

Nesse sentido, é possível a configuração de *standards* de resolução de conflitos que não adiram estritamente a padrões estratificados.

O critério de normalidade administrativa para configuração desse *standard*, assim, pode recepcionar diferentes métodos de resolução de conflitos na Administração Pública, que não escapam à ideia de qualidade da garantia de direitos procedimentais e do processo de tomada de decisão.

[38] Tradução nossa. BOUSTA, Rhita. Op. cit., p. 297.

[39] KAPSALI, Vassiliki. **Les droits des administrés dans la procédure administrative non contentieuse**. Issy-les-Molineaux: LGDJ, 2015, p. 28-47; p. 533.

1.2 A mediação em suas diferentes percepções

Sob o microscópio da dogmática jurídica, a mediação pode ser observada debaixo de lentes variadas, cada uma oferecendo uma determinada perspectiva ao seu observador.

A depender de como se dispõem as lentes ocular e objetiva, a mediação é revelada na privacidade de um conflito como um método autocompositivo de resolução, ou é vista como uma peça de um maquinário que se destina a garantir efetivo acesso à justiça. Pode ser ainda que o observador, ao seccionar o tecido, consiga obter uma amostra da mediação ainda pouco explorada, a mediação como instrumento de ação da Administração Pública consensual.

Apesar das perspectivas que o jogo de lentes da dogmática jurídica proporciona, a visualização tridimensional da estrutura interna da mediação não se altera; as características intrínsecas da mediação são as mesmas.

Cabe ao observador, assim, conciliar as perspectivas observadas para compreender as dimensões do uso daquilo que está a observar.

1.2.1 A mediação como método de autocomposição de conflitos

Com o final da Segunda Guerra Mundial, diante de um crescente temor mundial quanto a uma guerra nuclear, viu-se a necessidade de estabelecer uma metodologia científica para a apuração de métodos de resolução de conflitos.[40]

Surge então um espaço de fomento para a racionalização da forma pela qual podem ser resolvidos os conflitos, dando azo ao surgimento do que se convencionou chamar de "métodos ADR". O acrônimo "ADR" inicialmente correspondia a "*alternative dispute resolution*", de forma que seriam métodos *alternativos* de resolução de disputas. A alternativa adviria à jurisdição estatal como forma de resolução do conflito.

> A opção por outras formas de solução de controvérsia jurídica, alternativas do modelo estatal, está inserida na afirmação dos direitos humanos. Tais direitos podem atingir sua plenitude na medida em que

[40] BENJAMIN, Robert. **The Natural History of Negotiation and Mediation**: The Evolution of Negotiative Behaviors, Rituals, and Approaches. Disponível em <http://www.mediate.com/articles/NaturalHistory.cfm>. Acesso em: 17 out. 2017.

> o Estado também reconheça a liberdade de se apaziguarem conflitos de interesses por diversas formas, especialmente a dialogada. A opção dos interessados ao modelo que ora alcunhamos de "solução democrática da controvérsia jurídica" pode interessar na medida em que as partes terão maior controle sobre o seu processo, pois atuam diretamente na busca da solução, diferente do sistema estatal tradicional, em que os litigantes entregam a causa aos seus respectivos advogados e ao juiz, mantendo inegável afastamento da questão jurídica e do outro contraente (ANDREWS, 2010, p. 32[41]).[42]

Mais recentemente, tem-se convencionado que a letra "A" daria sentido a *adequate*, querendo-se dizer que os métodos englobados pelo acrônimo seriam mais adequados à resolução do conflito, e não mais em alternância à jurisdição estatal. Assim, tais métodos deixariam de ser coadjuvantes ao monismo estatal, como forma de dicotomia na resolução de disputas.

Assim, interpretar métodos ADR como métodos adequados de resolução de disputas denota a importância de se contar com uma variedade de procedimentos e formas de resolução de conflitos não apenas judiciais, mas sociais, políticos e interpessoais, em verdadeiro pluralismo procedimental.

É dentro desse pluralismo procedimental que se insere a mediação.

Em 1976, durante a Conferência Pound sobre as causas da insatisfação popular com a administração da justiça, Frank Sander, Professor da Faculdade de Direito da Universidade de Harvard, proferiu uma palestra titulada "Variações do Processamento da Disputa". Em sua palestra, Sander descreveu uma corte judicial que funcionava como um sistema multiportas, em que as disputas não necessariamente seriam resolvidas pela via contenciosa, eis que seriam designadas a outros métodos de resolução de disputas, tais como a arbitragem, mediação, conciliação, negociação, facilitação, serviços de *ombuds* e adjudicação. Seu discurso valorizou os métodos ADR o suficiente

[41] ANDREWS, Neil. **O moderno processo civil**: formas judiciais e alternativas de resolução de conflitos na Inglaterra. Tradução Teresa Arruda Alvim Wambier. São Paulo: RT, 2010, apud NUNES, Cleucio S. Sistemas de justiça emancipatórios do monismo estatal: reflexões sobre soluções democráticas de controvérsias jurídicas. **Revista de Processo – RePro**, v. 40, n. 240, p. 439-457, 2015, p. 454.

[42] NUNES, Cleucio S. Op. cit., p. 454.

para impulsionar o pluralismo procedimental, de forma que aquele evento ficou conhecido como o "Big Bang" da implementação teórica e prática de métodos alternativos de resolução de disputas.[43]

O fomento da teorização dos métodos ADR autorizou o relevo das nuances diferenciais entre tais métodos (primários), ainda que permitindo, de alguma maneira, o desenvolvimento de formas híbridas (métodos secundários).

Além da origem do método, alguns outros critérios[44] são utilizados para a comparação de métodos de resolução de conflitos, tais como: (a) o grau de coerção; (b) o papel das partes e do terceiro neutro; (c) a *expertise* do terceiro neutro; (d) o papel da lei.

Métodos ADR que utilizam terceiros neutros (que podem ser uma ou mais pessoas) podem ser aglutinados em três categorias: adjudicativos, avaliativos e facilitadores. Métodos adjudicativos são aqueles em que o terceiro neutro profere uma decisão final – muitas vezes vinculante – que dá fim à disputa. Nos métodos avaliativos, o terceiro neutro dá um parecer às partes sobre o mérito e fraquezas de suas posições no conflito, ou ainda um aconselhamento sobre o encaminhamento da disputa ou de valores de acordo. Já nos métodos facilitadores, o terceiro neutro auxilia as partes a chegar numa solução mutuamente satisfatória ao auxiliar na comunicação e compreensão entre elas, bem como na resolução dos problemas inerentes ao conflito.[45]

A mediação, assim, é considerada um método ADR primário e facilitador.

Ainda dentro de tal categoria, a mediação se destaca entre os demais métodos por ter maior foco no conflito em si e não exclusivamente na sua resolução, embora seja naturalmente desejada, e possivelmente obtida com a ajuda do mediador, que as auxilia no desenvolvimento e apresentação de opções de resolução de disputas. Esse é, ainda, seu aspecto fundamental: as próprias partes estão responsáveis por construir uma decisão mutuamente satisfatória, o que demanda sua participação ativa no processo de mediação.

[43] Sobre o tema, cf. MENKEL-MEADOW, Carrie. Roots and Inspirations: A Brief History of the Foundations of Dispute Resolution. In: BORDONE, R. C; MOFFITT, M. L. (Eds.). **The Handbook of Dispute Resolution**. San Francisco: Jossey-Bass, 2005, p. 13-32.

[44] MNOOKING, R. H. et al. (Org.). **Mediating Disputes**: slides. Program on Negotiation at Harvard Law School, primavera 2013, p. 4.

[45] Sobre o tema, cf. KOVACH, Kimberlee K. **Mediation in a Nutshell**. 3. ed. St. Paul: West Academic Publishing, 2014.

Com a mediação, pretende-se o restabelecimento de uma convivência de posições equilibradas. Assim, o mediador, como terceiro neutro, busca fazer uma profunda investigação sobre a inter-relação das partes e a origem do conflito.

Para Susskind e Cruikshank,[46] a mediação intensifica o envolvimento real do terceiro neutro sem remover o controle das partes sobre o resultado do procedimento, o que demanda, naturalmente, maior interação do mediador com as partes. Nesse sentido, uma disputa pode ser muito complexa para negociação, ou complicada o bastante para desautorizar uma facilitação; as partes não conseguem inicialmente trabalhar em conjunto e precisam de um terceiro neutro que as auxilie a explorar opções sem perder o controle do procedimento.

Partindo-se desse propósito, a forma do resultado do conflito também pode ser considerada como fator diferenciador da mediação e demais métodos de resolução de conflitos. Para Fuller:

> Mediação e arbitragem têm finalidades distintas e, portanto, distintas morais. A moral da mediação reside na composição ideal, um acordo em que cada uma das partes dá o que valoriza menos, em troca do que mais valoriza. A moral da arbitragem encontra-se em uma decisão de acordo com a lei do contrato.[47]

O acordo (e a forma de acordo) na mediação não é senão resultado do controle das partes sobre o procedimento e as consequentes interação e *expertise* do terceiro neutro que propiciam que as partes consigam resolver seus próprios conflitos de forma equânime e mutuamente satisfatória.

A mediação baseia-se em alguns princípios,[48] dentre eles: (a) promoção da resolução do conflito com base nos interesses das partes; (b) consentimento

[46] SUSSKIND, L.; CRUIKSHANK, J. **Breaking the Impasse**. Op. cit., p. 162.

[47] Tradução nossa. FULLER, L. L. Collective Bargaining and the Arbitrator. In: KAHN M. L. (Ed.). **Collective Bargaining and the Arbitrator's Role**: Proceedings of the Fifteenth Annual Meeting of the National Academy of Arbitrators. Washington, D.C: BNA, 1962, p. 29-30.

[48] MNOOKING, R. H. et al. (Org.). Op. cit., p. 8. A Lei de Mediação (Lei federal n. 13.140/2015) estabele como princípios em seu artigo 2º: "A mediação será orientada pelos seguintes princípios: I – imparcialidade do mediador; II – isonomia entre as partes; III – oralidade;

informado das partes; (c) entendimento sobre as opções e alternativas das partes; (d) exploração de alternativas criativas para resolução de conflitos.

Assim, pode-se definir a mediação como um processo no qual o terceiro imparcial facilita a comunicação e a negociação entre as partes, promovendo a tomada de decisão voluntária das partes quanto à resolução do conflito.[49]

Subjacente a esse conceito de mediação, encontram-se ainda algumas características[50]: (a) desenvolvimento do entendimento entre as partes; (b) permitir que as partes tenham responsabilidade sobre o conflito, de forma que o mediador não é responsável a que as partes cheguem a um acordo; (c) prosseguimento por concordância; (d) explorar o problema; (e) permitir as tensões; (f) apoiar a autonomia das partes e honrar conexões.

Com base nessas noções, tem-se que mediar é estabelecer um processo que facilite a comunicação entre as partes para que elas possam tomar suas decisões em conjunto, baseadas em seus entendimentos sobre suas próprias visões e dos outros, e a realidade diante de todos. Tem-se uma compreensão ampliada dos aspectos da situação controvertida e, portanto, a medição facilita um trabalho mais profundo sobre as nuances e faces do conflito e os interesses das partes que estão por trás das disputas.

Essa é a linha seguida pelo conceito cunhado pela Lei de Mediação (Lei federal n. 13.140, de 26 de junho de 2015), o marco regulatório da mediação no Brasil, que, no parágrafo único de seu artigo 1º, estabelece que "Considera-se mediação a atividade técnica exercida por terceiro imparcial sem poder decisório, que, escolhido ou aceito pelas partes, as auxilia e estimula a identificar ou desenvolver soluções consensuais para a controvérsia."

Com base nessas premissas, é possível se verificar que a mediação é também um método adequado para preservar a relação das partes conflitantes em momento ulterior à resolução do conflito.

IV – informalidade; V – autonomia da vontade das partes; VI – busca do consenso; VII – confidencialidade; VIII – boa-fé."

[49] AMERICAN ARBITRATION ASSOCIATION; AMERICAN BAR ASSOCIATION; ASSOCIATION FOR CONFLICT RESOLUTION. **Model Standards of Conduct for Mediators**, set. 2005. Disponível em: <https://www.adr.org/sites/default/files/document_repository/AAA%20Mediators%20Model%20Standards%20of%20Conduct%2010.14.2010.pdf>. Acesso em: 17 out. 2017.

[50] MNOOKING, R. H. et al. (Org.). Op. cit., p. 12.

A mediação procura valorizar laços fundamentais de relacionamento, incentivar o respeito à vontade dos interessados, ressaltando os pontos positivos de cada um dos envolvidos na solução do conflito, para ao final extrair, como consequência natural do processo, os verdadeiros interesses em conflito. Partes inicialmente chegam à mediação atendo-se às suas posições, que nada mais refletem do que aquilo que cada parte afirma como resultado desejado para si.

Por outro lado, os interesses vão além, representando não o que se quer como resultado, mas o porquê do que se quer como resultado. Em outras palavras, as razões pelas quais determinados resultados são desejáveis em detrimento de outros.

Tudo isso é alcançado com o auxílio de um terceiro neutro, o mediador, que, utilizando-se de técnicas científicas, metodológicas e éticas, conduz as pessoas, por meio de indagações criativas, a achar a solução ou as soluções ideais para o conflito.

A principal função do mediador é estabelecer ou restabelecer a comunicação entre as partes e facilitar o processo de composição, com o intuito de conduzir as partes à conscientização de seus atos, ações, condutas e soluções – *empowerment* –, induzindo-as ao reconhecimento dos interesses do outro, para que ele seja respeitado em seus interesses e proposições.

Aliás, a mera observação do mediador sobre as partes tem o poder de influenciá-las em sua capacidade de discutir o conflito e negociar para atingir solução a ele. Bowling e Hoffman sustentam a aplicação do efeito Hawthorne[51] à mediação, afirmando que "há certas qualidades que a presença do mediador

[51] "Esse fenômeno foi reconhecido por sociólogos que conduziram um experimento nas décadas de 1920 e 1930 na fábrica Wester Electric em Hawthorne nos arredores de Chicago (ver GILLESPIE, 1991). Os pesquisadores queriam saber se ao aumentar a iluminação da fábrica a produtividade dos trabalhadores aumentaria. Depois de determinar os parâmetros de desempenho do trabalhador, os pesquisadores acenderam as luzes e descobriram que a produtividade aumentara. Para confirmar estes resultados, eles então reduziram o nível de iluminação abaixo do nível original e constataram, para sua surpresa, que a produtividade era mais elevada do que os parâmetros de referência. Eles concluíram que era a sua presença, e não as alterações na iluminação da fábrica, que causara a mudança na produtividade do trabalhador." Tradução nossa. BOWLING, D.; HOFFMAN, D. Bringing Peace into the Room: The Personal Qualities of the Mediator and Their Impact on the Mediation. In: BOWLING, D.; HOFFMAN, D. (Eds.). **Bringing Peace into the Room**: How the Personal Qualities of the Mediator Impact the Process of Conflict Resolution. San Francisco: Jossey-Bass, 2003, p. 13-48, p. 19-20.

traz para o processo de mediação que exercem uma poderosa influência e reforçam o impacto das intervenções feitas pelo mediador".[52]

Confidencialidade é um aspecto marcante na mediação, uma vez que permite que as partes e o mediador possam discutir abertamente os fatos, questões e possíveis opções de acordo. A franqueza entre as partes, ou entre uma das partes e o mediador em sessão privada, bem como a livre troca de documentos, só podem ser alcançadas mediante a certeza de que toda e qualquer informação não será revelada ou utilizada fora do processo mediativo.

Para assegurar a confidencialidade na mediação, há vários níveis de regulação aplicáveis, que são uma combinação de normas legais ou regulamentares, à prática protetora. Scanlon[53] aponta os principais marcos de controle da confidencialidade como: (a) leis ou estatutos da mediação; (b) regras sobre obtenção de evidências e jurisprudência; (c) normas regulamentares de mediação judicial; (d) códigos de ética e *guidelines* para mediadores; (e) regras de câmaras de mediação e acordos de confidencialidade.

A Lei de Mediação brasileira não apenas estabelece a confidencialidade como um dos princípios da mediação (art. 2º, inc. VII) como também amplia o rol de *players* a ela subordinados, estendendo o dever de confidencialidade "ao mediador, às partes, a seus prepostos, advogados, assessores técnicos e a outras pessoas de sua confiança que tenham, direta ou indiretamente, participado do procedimento de mediação" (art. 30, § 1º).

Ainda, a lei protege[54] todo tipo de informação, declaração ou documento que circular dentro das sessões mediativas, conciliando bem a tensão inerente ao manejo de documentos e declarações nos métodos ADR e a produção de provas no contencioso ordinário. Como apontam Freeman e Prigoff:

[52] Tradução nossa. Ibidem, p. 21.

[53] SCANLON, Kathleen M. Primer on Developments in Mediation Confidentiality. In BLEEMER, Russ (Ed.). **Mediation**: Approaches and Insights. [S.l.]: Juris Publishing, cap. 35, p. 241-248, p. 241.

[54] "Art. 30. [...] 1º O dever de confidencialidade [...] alcançando: I – declaração, opinião, sugestão, promessa ou proposta formulada por uma parte à outra na busca de entendimento para o conflito; II – reconhecimento de fato por qualquer das partes no curso do procedimento de mediação; III – manifestação de aceitação de proposta de acordo apresentada pelo mediador; IV – documento preparado unicamente para os fins do procedimento de mediação."

> Um subproduto do surgimento destes métodos tem sido o conflito entre as novas alternativas, os valores que buscam promover e os interesses protegidos pelo sistema de justiça tradicional. Um dos principais exemplos deste conflito é o desejo de confidencialidade na mediação e a ênfase do sistema judiciário na ponderação de todas as evidências disponíveis.[55]

A Lei de Mediação resolve a tensão ao dispor que as partes podem convencionar sobre a divulgação dos documentos e informações – ou a divulgação se dá por comando legal ou caso seja necessária para implementar o acordo – (art. 30, *caput*), e, o mais importante, provas obtidas por meio da quebra de confidencialidade da mediação serão inadmitidas em processo judicial ou arbitral (art. 30, § 2º).

1.2.2 A mediação como peça da estrutura judiciária na "crise da justiça"

A crise da justiça no Brasil tem sua gênese recente e é baseada numa premissa bastante paradoxal: ao passo em que se assegura amplo acesso à justiça, faltam meios para suportar este amplo acesso.

Após um período de mais de duas décadas de regime ditatorial militar, durante o qual foram suprimidos direitos constitucionais de participação e garantias individuais de liberdade, o retorno da democracia no Brasil trouxe a necessidade de se restaurar um regime de garantias coletivas e individuais para a pacificação social a que se aspirava. Parte dessa pacificação social passava ainda pelo ideal de amplo acesso à justiça. A Constituição Federal brasileira, promulgada em 05 de outubro de 1988, ao fazer menção à solução pacífica de conflitos em seu preâmbulo, apresenta-a como um valor[56] a ser perseguido na administração da justiça.

[55] Tradução nossa. FREEMAN, L. R.; PRIGOFF, M. L. Confidentiality in Mediation: The Need for Protection. **Ohio St. Journal on Dispute Resolution**, n. 37, 1986-1987, p. 37.

[56] "Devem ser postos em relevo os valores que norteiam a Constituição e que devem servir de orientação para a correta interpretação e aplicação das normas constitucionais e apreciação da subsunção, ou não, da Lei 8.899/1994 a elas. Vale, assim, uma palavra, ainda que brevíssima, ao Preâmbulo da Constituição, no qual se contém a explicitação dos valores que dominam a obra constitucional de 1988 [...]. Não apenas o Estado haverá de ser convocado para formular as políticas públicas que podem conduzir ao bem-estar, à igualdade e à justiça, mas a sociedade

No entanto, ao deitar as bases para o *acesso à justiça*, a Constituição Federal brasileira acabou por centralizar na estrutura do Poder Judiciário a resolução de conflitos, máxime ao dispor que "a lei não excluirá da apreciação do Poder Judiciário lesão ou ameaça a direito" (art. 5º, inciso XXXV).

Esta decisão merece crítica temperada, pois, dado o contexto da época, depositar a administração da justiça sobre um poder independente e autônomo era a escolha mais acertada, quando a finalidade do legislador constituinte era de assegurar o efetivo acesso à justiça.

E o *acesso* à justiça efetivamente aconteceu. Como consequência do destaque dado ao Poder Judiciário para a resolução de conflitos, houve a centralização da solução de controvérsias na jurisdição estatal.

> Duas décadas após a abertura democrática, o Judiciário brasileiro se torna palco destacado na resolução de conflitos – desde aqueles mais simples, sobre direitos individuais, até os mais complexos, envolvendo múltiplas partes e reflexos políticos (como as demandas sobre conflitos distributivos, direitos à saúde, educação, etc.). O Poder Judiciário, independente e autônomo, assume um número grande de demandas e competência ampla para julgar as mais variadas questões. Hoje, o juiz brasileiro tem um volume enorme de processos para julgar e, em sua mesa, pode-se encontrar uma ação de despejo simples e uma ação civil pública complexa, com múltiplos grupos de interesses e reflexos políticos e sociais de abrangência nacional.[57]

haverá de se organizar segundo aqueles valores, a fim de que se firme como uma comunidade fraterna, pluralista e sem preconceitos [...]. E, referindo-se, expressamente, ao Preâmbulo da Constituição brasileira de 1988, escolia José Afonso da Silva que 'O Estado Democrático de Direito destina-se a assegurar o exercício de determinados valores supremos. 'Assegurar', tem, no contexto, função de garantia dogmático-constitucional; não, porém, de garantia dos valores abstratamente considerados, mas do seu 'exercício'. Este signo desempenha, aí, função pragmática, porque, com o objetivo de 'assegurar', tem o efeito imediato de prescrever ao Estado uma ação em favor da efetiva realização dos ditos valores em direção (função diretiva) de destinatários das normas constitucionais que dão a esses valores conteúdo específico' [...]. Na esteira destes valores supremos explicitados no Preâmbulo da Constituição brasileira de 1988 é que se afirma, nas normas constitucionais vigentes, o princípio jurídico da solidariedade." (BRASIL. Supremo Tribunal Federal. **Ação Direta de Inconstitucionalidade n. 2.649**. Rel. Min. Cármen **Lúcia**, j. 8 maio 2008, Plenário, DJE 17 out. 2008).

[57] SILVA, Paulo E. A. **Gerenciamento de processos judiciais**. São Paulo: Saraiva, 2010, p. 27.

A centralização garantiu que nenhum conflito deixaria de ser apreciado, eis que o serviço jurisdicional estaria à disposição de todos. Porém, tanto a estrutura judiciária quanto o próprio Processo Civil têm se revelado inadequados para garantir, a todos os conflitos judicializados, a eficiente resolução do conflito, isto é, proferimento de uma decisão de qualidade em um prazo razoável e garantindo-se a sua efetiva execução.

O que se observa, portanto, é que a Constituição Federal brasileira, ao conceber a centralização da distribuição da justiça, promoveu "apenas o acesso à Justiça formal, não proporcionando o acesso à ordem jurídica justa".[58]

Os gargalos da estrutura judiciária para atendimento das demandas judiciais, ao contrário do que pressupõe o senso-comum, não estão concentrados na atividade do magistrado.[59] O congestionamento das demandas na estrutura do sistema judiciário justifica-se pela necessidade de adoção de novas tecnologias (v.g., universalização do processo eletrônico), burocratização dos trâmites cartoriais, falta de racionalização organizacional, número insuficiente ou má distribuição do corpo efetivo de juízes, servidores e recursos instrumentais.[60]

O processualismo da administração da justiça também entra na conta como fator de adição ao esgotamento das vias judiciais. O modelo processual brasileiro revela a tendência da ciência processual romano-germânica de se apegar exageradamente à forma em detrimento das questões de Direito material, fenômeno conhecido por "processualismo".[61] Outra característica é a crença numa maior quantidade de regras como métrica ideal de distribuição de justiça.

[58] FARINELLI, A.; CAMBI, E. Conciliação e mediação no novo Código de Processo Civil (PLS 166/2010). **Revista de Processo – RePro**, v. 36, n. 194, p. 277-305, abr. 2011, p. 280.

[59] "Para o conselheiro Rubens Curado, o relatório revela um dado muito positivo. Os 17 mil magistrados brasileiros finalizam, em média, 1.628 processos por ano. 'Cada magistrado baixa 4,5 processos por dia, considerando cada um dos 365 dias do ano, o que representa produtividade excelente. Mas ainda assim não conseguem dar vazão ao grande estoque de processos', afirmou." (BRASIL. Conselho Nacional de Justiça. **Estudo aponta a produtividade de magistrados e servidores do Poder Judiciário**. 01 abr. 2014. Disponível em <http://www.cnj.jus.br/noticias/cnj/61486-estudo-aponta-a-produtividade-de-magistrados-e-servidores-do-poder-judiciario>. Acesso em: 17 out. 2017.

[60] Cf. SILVA, Paulo E. A. Op. cit., p. 24.

[61] Ibidem, p. 129-132.

> Em geral, há uma presunção de que, quanto mais detalhadas essas regras, mais elevado o nível de igualdade entre as partes e mais democrático o processo. Mas isso nem sempre é verdadeiro. A profusão de regras pode sobrecarregar o procedimento e tornar demasiado longo e complexo o método dialético-investigativo de solução de conflitos. [...] A complexidade e multiplicidade de regras processuais abrem caminho para que o diálogo entre as partes para a solução do conflito se transforme em uma batalha de regras formais, desatenta a seu objetivo primordial, a solução do conflito. [...] A criação de mais ferramentas processuais, portanto, tem o risco de produzir o efeito que se desejava combater: aumentar o recurso às regras processuais e permitir o uso conveniente da morosidade do sistema.[62]

A somatória de todos esses fatores resulta numa crise de confiança no Poder Judiciário não apenas como instituição encarregada da distribuição da justiça, mas por administrar método heterocompositivo de resolução de conflitos que não tem atendido eficazmente ao anseio de uma sociedade que historicamente se acostumou com o monopólio da jurisdição pelo Estado (onde a decisão sobre o conflito é conferida a uma terceira pessoa, o juiz – empossado pelo próprio Estado – ou o árbitro – cuja atuação é tolerada pelo Estado), em desfavor dos métodos autocompositivos (em que os próprios interessados buscam uma solução para os seus conflitos).

Uma das reflexões originadas por essa crise é de se o método contencioso de solução de conflitos realmente é o mais adequado para pacificar todas as demandas. Nesse contexto, os institutos de autocomposição, notadamente a conciliação e a mediação, têm sido notoriamente explorados como outra fonte de distribuição de justiça.

> não seria impossível imaginar que a solução de controvérsias de interesses, quando inevitáveis, poderia decorrer da própria controvérsia e não exatamente do arbítrio de uma decisão fundada no direito legislado. Propor tal experiência é ousar. É emancipar-se de paradigmas em estado de crise, como é o caso do sistema judicial vigente, sem romper

[62] SILVA, Paulo E. A. Op. cit., p. 30-31.

> com ele. A comprovação da crise é a criação das chamadas soluções alternativas de conflitos, dentre as quais se destacam a mediação e a arbitragem.[63]

Grinover aponta os fundamentos da justiça conciliativa sob três enfoques: (a) fundamento funcional; (b) fundamento social; e (c) fundamento político.[64]

O fundamento funcional refere-se basicamente à racionalização do sistema de justiça, com motivações chamadas "eficientistas", buscando a desobstrução dos tribunais e a resolução das demandas por autocomposição.

A justiça conciliativa, contudo, não atende somente aos ditames da eficiência e racionalidade, devendo ser destacado o seu escopo social de pacificação. A solução da controvérsia por autocomposição gera satisfação das partes e uma efetiva pacificação social, ao contrário do que ocorre com a sentença impositiva proferida judicialmente.

Por fim, o fundamento político da justiça conciliativa, como veículo de participação popular e democrática na administração da justiça, abre espaço para a intervenção da sociedade e de leigos nos quadros da política judiciária.

Peixinho[65] aponta como uma das críticas feitas ao Poder Judiciário a falta de adequação imediata à democracia participativa como nova forma de governo, sendo questionados os seus aspectos utilitários, de necessidade e existenciais: "a pressão advinda dessa nova forma de governo causou grande dano à reputação do Poder Judiciário, pois os instrumentos utilizados pela jurisdição, de inspiração pré-capitalista, mostraram-se incompatíveis com as exigências da Democracia Social."[66]

A primeira onda de modernização dos mecanismos consensuais de solução de conflitos, alternativos ao litígio perante o Poder Judiciário, surgiu na década de 1970 nos EUA e começou a ser desenvolvida e estudada de forma mais coordenada durante a década de 1980, quando os tribunais de alguns estados passaram a adotar programas de conciliação, mediação e arbitragem, dentre

[63] NUNES, Cleucio S. Op. cit., p. 453.

[64] GRINOVER, A. P.; WATANABE, K.; LAGRASTA NETO, C. (Orgs.). **Mediação e gerenciamento do processo**: revolução na prestação jurisdicional e guia prático para a instalação do setor de conciliação e mediação. São Paulo: Atlas, 2008.

[65] PEIXINHO, Fábio G. C. Op. cit., p. 25-27.

[66] Ibidem, p. 26.

outros mecanismos alternativos, como forma de buscar maior efetividade na solução dos conflitos e diminuição das ações levadas a julgamento.

Trata-se do movimento de gerenciamento de processos ou *case management*, no qual o juiz, tradicionalmente distante das controvérsias por ele julgadas, passa a receber um incentivo para ter um maior envolvimento com as causas.

Na mesma esteira desses programas adotados pelos tribunais dos EUA, a França e a Alemanha, nesse mesmo período das décadas de 1970 e 1980, também passaram a desenvolver e fomentar a adoção de métodos alternativos de solução de conflitos.

Na Inglaterra, na década de 1990, houve o reconhecimento oficial de que o incentivo a mecanismos consensuais de conflito deveria ser o objetivo maior do Poder Judiciário. As Civil Procedure Rules, em vigor desde 1999, estabeleceram que os juízes e tribunais devem, a todo momento, incentivar e encorajar as partes a adotarem mecanismos alternativos para a solução de conflitos.

A introdução do gerenciamento de processos no Brasil vem sendo defendida por Watanabe, que afirma que o "Poder Judiciário Nacional está enfrentando uma intensa conflituosidade, com sobrecarga excessiva de processos, o que vem gerando a crise de desempenho e a consequente perda de credibilidade",[67] de forma que

> o *case management* é, em suma, uma atividade processual que fortalece o controle judicial sobre: (a) identificação das questões relevantes; (b) maior utilização pelas partes de meios alternativos de solução de controvérsias, e (c) tempo necessário para concluir adequadamente todos os passos processuais.[68]

A partir da Emenda Constitucional n. 45, denominada como "A reforma do Judiciário", foi dado maior destaque aos métodos consensuais de resolução do conflito como uma forma de distribuição de justiça e o estudo de

[67] WATANABE, Kazuo. **Política pública do Poder Judiciário nacional para tratamento adequado dos conflitos de interesses**. Disponível em <http:// http://www.tjsp.jus.br/Download/Conciliacao/Nucleo/ParecerDesKazuoWatanabe.pdf>. Acesso em: 17 out. 2017, p. 1.

[68] WATANABE, Kazuo. A mentalidade e os meios alternativos de solução de conflitos no Brasil. In: GRINOVER, A. P.; WATANABE, K.; LAGRASTA NETO, C. (Coords.). **Mediação e gerenciamento do processo**. São Paulo: Atlas, 2008, p. 6-10, p. 8.

tais mecanismos adentra as discussões referentes à garantia constitucional da inafastabilidade da tutela jurisdicional (art. 5º, XXXV, da Constituição Federal).

Assim, no contexto da crise da justiça, a mediação aparece como um mecanismo de resolução de disputas auxiliar ou paralelo ao Poder Judiciário que visa resolver o congestionamento e o excesso de demandas judiciais. Esta percepção é bem traduzida pelo adjetivo "extrajudicial", que costuma acompanhar a mediação nas justificativas de políticas judiciárias.

Tome-se como exemplo a Resolução n. 125 do Conselho Nacional de Justiça, editada em 29 de novembro de 2010. Este texto normativo estabelece a Política Judiciária Nacional de tratamento adequado dos conflitos de interesses no âmbito do Poder Judiciário, "deixando claro que incumbe ao Poder Judiciário, além da solução adjudicada mediante sentença, oferecer outros mecanismos de solução de controvérsias, em especial os chamados meios consensuais, como a mediação e a conciliação [...]".[69]

A apropriação da mediação pela estrutura judiciária ficou ainda mais evidente após a promulgação do novo Código de Processo Civil, que, em seu artigo 334, estabelece a obrigatoriedade de audiência de mediação prévia à contestação do réu. O não comparecimento injustificado de uma das partes gera a ela uma severa penalidade; considera-se ato atentatório à dignidade da justiça, sancionável com multa de até dois por cento da vantagem econômica pretendida ou do valor da causa.

1.2.3 A mediação como instrumento de ação da Administração Pública consensual

O relacionamento entre cidadãos e autoridades administrativas, sob uma perspectiva tradicional, é visto *de iure* como assimétrico, autoritário e hierárquico. Essa visão parece avessa à ideia de processo de negociação facilitada para a resolução de disputas administrativas.

No entanto, como reflexo da tendência consensual da Administração Pública, observa-se a elaboração de arranjos cooperativos entre *players* privados

[69] BRASIL. Conselho Nacional de Justiça. **Resolução n. 125**. Desafios para integração entre o sistema jurisdicional e a mediação. 29 nov. 2010, p. 21.

e autoridades administrativas para a resolução de disputas. Não é incomum que se vislumbre o fomento de foros de participação popular na tomada da decisão:

> O foro para a solução da controvérsia seria o próprio grupo, por meio de comunidades existentes, tais como a própria família, a igreja, as associações, escolas entre outros (SANTOS, 2009, p. 338).[70] Instituições estatais poderão igualmente participar dos foros de solução de controvérsias, devendo contar com a participação necessária da sociedade representada como agentes do processo de solução. Trata-se de inovar com argumentos teóricos à realização do que aqui se considera "solução democrática da controvérsia jurídica". Por esse meio de solução, a comunidade participa do processo de decisão, opinando sobre qual solução é a mais prudente.[71]

Há algumas justificativas para essa tendência.

Diante da atividade regulatória do Estado, em que o sistema normativo mostra-se exacerbado com um sem-número de regras, a participação da sociedade civil revela-se importante para a consecução do interesse público; a noção de que o cidadão é mero receptor da ação administrativa torna-se ultrapassada.

O assoberbamento da carga regulatória pode ser também observado transnacionalmente.[72] Nesse ponto, Stewart considera a revisão dos mecanismos

[70] SANTOS, Boaventura de Souza. **Crítica da razão indolente**: contra o desperdício da experiência. 7. ed. São Paulo: Cortez, 2009, apud NUNES, Cleucio S. Op. cit., p. 453-454.

[71] NUNES, Cleucio S. Op. cit., p. 453-454.

[72] "Estas organizações, juntamente com uma grande variedade de outros agentes públicos e privados operam em um espaço administrativo global que é caleidoscópico por natureza. Reguladores globais operando em determinado campo interagem em padrões complexos de competição e cooperação. Frequentemente, dois ou mais organismos globais exercem autoridade regulatória sobre as mesmas atividades; por exemplo, dez organismos globais regulam a infraestrutura da internet. Tais organismos podem, por vezes, funcionar em conjunto como um regime regulatório complexo em dado setor. Análises utilizando a ecologia organizacional têm procurado traçar e explicar o desenvolvimento de diferentes tipos de organismos mundiais em diferentes setores políticos globais e suas distribuições resultantes. Não obstante interdependência funcional em setores específicos, o padrão geral de regulação global é altamente fragmentado, sem qualquer sistema global

decisórios dos organismos administrativos para a inclusão da tomada de decisão deliberativa, em que a participação dos interessados no mérito do sistema regulatório é preponderante para o consenso e a tomada de decisão.[73]

Outra justificativa reside na crescente influência da boa governança ao regime administrativo.

O Comitê de Ministros do Conselho Europeu tem repetidamente exarado recomendações para a utilização de métodos e processos negociados de resolução de disputas por seu papel na redução das demandas judiciais, ao passo que asseguram o acesso à justiça e são apontados na prática como métodos mais adequados para a resolução de litígios públicos. Outro fator preponderante é a promoção da aproximação entre as autoridades administrativas e os administrados.

Tais recomendações vêm inspiradas pelo "direito à boa Administração", previsto constitucionalmente por vários Estados-Membros da União Europeia e também na jurisprudência da Corte Europeia, insculpido na Carta de Direitos Fundamentais da União Europeia, estando consolidado pelas regras

ou processo de supervisão, coordenação, ou revisão." Tradução nossa. STEWART, Richard B. Addressing Problems of Disregard in Global Regulatory Governance: Accountability, Participation and Responsiveness. **IILJ Working Paper**. NYU School of Law. 2014/2, p. 10.

[73] "Sob concepções deliberativas de tomada de decisões, decisões consensuais relativas a determinadas matérias são alcançadas através de um processo de diálogo entre os participantes que representam os interesses e as preocupações das pessoas com um interesse legítimo nas decisões. O diálogo envolve o intercâmbio mútuo e consideração de razões e evidências através de uma abordagem de resolução de problemas que visa chegar a entendimentos e soluções compartilhadas. Tais processos de consenso dialógico através de intensa discussão e raciocínio convergente são contrastados com as decisões impostas por poder (incluindo poder de voto exercido a partir de regras decisórias que não a da unanimidade), ou negociações atingidas estrategicamente, ou mecanismos de lógica de mercado para compor interesses e preferências divergentes. De acordo com estas últimas abordagens, o problema do desrespeito pode ser visto como desequilíbrio no poder efetivo, recursos e influência de diferentes interesses sociais e econômicos. O remédio seria a elaboração de regras de voto ou outros mecanismos de governança para corrigir esse desequilíbrio, a fim de produzir um vetor de decisão àquele negligenciado. A abordagem deliberativa, pelo contrário, estaria concentrada em garantir que as vozes e pontos de vista do negligenciado sejam ouvidos, gerando decisões consensuais com base na análise fundamentada de seus interesses e preocupações, juntamente com as de outros grupos e interesses afetados, de acordo com o princípio quod omnes." Tradução nossa. STEWART, Richard B. Op. cit., p. 36.

do "Código Europeu de Bom Comportamento Administrativo" emanadas do Ombudsman Europeu.[74]

Nessa linha, aponta-se como um dos princípios de boa Administração o dever da autoridade administrativa de dar atenção aos interesses dos administrados no processo de tomada de decisão,[75] o que favorece o emprego de processos negociados de resolução de disputas como forma de trazer à tona os interesses dos administrados.

Oliveira e Schwanka observam instrumentos negociados de resolução de conflitos como forma de manifestação da Administração Pública consensual, concluindo que:

> Assim sendo, parece ser pertinente apontar a existência de um módulo consensual da Administração Pública, como gênero que abrange todos os ajustes negociais e pré-negociais, formais e informais, vinculantes e não-vinculantes, tais como os protocolos de intenção, protocolos administrativos, os acordos administrativos, os contratos administrativos, os convênios, os consórcios públicos, os contratos de gestão, os contratos de parceria público-privada, entre diversas outras figuras de base consensual passíveis de serem empregadas pela Administração Pública brasileira na consecução de suas atividades e atingimento de seus fins.

[74] "O Ombudsman Europeu investiga queixas sobre má administração por parte das instituições da UE ou outros organismos da UE. Elas podem ser apresentadas por cidadãos ou residentes de países da União Europeia ou por associações ou empresas com sede na UE." Tradução nossa. EUROPA. European Ombudsman. **Overview**. Disponível em: <http://europa.eu/about-eu/institutions-bodies/ombudsman/ index_en.htm#goto_2>. Acesso em: 17 out. 2017.

[75] "Entre os princípios da boa administração está a exigência a quem tem autoridade para avaliar todos os interesses presentes antes de tomar qualquer decisão. Esta exigência implica que na fase de instrução, ela prepara cuidadosamente suas decisões: incumbe-se, antes de decidir, de se informar completamente no curso do procedimento, por oitiva dos interessados. A obrigação supõe, igualmente, que na fase decisória, a autoridade faça uma escolha razoável: frente às diferentes possibilidade que se colocam a ela quanto à medida se adotar, deve se operar uma escolha que não desafie a razão. O princípio da razoabilidade é ignorado quando a decisão tomada pela autoridade é desproporcional em relação às razões de fato. O princípio da proporcionalidade, portanto, parece ser uma variante do princípio da razoabilidade." Tradução nossa. BOUVIER, P. et al. Op. cit., item 43.

> A utilização de meios consensuais pela Administração ganha relevância na medida em que estes se transformam em instrumentos da participação dos particulares – diretamente envolvidos ou simplesmente interessados – no processo de tomada das decisões administrativas, possibilitando mais aceitação do que imposição, especialmente no âmbito das relações contratuais administrativas.[76]

Procedimentos negociados de resolução de disputas, portanto, têm se apresentado como instrumentos de ação da Administração Consensual, como contraponto à visão autoritária do Direito Administrativo.

1.2.4 Conciliando as percepções para a proposição do uso da mediação para gerenciamento de conflitos na Administração Pública

As diferentes perspectivas da mediação demonstram que não há um acorde uníssono capaz de justificar o emprego da mediação para a resolução de controvérsias.

Vista sob a ótica da taxonomia dos variados métodos de resolução de conflitos, a enumeração das características – e qualidades – do instituto não é suficiente para estimular seu uso se desacompanhada de certa ideologia; a autonomia da mediação como instituto de solução de controvérsias depende de que a ela se agregue certo tempero axiológico.

Por outro lado, a anexação da mediação à estrutura judiciária como forma de superação de crise da justiça leva consequentemente à perda de parte da autonomia do instituto. "A onipresença da mediação nos Tribunais e nos códigos de Processo, no entanto, é um paradoxo, pois a mediação perde cada vez mais sua identidade, passa a adquirir semelhança com a adjudicação."[77]

O que há em comum entre essas duas perspectivas é a visão de um ideal de cultura de pacificação pelo consenso. O desejo pela substituição – ou ao menos mitigação – da cultura da imposição pela cultura do diálogo na pacificação

[76] OLIVEIRA, Gustavo Justino de; SCHWANKA, Cristiane. A administração consensual como a nova face da administração pública no séc. XXI: fundamentos dogmáticos, formas de expressão e instrumentos de ação. **A&C – Revista de Direito Administrativo & Constitucional**, v. 32, p. 271-288, 2008, p. 286.

[77] BRASIL. Conselho Nacional de Justiça. **Resolução n. 125**. Op. cit., p. 17.

social é o ponto ótimo do fomento do uso mais intenso da conciliação, da mediação e de outros meios alternativos de resolução de conflitos.

Trata-se então de perspectivas que buscam desconstruir a ideia de que a solução de conflitos de interesse passa necessariamente pela solução contenciosa e adjudicada dos conflitos de interesses, bem como alterar o inconsciente coletivo da sociedade, que tradicionalmente deposita na mão de um terceiro a resolução de seus conflitos, ao invés de tomar posse desses conflitos e criar responsabilidade para sua resolução.

O uso da mediação como método de solucionar conflitos na Administração Pública também se comunica com essa percepção de tomada de responsabilidade pelos conflitos na Administração Pública. Morand-Deviller, em obra manual, pontua para os bancos acadêmicos que:

> A relutância quanto a procedimentos outros que o recurso ao juiz para reger os litígios que envolvam a Administração aos poucos cede frente às recomendações de numerosos estudos que valorizam a necessidade em certos casos de rapidez e flexibilidade e de se encontrar soluções para o congestionamento de jurisdições [administrativas e judiciais, no caso do sistema francês].[78]

A adoção da mediação pela Administração Pública para a resolução de seus conflitos revela um importante passo para a efetivação do consensualismo na atividade administrativa. A resolução de conflitos da Administração Pública por meio da mediação indica cumprimento da eficiência administrativa por meio de uma resolução de disputas mais versátil e menos onerosa, ao passo que contribui para a legitimação da decisão do conflito, ao viabilizar maior participação colaborativa dos *players* na chegada a um acordo.

Para que as perspectivas sobre a mediação se conciliem, de forma a trazer a mediação no gerenciamento dos conflitos na Administração Pública, é necessário o delineamento institucional e procedimental da mediação dos conflitos.

Em relação à Administração Pública, a efetiva implementação do uso da mediação não é assentada apenas num conjunto de ideais ou na expectativa do surgimento de uma nova cultura. É necessário um programa, são necessárias

[78] Tradução nossa. MORAND-DEVILLER, Jacqueline. Op. cit., p. 51.

regras. É necessário que os órgãos ou entes da Administração Pública sirvam, ao mesmo tempo, de cobaia e de balão de ensaio para o surgimento de programas de mediação de conflitos na Administração Pública.

A institucionalização de um programa de gerenciamento de conflitos na Administração Pública que tenha a mediação por conteúdo passa, necessariamente, por todas as perspectivas.

1.3 Síntese parcial do capítulo

No presente capítulo, demonstrou-se a evolução do Direito Administrativo moderno para uma tendência mais consensualista de tomada de decisão, favorecida pela democracia participativa. Nesse cenário, também se repensa o modo pelo qual a Administração Pública resolve suas controvérsias, deslocando-se da lógica da autoridade para uma atenuação por meio da lógica do consenso.

A administração da justiça, no âmbito da Administração Pública, passa também pelo valor da boa Administração, aplicado aos órgãos que se ocupam da distribuição da justiça. Construindo-se *standards* de boa Administração para a resolução de conflitos, chega-se a modelos de qualidade que garantem direitos procedimentais e do processo de tomada de decisão da Administração Pública. Dentro desse padrão de qualidade gerado pela aplicação do consensualismo e da boa Administração à resolução de disputas da Administração Pública, a mediação insere-se como um método possível.

Porém, as perspectivas do uso da mediação – pelo próprio fato lógico de haver mais que uma perspectiva – demonstram que não há uma única fonte justificadora do emprego da mediação. Tem-se a mediação como um dos vários métodos de resolução de conflitos, imbuído de características e qualidades. Tem-se a mediação como aparato do aparelho judiciário. Tem-se a mediação como instrumento do consensualismo administrativo. O que explica como essas perspectivas se encaixam para o emprego da mediação na Administração Pública é exatamente o desenho institucional e procedimental da mediação. Passa-se, assim, a explorar esse delineamento em formato teórico no capítulo 2.

2
Modelos Institucionais e Procedimentais da Mediação de Conflitos na Administração Pública

Modelos de desenho institucional e procedimental da mediação de conflitos da Administração Pública são tanto criação originária quanto adaptação. Tem-se o aproveitamento da cultura estrangeira na mediação de conflitos públicos para fornecer a concepção teórica da mediação como meio consensual de resolução de disputas eficaz para dirimir conflitos no âmbito da Administração Pública.

A primeira parte do modelo institucional consiste na programação de sistemas para mediação, por meio da criação de um sistema próprio ou pela adaptação de modelos existentes. Nesse contexto, é discutida a institucionalização da mediação como forma de consolidação do uso do instituto e a problemática que a acompanha: a ausência de institucionalização como forma de esquecimento do sistema mediativo, bem como o risco do engessamento do sistema mediativo diante de uma institucionalização, que pode tornar a mediação modalidade outra de processo administrativo.

Na sequência, a síntese teórica dos componentes de estruturação do processo de mediação como forma de resolução da disputa auxilia a perceber a composição intramediação. Assim, são trazidos os elementos centrais da confecção do processo de mediação: tempo, espaço, sujeito e objeto. A partir desses elementos, faz-se uma reflexão sobre o momento de realização da mediação e o espaço institucional onde se desenvolve a mediação.

Sob o aspecto subjetivo, discute-se a titularidade para mediação e a medida ideal de interação e participação dos *players* na mediação, para que se assegure um procedimento equânime e legítimo. Nesse âmbito, também é abordada a participação do mediador e suas qualidades intrínsecas para a condução legítima da mediação.

No aspecto objetivo, aborda-se o estabelecimento do procedimento de mediação para o gerenciamento do conflito, por meio de adequada estruturação que efetive as garantias inerentes à mediação, de forma que se viabilize a chegada a acordo. Ainda, são abordadas as ferramentas para implementação do acordo.

2.1 Criação e adaptação de sistemas de mediação de conflitos na Administração Pública

A consolidação do uso da mediação como forma de resolução de conflitos vai além do esforço individual de elaboração e consecução de boas práticas mediativas. A institucionalização busca a permanência do sistema mediativo dentro de uma organização ou núcleo da sociedade.

Pesquisa desenvolvida durante o ano de 2014 no âmbito de parceria entre a Secretaria de Reforma do Judiciário e o Programa das Nações Unidas para o Desenvolvimento (PNUD)[79] voltou-se à coleta, processamento e análise de dados empíricos relativos ao tema "boas práticas em Mediação no Brasil".[80]

A pesquisa objetivava identificar parâmetros de práticas mediativas eficazes, e dentre tais parâmetros ressalta-se a institucionalização do sistema mediativo:

[79] Projeto BRA/12/013 – Fortalecimento do Acesso à Justiça no Brasil.

[80] As instituições selecionadas pelo Edital de Convocação n. 02/2014 foram a Escola de Direito de São Paulo, da Fundação Getulio Vargas, e o Centro Brasileiro de Estudos e Pesquisas Judiciais – CEBEPEJ. O resultado final da pesquisa, consubstanciado no relatório "Estudo Qualitativo sobre Boas Práticas em Mediação no Brasil" pode ser acessado por meio do link: BRASIL. Ministério da Justiça. Secretaria de Reforma do Judiciário. **Estudo qualitativo sobre boas práticas em mediação no Brasil.** Coordenação: Ada Pellegrini Grinover, Maria Tereza Sadek e Kazuo Watanabe (CEBEPEJ), Daniela Monteiro Gabbay e Luciana Gross Cunha (FGV Direito SP). Brasília, 2014. Disponível em: <http://mediacao.fgv.br/wp-content/uploads/2015/11/ Estudo-qualitativo-sobre-boas-praticas-em-mediacao-no-Brasil.pdf>. Acesso em: 17 out. 2017.

> um dos critérios que definem uma boa prática de mediação é a sua capacidade de se manter e de se renovar independentemente da vontade individual dos envolvidos. Ou seja, uma boa prática é aquela capaz de subsistir e de se aprimorar ao longo do tempo, consolidando-se para melhor atender aos objetivos que propõe atingir. Alguns fatores já mencionados e que refletem diretamente nessa institucionalização são o custeio do programa e a existência de um espaço para sua atuação.[81]

A institucionalização nada mais é do que a replicação em larga escala de um sistema de mediação, desenvolvido para determinados público, objeto e propósito. Quando implementado de forma institucionalizada, o programa de mediação de conflitos na Administração Pública possui maiores chances de se incorporar à cultura daquele(s) ente(s) e, por consequência, ser um método possível de solução das controvérsias naquele âmbito.

Com planejamento adequado e visão de futuro, a institucionalização do sistema de mediação garante a sua perpetuidade e a eficácia no seu propósito. Mas mesmo a institucionalização importa riscos ao processo mediativo.

O estabelecimento de parâmetros rígidos ao sistema de mediação pode enrijecê-lo de tal forma que se torne tão somente outro modelo de "processo administrativo" sobre o qual o gestor tem total controle, e que deixe de ser desejável ou atrativo a quem principalmente interessa: o usuário da mediação. Lembrando que os usuários da mediação de conflitos na Administração Pública não são tão somente pessoas físicas representantes da sociedade civil ou da iniciativa privada, pelo contrário, são comumente os entes da Administração Pública, devidamente representados.

Barreiras orçamentárias também constituem verdadeiro entrave prático à continuidade do sistema de mediação, afetando o sucesso de sua institucionalização, mormente no que toca a sua manutenção por recursos públicos.

A seguir, serão exploradas essas questões do ponto de vista instrumental para a efetividade da criação ou da adaptação dos sistemas de mediação de conflitos na Administração Pública.

[81] BRASIL. Ministério da Justiça. Op. cit., p. 179-180.

2.1.1 Planejamento institucional para prevenir o esquecimento do sistema de mediação

O sucesso da mediação está intimamente ligado ao suporte institucional que lhe é conferido.

> A institucionalização das práticas de mediação é fundamental para que estas não dependam apenas da iniciativa individual de quem as coordena. São fatores essenciais a regulação, destinação de recursos, visibilidade, apoio institucional, capacitação e treinamentos dos envolvidos, previsão de princípios, determinação de valores e visão de futuro.[82]

Especialmente no que tange ao emprego da mediação para resolução de conflitos na Administração Pública, a institucionalização de um sistema mediativo é desejável, na medida em que a Administração Pública guia-se por padrões de conduta estipulados precipuamente em regras, sejam elas positivadas ou derivadas de princípios.

Ainda que a mediação caracterize-se como um modo de negociação facilitada, que para tanto faz uso da informalidade, fato é que tal informalidade deve ser compreendida *intra* procedimento, e não no sistema de mediação a ser adotado por determinado ente da Administração Pública.

> O corpo administrativo existe para aplicação de leis, regulamentos e regras. Regras comandam todas as suas operações, inclusive as negociações que entretém com a sociedade civil e a iniciativa privada. Como resultado, negociação com a Administração é um processo movido a regras, e não a interação livre que usualmente caracteriza a formação de acordos entre partes integralmente privadas. Regras e regulamentos não apenas afetam os tipos de acordos que a Administração faz como também a forma como ela os faz.

[82] BRASIL. Ministério da Justiça. Op. cit., p. 173.

> Regras influenciam as negociações com a Administração de duas maneiras: (1) elas regulamentam o processo de negociação; e (2) frequentemente são o próprio objeto de negociação.[83]

Como estratégia adequada para a institucionalização de um sistema de resolução de disputas flexível e informal como a mediação, a adoção de um programa-piloto pode ser uma importante ferramenta para que as pessoas se acostumem com a ideia de mediação, bem como sejam capazes de observar o desenvolver do processo mediativo por meio do monitoramento do programa-piloto.

Aqui não se faz referência tão somente a potenciais usuários do programa de mediação, como também de órgãos, departamentos e entes da Administração Pública que estejam interessados (ou mesmo céticos) quanto à ideia do emprego da mediação para a resolução de seus conflitos.

Rogers, Bordone, Sander e McEwen ressaltam que programas-piloto do desenho institucional que se pretende adotar em larga escala são capazes de testar o conceito do desenho enquanto mantêm a flexibilidade de aprimorar aspectos ou mesmo abandoná-los antes de aplicá-los em larga escala.

> Ao implementar uma versão piloto do programa em escala reduzida, os *designers* podem começar estrategicamente em um departamento ou em parte da organização que esteja mais aberta a experimentar algo novo. Resultados bem-sucedidos em uma área podem muito bem ser contagiosos, persuadindo outros ao longo da organização a serem mais abertos. Sempre quando possível, portanto, introduzir um sistema de gerenciamento de disputas numa escala menor por meio de um programa piloto merece consideração.[84]

Porém, note-se que o inverso é verdadeiro: um programa piloto malsucedido pode acabar com a iniciativa do emprego da mediação, principalmente

[83] Tradução nossa. SALACUZE, Jeswald W. **Seven Secrets for Negotiating with the Government**: How to Deal with Local, State, National or Foreign Governments: and Come Out Ahead. New York: AMACOM, 2008, p. 33.

[84] Tradução nossa. ROGERS, Nancy H. et al. (Eds.). **Designing Systems and Processes for Managing Disputes**. New York: Wolters Kluwer Law & Business, 2013, p. 277.

diante de usuários e entes da Administração céticos quanto ao uso deste método. Da mesma forma, a institucionalização precoce ou excessiva da mediação pode ocasionar o abandono da prática mediativa, conforme será explorado na seção 2.1.2, a seguir.

Identificando-se o sucesso do programa-piloto e o interesse na continuidade do sistema mediativo, adentra-se propriamente na institucionalização daquele sistema, uma vez que é necessário expandir o programa-piloto para larga escala.

Novamente, há de se ter em mente que não basta apenas a cooperação de indivíduos bem-intencionados para a manutenção do sistema mediativo como instituição.

A institucionalização envolve uma busca constante de reafirmação e garantia da finalidade, da abrangência e da escolha de futuro para aquele sistema mediativo.

Por isso, o sucesso da institucionalização da mediação, principalmente no âmbito da Administração Pública, no qual fatores exógenos àquele sistema configurado não são irrelevantes, depende de que se faça uma avaliação constante quanto a: (i) manutenção do foco e da qualidade do sistema; (ii) visibilidade para atração de usuários; e (iii) alocação estável de recursos financeiros.[85]

Essa avaliação somente é possível por meio da documentação, de forma efetiva, de como o sistema mediativo é utilizado, como ele é organizado, como as pessoas são treinadas e a quem ele se dirige; faz-se essencial o monitoramento do sistema mediativo, tal como foi observado pelo Estudo qualitativo sobre boas práticas em mediação no Brasil:

> É fundamental o desenvolvimento de estratégias de acompanhamento de avaliações, o que se observou em alguns programas por meio de reuniões semanais/mensais de avaliação junto com os coordenadores, mediadores e demais envolvidos. Assim, a coleta de percepções dos usuários deve estar aliada a um trabalho de supervisão em que se reflita sobre esses dados de forma dialogada e construtiva. Somente a partir daí é que as informações coletadas poderão implicar mudanças positivas na atuação dos mediadores, traduzindo-se em uma melhor

[85] Cf. ROGERS, Nancy H. et al. (Eds.). Op. cit., p. 280.

compreensão por parte destes das necessidades dos usuários e das características de seus conflitos.[86]

O fracasso ou sucesso do emprego de métodos alternativos de resolução de disputas está intimamente conectado à percepção de seus usuários quanto ao emprego do método e à capacidade de seus gestores em avaliar seu desempenho adequadamente.

Interessante notar que metodologias de avaliação de sucesso não necessariamente demandam alto nível de sofisticação.

O Serviço Postal dos Estados Unidos oferece aos seus empregados um sistema de mediação, denominado REDRESS, acrônimo para "Resolve Employment Disputes, Reach Equitable Solutions Swiftly", para resolução de conflitos nas suas relações de trabalho motivados por questões discriminatórias de raça, cor, religião, nacionalidade, sexo, idade, deficiências físicas ou mentais, ou por questões ideológicas. O REDRESS é reconhecidamente um dos principais programas de resolução de conflitos do gênero nos Estados Unidos.

O método de mediação aplicado no programa é o método de mediação transformativa,[87] que foca na "modificação da forma de os mediados se relacionarem, sendo o acordo uma consequência desta mudança. Centra-se na transformação relacional que terá como consequência a resolução do litígio."[88]

[86] BRASIL. Ministério da Justiça. Op. cit., p. 185.

[87] "O modelo de mediação transformativa estimula os funcionários a discutir abertamente os seus problemas de uma forma que pode "transformar" sua relação de trabalho. Este diálogo aberto frequentemente ajuda os funcionários a reconhecer o ponto de vista de cada um para determinar como seu conflito pode ser resolvido. Na mediação transformativa são as partes em conflito, em vez de os mediadores, que têm o poder de decisão para decidir se os seus problemas podem ser resolvidos. O mediador facilita a discussão entre as partes em disputa, mas não determina quem está certo ou errado. O Serviço Postal ™ está convencido de que quando os funcionários têm a oportunidade de participar da mediação transformativa, eles adquirem uma melhor compreensão do conflito e melhoram a sua capacidade de se comunicar uns com os outros. Em última instância, o número de conflitos no local de trabalho é reduzido e comunicação é melhorada, o que leva a um melhor ambiente de trabalho". Tradução nossa. UNITED STATES POSTAL SERVICE. **All you need to know about REDRESS**. Disponível em <https://about.usps.com/what-we-are-doing/redress/programs.htm>. Acesso em: 17 out. 2017.

[88] AGUIAR, Carla Zamith Boin. **Mediação empresarial**: aspectos jurídicos relevantes. 2. ed. São Paulo: Quartier Latin, 2010, p. 107.

Dessa forma, a pergunta central que se coloca para avaliação do programa é: estão os mediadores agindo de acordo com o método transformativo? E a forma pela qual a avaliação é feita é através das respostas dadas pelos mediados em formulários, após passarem pelo programa de mediação.[89]

Dessa forma, evidente que a despersonalização do sistema de mediação e sua institucionalização não bastam para garantir a permanência do sistema, quando não estiverem aliadas à articulação do programa com seus usuários.

2.1.2 Planejamento institucional e o risco da "processualização" da mediação

Uma vez mais, a institucionalização nada mais é do que a replicação em larga escala de um sistema de mediação, desenvolvido para determinados público, objeto e propósito. Como visto na seção 2.1.1, a institucionalização da mediação de conflitos da Administração Pública é chave para a permanência do sistema de mediação. Para que o sistema funcione, é necessário o estabelecimento de parâmetros e diretrizes que permitam o reconhecimento daquele modelo por seus usuários, com solidez suficiente para lhes prover confiança quanto ao uso da mediação na resolução de seus conflitos.

Todavia, a institucionalização da mediação no âmbito da Administração Pública não pode representar a consolidação de uma nova modalidade de processo administrativo regulamentado.

A regulamentação do sistema de mediação de conflitos na Administração Pública nada mais é do que uma tentativa de controlar o fluxo temporal dedicado ao conteúdo substantivo da controvérsia.

Em matéria de regulamentação do sistema institucionalizado de mediação, cabe um paralelo à processualização da jurisdição administrativa francesa. Morand-Deviller destaca a mediação como método alternativo à resolução de conflitos na esfera da jurisdição administrativa, afirmando expressamente que a mediação deve ocorrer fora do processo administrativo.[90]

Partindo-se dessa perspectiva, e adotando o parâmetro procedimental do contencioso administrativo francês, útil *in casu*, há uma natural tendência a

[89] Cf. ROGERS, Nancy H. et al. (Eds.). Op. cit., p. 333.

[90] MORAND-DEVILLER, Jacqueline. Op. cit., p. 51.

que se estabeleçam regramentos com vistas a controlar o fluxo de instrução do processo mediativo, tendo-se como premissa a associação da vontade da resolução do conflito com a redução na demora dessa resolução.

Muito embora seja uma premissa absolutamente razoável, o não enrijecimento do sistema mediativo depende de quem toma a responsabilidade pelo controle do fluxo temporal do sistema mediativo.

De quem é a titularidade do Direito procedimental neste sistema de resolução de conflitos na Administração Pública?

Sob a ótica do procedimento administrativo não-contencioso francês, que nos serve de parâmetro, Kapsali[91] sustenta que o desejo de reforçar a proteção não contenciosa do direito e dos interesses dos administrados é ilustrado pela determinação de quem são os titulares dos regramentos do contraditório administrativo. Nesse sentido, o autor coloca que os titulares desse direito são os destinatários a quem a resolução se dirige, tal como o é em relação à garantia de direitos aos destinatários diretos da sanção ou da restrição de direito, bem como em relação ao direito de motivação, a quem o ato se dirige.

A responsabilidade pelo fluxo temporal do sistema de mediação de conflitos na Administração Pública, em verdade, deve se concentrar em seus principais atores, ou seja, os usuários e mediadores, e não necessariamente nas mãos daqueles que detêm a competência para institucionalizar o sistema mediativo.

É que se corre o risco de prematuramente definir todas as situações para controle desse fluxo temporal,[92] não dando qualquer margem à racionalização

[91] KAPSALI, Vassiliki. Op. cit., p. 239-240.

[92] "O legislativo e o poder regulamentar têm-se aplicado a conciliar os imperativos opostos de "tempo reduzido" de instrução e de "tempo útil" de julgamento. No entanto, as mutações a que tem passado o processo administrativo e que vivemos no exercício diário da nossa profissão, muitas vezes comentadas pela doutrina, deixam apenas a esperança de um equilíbrio, de um lado, do desejo de se chamar para julgamento no estado em que se encontra, do outro, do desejo de reduzir o tempo de julgamento; o tempo apropriado para instrução resiste à diminuição do tempo de julgamento. Organizar a instrução é, assim, ser imaginativo e inventar um aumento da qualidade da instrução conciliada com os imperativos de justiça diligente e eficaz. Esta reconciliação dos opostos seria, para alguns, impossível." Tradução nossa. QUILLEVÉRÉ, G. L'organisation de l'instruction du procès administratif. In: FIALAIRE, J.; KIMBOO, J. (Eds.). **Le nouveau Droit du procès administratif**. Paris: L'Harmattan, 2013, p. 33-48, p. 34.

procedimental, contemporânea ao desenvolvimento do processo mediativo de determinado conflito.

Nesse ponto pode servir de parâmetro moderador o princípio da mutabilidade do regramento administrativo, desenvolvido no âmbito da jurisprudência administrativa francesa,[93] que confere poder à Administração para modificar a qualquer tempo seus próprios atos regulamentares, resguardados os limites da não retroatividade e da segurança jurídica.[94]

> O poder de que dispõe, de sua própria iniciativa, a Administração, em vista de seus atos regulamentares: desde que respeite o paralelismo de competências, as formas e os procedimentos, ela pode, desde que julgue necessário e desde que, principalmente por razões de mera oportunidade, modificar ou revogar *ex nunc* seus próprios regulamentos. Existem, contudo, hipóteses em que a harmonia jurídica que deve existir num Estado de Direito, entre os diferentes elementos do bloco de legalidade, impõe que um autor de um ato administrativo ponha em prática seu poder de ab-rogação ou modificação.[95]

Parece intuitiva a possibilidade de que, não havendo a adequação do regramento imposto ao sistema de mediação, possam ser rearranjadas as regras que delineiam aquele sistema.

No entanto, há que se ter sempre em mente de que se trata da conformação de um sistema vocacionado à resolução de conflitos na Administração Pública, uma figura cercada por normas a quem nem sempre a mutabilidade é uma tarefa tranquila.

[93] LACHAUME, J. F. et al. Op. cit.

[94] "Esta mutabilidade do regramento administrativo confere-lhe, em termos de poderes da Administração, uma originalidade em comparação com outras fontes do direito administrativo sobre as quais a Administração não dispõe de qualquer controle (Constituição, tratados e do direito da União Europeia , leis, princípios gerais de direito), afirmando que a própria lei está sujeita ao princípio da mutabilidade: o legislador pode modificá-la a qualquer momento, desde que não prejudique o exercício de um direito ou uma liberdade de valor constitucional (CC, 18 de setembro de 1986 a liberdade de comunicação, supra; CC, 98-396 DC, 19 de fevereiro de 1998, recrutamento excepcional de magistrados, RCC, 153; JCR, I, 738; RFDC de 1998 315 observa Roux; Ajda, 1998 305 notas Schoettl, PA, 1998, 14, 2, 12, nota-Baghestini Perrey)." Tradução nossa. LACHAUME, J. F. et al. Op. cit., p. 170.

[95] Tradução nossa. Ibidem, p. 182.

Para que a mediação de conflitos na Administração Pública não se torne mais uma modalidade de processo administrativo, enrijecido por regras não contemporâneas ao conflito, vale a máxima aplicável à conformação da instrução do processo administrativo francês:

> se o ideal da instrução é um fluxo temporal controlado, este controle pode vergar-se aos imperativos relacionados à gestão, que compõe um "Estado perfeito", e que deve nortear a análise econômica do julgamento ou busca de ganhos de produtividade. É que a demanda social por justiça leva precipuamente à fórmula de prazos mais curtos, limites temporais impostos pela redução de atrasos excessivos nos julgamentos.[96]

2.1.3 Publicidade ao sistema de gerenciamento da mediação como meio de legitimação

Não basta apenas a criação de sistemas de gerenciamento consensual de conflitos na Administração Pública com um ótimo projeto-piloto. É necessário um programa de divulgação efetiva para promover todo o instrumental organizado para a resolução de disputas.

Ainda mais quando se trata de conflitos na Administração Pública, em que há uma natural desconfiança do emprego de métodos e implementação de acordos consensuais, dar publicidade ao sistema organizado é fundamental.

Além de proporcionar amplo conhecimento da existência daquele sistema de mediação, a publicidade do sistema também se refere à facilidade de acesso tanto daqueles que passaram/passam pelo sistema de gerenciamento quanto daqueles que assim pretendem – ou demais interessados em – acessar estatísticas e dados, documentos de casos e termos de acordo.

"Acesso à informação da Administração deve ser visoa como uma das mais importantes características que permitem participação pública e contribui para *accountability* e legitimidade do funcionamento da Administração."[97]

[96] Tradução nossa. QUILLEVÉRÉ, G. Op. cit., p. 33.

[97] Tradução nossa. DE GRAAF, K. J.; MARSEILLE, A. T.; TOLSMA, H. D. Mediation in Administrative Proceedings: A Comparative Perspective. In: DRAGOS, D. C.; NEAMTU,

Em Portugal, a Lei n. 29, de 19 de abril de 2013, ("Lei n. 29/2013") estabelece os princípios gerais aplicáveis à mediação realizada naquele país, bem como os regimes jurídicos da mediação civil e comercial, dos mediadores e da mediação pública.

O artigo 37º da Lei n. 29/2013 positiva o princípio da publicidade como dever das entidades que gerenciam os sistemas públicos de mediação,[98] estabelecendo que

> cabe a tais entidades *por um lado,* manter um portal electrónico na internet que dê a conhecer os sistemas públicos de mediação sob sua gestão e, *por outro,* prestar aos contribuintes todas as informações necessárias à utilização dos serviços através de formas legalmente previstas – presencialmente, por telefone, correio electrónico e através do portal de internet.[99]

A par das ressalvas feitas a este dispositivo da Lei n. 29/2013 quanto à instrumentalização desnecessária da publicidade, trazida por meio de uma previsão legal, Lopes e Patrão[100] reconhecem que tornar público o sistema de gerenciamento do conflito relaciona-se à boa Administração, e que a efetivação dos sistemas públicos de mediação preocupa a ponto de se reforçar os princípios da boa Administração, da eficiência, da desburocratização e atribuir-se obrigações concretas quanto ao método de esclarecimento dos usuários do sistema.

B. (Eds.). **Alternative Dispute Resolution in European Administrative Law**. Heidelberg: Springer, 2014, cap. 19, p. 589-605, p. 599.

[98] "Artigo 37.º Princípio da publicidade. 1 – A informação prestada ao público em geral, respeitante à mediação pública, é disponibilizada através dos sítios eletrónicos das entidades gestoras dos sistemas públicos de mediação. 2 – A informação respeitante ao funcionamento dos sistemas públicos de mediação e aos procedimentos de mediação é prestada presencialmente, através de contacto telefónico, de correio eletrónico ou do sítio eletrónico da respetiva entidade gestora do sistema."

[99] LOPES, D.; PATRÃO, A. **Lei da Mediação comentada**. Coimbra: Almedina, 2014, p. 192.

[100] Ibidem, p. 193.

2.1.4 Relação de custo-benefício do sistema mediativo e a superação de barreiras orçamentárias

Na esfera prática, a institucionalização do sistema de mediação não depende apenas de uma regulamentação ideal para garantir, ao mesmo tempo (i) a solidez para a constância da prática do sistema e (ii) liberdade de conformação do sistema ao conflito em espécie.

É preciso se garantir a alocação de recursos necessária para tais finalidades.

O "Estudo qualitativo sobre boas práticas em mediação no Brasil" também identifica a barreira orçamentária como uma das principais questões a serem enfrentadas no que toca ao estabelecimento de boas práticas mediativas:

> Um dos principais entraves à implementação é a obtenção de recursos para início do atendimento e sua manutenção. Alguns dos programas enfrentaram dificuldades justamente por terem obtido um investimento inicial (por meio de programas governamentais), mas não o repasse contínuo de recursos de financiamento. Por mais que a prática da mediação no Brasil tenha bastante presente o trabalho voluntário de mediadores, há custos que decorrem da capacitação destes, despesas rotineiras (aluguel de espaço, material de escritório, etc.), dentre outros.[101]

Moessa[102] identifica duas conformações de metodologia de análise de custo-benefício do sistema de mediação.

O primeiro método diz respeito à comparação dos custos de mediação *versus* métodos tradicionais, considerando o custo direto da resolução do conflito.

O segundo método, o qual a autora entende ser mais preciso, consiste não apenas nos custos diretos de resolução de conflito, mas no seu custo global. Compreendem-se, portanto, os dispêndios temporais, financeiros e até emocionais de cada parte na busca da resolução e resultados obtidos por meio de mediação, em cotejo com o método tradicional. Por qualquer dos

[101] BRASIL. Ministério da Justiça. Op. cit., p. 177.

[102] SOUZA, Luciane Moessa de. **Meios consensuais de solução de conflitos envolvendo entes públicos**: negociação, mediação e conciliação na esfera administrativa e judicial. Belo Horizonte: Fórum, 2012, p. 311-313.

métodos apontados pela autora, entende esta que é o "[...] suficiente para demonstrar a viabilidade financeira do investimento em um sistema de gestão de conflitos"[103]:

> Cabe ainda ressaltar que, na esfera pública, em que os recursos financeiros são captados dos contribuintes e entregues aos gestores do Estado para que os administrem da forma mais produtiva e benéfica à coletividade, a opção por um sistema como este não se circunscreve à esfera de discricionariedade da Administração, mas se insere na esfera do dever de boa administração [...].[104]

Como bem pontua Harada, "No Estado moderno, não mais existe lugar para orçamento público que não leve em conta os interesses da sociedade".[105] Dessa forma, o dimensionamento de custos para justificar a alocação de recursos para o oferecimento de métodos alternativos de resolução de conflitos não se adstringe tão somente à paramentação e instrumentalização do sistema, como também analisa os ganhos consequenciais do emprego do método.

Dimensionamento este que, indiscutivelmente, não é tarefa simples.

> O dimensionamento de custos raramente é simples, mesmo nos casos em que o dólar (ou outra moeda) é a unidade padrão de medida. Quando se trata de custos ou economia de custos, descobrir quais custos devem ou não ser contabilizados acaba por ser o desafio central. Economia de custos é ainda o mais difícil de se medir em muitos casos, porém não em todos. O Hospital da Universidade de Michigan podia com relativa facilidade mensurar os recursos financeiros que deixavam a instituição por conta da contratação de advogados externos, acordos judiciais ou pagamento de indenizações. Não se reportava, no entanto, aos custos que o Hospital tinha em se organizar internamente com suas investigações e processos de reavaliação. Estes podem ou não ser custos marginais de operação; eles podem apenas representar

[103] Ibidem, p. 313.

[104] Ibidem, p. 313.

[105] HARADA, Kiyoshi. **Direito Financeiro e Tributário**. 19. ed. São Paulo: Atlas, 2010, p. 58.

> redistribuição de tarefas entre o pessoal existente. Estes custos devem ser considerados ao se medir o sucesso do design do sistema? Se sim, como? O trabalho de avaliação não deve se voltar exclusivamente ao dimensionamento que tipicamente produz medidas quantitativas. Histórias e vozes importam também – às vezes para os formuladores de políticas públicas, muito mais do que a evidência quantitativa.[106]

Este pensamento está em linha com a nova vertente de gerenciamento de recursos públicos, que possui um interesse renovado em orçamentação baseada em performance. A avaliação de alocação de recursos não é feita somente numa base de ingresso de receitas públicas, alocação normatizada e controle orçamentário.

Por óbvio que não se defende a ausência de controle sobre os recursos alocados ao sistema de mediação de conflitos na Administração Pública, quando equivalentes a despesas públicas.[107] No entanto, fato é que a finalidade da receita pública a ser perseguida no caso deve ser perquirida também no que atine aos ganhos da pacificação social.

2.2 Confecção do processo de mediação de conflitos na Administração Pública

O desenvolvimento de um processo de mediação adequado a um conflito específico da Administração Pública exige mais do que a criação de um espaço para a conjunção de elementos de diálogo, debate e negociação entre as partes envolvidas no conflito.[108]

Para além da concessão de um espaço (a institucionalização da mediação), faz-se necessária a formulação de um rito que viabilize a participação, deliberação e colaboração das partes em conflito de forma que produza resultados

[106] Tradução nossa. ROGERS, Nancy H. et al. (Eds.). Op. cit., p. 337.

[107] "O controle dos atos orçamentários é por sua vez a contrapartida inevitável e a garantia indispensável das liberdades locais." Tradução nossa. GRUBER, A. **La décentralisation et les institutions administratives**. 2. ed. Paris: Armand Colin, 1996, p. 454.

[108] FORESTER, John. **Dealing with Differences**: Dramas of Mediating Public Disputes. New York: Oxford, 2009, p. 15.

que acenem ao interesse público, à medida que acomodem diversos interesses e reflitam entendimentos ou acordos de eficácia prática às partes.[109]

O rito, ou o processo mediativo, começa a ser construído a partir daquele que toma a iniciativa para mediar, do que se expõe a importância de definir a titularidade desta iniciativa, mormente no que toca à Administração Pública. A escolha do mediador, ainda que não seja figura central da mediação tal como as partes, eis que a mediação é um procedimento de emancipação das partes, é igualmente importante justamente para viabilizar esta emancipação.

A definição das etapas do processo mediativo, *per se*, parte do reconhecimento daquele conflito em específico, do que se extrai que suas etapas devam necessariamente respeitar determinadas particularidades.

Toda a cadeia de etapas da mediação deve, ainda, ser matizada pela habilitação das partes para que coloquem seus interesses à mesa; é necessário retirar as partes de suas posições como *players* negociadores e efetivamente facilitar o diálogo para que se extraia delas suas necessidades básicas e seus medos e anseios concernentes à resolução ou manutenção daquele conflito.

Por fim, a confecção do processo mediativo passa – se assim for desejado e conseguido pelas partes – pela confecção do acordo que ponha termo àquele conflito. Novamente, as peculiaridades do regime administrativo opõem nuances não apenas à confecção do acordo, mas à sua implementação e manutenção.

São as ideias que passarão a ser exploradas, sempre se atentando às características dos conflitos da Administração Pública.

2.2.1 A titularidade da iniciativa para mediar

A primeira pergunta que se coloca à luz do interesse em mediar diz respeito a quem é conferida a titularidade da iniciativa para mediar. Em se tratando de conflitos na Administração Pública, a resposta à questão ainda perpassa outra aferição: quais os parâmetros que norteiam esta titularidade?

O modelo teórico fundamental da mediação aponta como titular da iniciativa para mediar aquele que se vê parte no conflito,[110] por aplicação lógica

[109] Ibidem, p. 13.

[110] O tema de "*mandatory arbitration*" não será abordado neste trabalho. A modalidade de mediação obrigatória é reconhecida em determinados estados dos Estados Unidos da América, sendo novidade no ordenamento juridico italiano; o novo Código de Processo Civil

do princípio da autodeterminação[111] das partes na mediação, uma vez que "um aspecto nuclear da mediação é que as partes tomam decisões, incluindo se desejam em última análise resolver a questão, assim como os termos de qualquer resolução".[112]

A mediação como ferramenta de eficácia administrativa, dentro do Direito Administrativo moderno, prima pela substancialidade dos atos em detrimento da procedimentalidade, o que dá às partes o empoderamento necessário à expressão de suas vontades.[113]

Não é possível, contudo, ignorar o fato de que a determinação da organização procedimental da participação na mediação de conflito na Administração Pública passa por uma análise de plexo de competências administrativas, nem que haverá de se dar ciência a interessados que possuem o dever legal de se envolverem em determinada disputa.

Acompanhando o racional substancialista do procedimento administrativo, Duarte vislumbra que

brasileiro flerta com tal modalidade como medida – questionável – para fazer penetrar na cultura jurídica brasileira.

[111] "Uma característica fundamental da mediação é que são as partes quem tomam as decisões, incluindo se elas desejam em última análise, resolver a questão, bem como os termos de qualquer resolução. Esta capacitação ética inerente à mediação é muitas vezes considerada em conjunto com o valor fundamental da autodeterminação. Estes dois princípios são enfatizados em várias aplicações do processo. Por causa do envolvimento pessoal no processo e na resolução, as partes possuem uma propriedade psicológica, o que torna mais provável que eles cumpram qualquer acordo alcançado." Tradução nossa. KOVACH, Kimberlee K. **Mediation in a Nutshell**. Op. cit., p. 43.

[112] Tradução nossa. Ibidem, p. 43.

[113] "Em termos gerais, as concepções iniciais do procedimento e da teoria do procedimento administrativo partem de uma leitura substancialista que o explica a partir da noção de acto administrativo cujo processo de formação não é mais do que a integração dos vários elementos que o constituem. Esta ideia de procedimento administrativo, que, de certa forma, materializa o fio condutor das divergentes linhas de desenvolvimento integráveis nesta orientação, faz da não autonomia dos actos procedimentalmente prodrómicos o cerne da conceptualização do procedimento administrativo. A explicação substancialista do procedimento, com origens na doutrina alemã, leva à nuclearidade da noção de acto complexo, como referência da decisão que engloba constitutivamente várias vontades e que representa substitutivamente o procedimento administrativo como um conjunto de actos necessários para a perfeição do acto final." DUARTE, David. **Procedimentalização, participação e fundamentação**: para uma concretização do princípio da imparcialidade administrativa como parâmetro decisório. Coimbra: Almedina, 1996, p. 87.

> O impulso inicial, nessa fase de iniciativa do procedimento administrativo, pode ocorrer de três maneiras diferentes: a) por iniciativa de quem tem a competência decisória; b) por iniciativa de um órgão de outra pessoa colectiva e c) por iniciativa de um particular que pretende que seja tomada uma decisão sobre uma determinada pretensão. [...] A necessidade de salvaguardar determinados interesses atempadamente pode obrigar a que, ainda antes de se dar início formal à instrução, os sujeitos da participação procedimental e interorgânica, nomeadamente nas vertentes técnicas, possam ter de agir no procedimento.[114]

Assim, ainda que seja válida a premissa de que aquele que inicia a mediação é a parte em conflito, fato é que "disputas sobre questões públicas vêm em todos os tamanhos e formatos. Elas ocorrem entre comunidades e seus tomadores de decisão, entre setores do governo, entre órgãos e entre órgãos e o público."[115]

Por conta da natureza multifacetada dos conflitos da Administração Pública, bem como em razão do regime jurídico-administrativo endereçado à resolução de disputas na Administração Pública, a titularidade da iniciativa para o processo de mediação não é tão somente daquele que participa diretamente da espiral do conflito.

A iniciativa de mediar o conflito na Administração Pública também não é necessariamente do titular do direito material objeto do conflito, daquele que possui o poder de transacionar ou mesmo daquele que tem o poder de decidir. Relatando a experiência norte-americana em conflitos públicos, Carpenter e Kennedy colocam à mesa a possibilidade de que, a depender do caminho tomado na mediação,

[114] DUARTE, David. Op. cit., p. 121-122.

[115] Tradução nossa. CARPENTER, S. L.; KENNEDY, W. J. D. **Managing Public Disputes**: A Practical Guide for Professionals in Government, Business and Citizen's Groups. San Francisco: Jossey-Bass, 2001, p. 3. A Administração Pública brasileira tem reconhecido a gama variada de litígios que podem ser submetidos ao processo mediativo; mostra disso é a Lei federal n. 13.465, de 11 de julho de 2017, que expressamente reconhece a possibilidade de se usar a mediação para solucionar conflitos derivados do procedimento de demarcação urbanística para regularização de áreas urbanas.

> o governo pode tomar a decisão final. Agências governamentais preferem cooperar com as partes, mas elas podem ser forçadas pelas circunstâncias a assumir o papel de regulador. Flexibilidade na escolha de opções e a maneira pela qual a regulação será administrada são perdidas tão logo que a agência se torne o executor.[116]

No que tange à titularidade de iniciativa da mediação, o legislador brasileiro, por meio da Lei federal n. 13.140, de 26 de junho de 2015, mais conhecida como a "Lei de Mediação", delegou à advocacia pública do respectivo ente federativo a instauração "de ofício ou mediante provocação, procedimento de mediação coletiva de conflitos relacionados à prestação de serviços públicos".[117]

Nesse aspecto, deixou de replicar, ainda que óbvios ajustes far-se-iam necessários, a todos os níveis federativos o modelo padronizado pela CCAF na esfera federal – que por si já é restritivo –, segundo o qual a solicitação para mediar é apresentada por: (i) Ministros de Estado; (ii) dirigentes de entidades da Administração Federal indireta; (iii) Procurador-Geral da União, Procurador-Geral da Fazenda Nacional, Procurador-Geral Federal e Secretários-Gerais de Contencioso e de Consultoria.[118]

Admite-se, ainda, no âmbito da CCAF, que

[116] Tradução nossa. Ibidem, p. 15. Ainda que a narrativa seja adequada à realidade da conformação da Administração Pública norte-americana, não é impossível se vislumbrar este cenário na realidade brasileira: se assim não fosse, não caberia ao Advogado-Geral da União a decisão final sobre a celebração de Termo de Ajustamento de Conduta confeccionado durante procedimento mediativo na CCAF (inc. V do art. 18 e inc. XIV do art. 36, Anexo I, Decreto n. 7.392/2010; e art. 4-A e seu parágrafo único da Lei federal n. 9.469/1997).

[117] "Art. 32. A União, os Estados, o Distrito Federal e os Municípios poderão criar câmaras de prevenção e resolução administrativa de conflitos, no âmbito dos respectivos órgãos da Advocacia Pública, onde houver, com competência para: [...] II – avaliar a admissibilidade dos pedidos de resolução de conflitos, por meio de composição, no caso de controvérsia entre particular e pessoa jurídica de direito público; "Art. 33. Enquanto não forem criadas as câmaras de mediação, os conflitos poderão ser dirimidos nos termos do procedimento de mediação previsto na Subseção I da Seção III do Capítulo I desta Lei. Parágrafo único. A Advocacia Pública da União, dos Estados, do Distrito Federal e dos Municípios, onde houver, poderá instaurar, de ofício ou mediante provocação, procedimento de mediação coletiva de conflitos relacionados à prestação de serviços públicos." (Lei n. 13.140/2015).

[118] Art. 3º da Portaria AGU n. 1.281/2007; art. 2º da Portaria AGU 1.099/2008; art. 2º da Portaria AGU n. 481/2009; art. 18, inc. IV, do Decreto n. 7.392/2010.

> [...] embora tecnicamente não sejam integrantes da Administração Pública Federal, os órgãos ou entes que compõe o Poder Legislativo (Senado e Câmara dos Deputados), Judiciário e Ministério Público da União, também podem ter iniciativa de encaminhar suas controvérsias com entes e órgãos da Administração Pública Federal para a CCAF.[119]

Porém, aqui cabe uma severa crítica à normatização da titularidade para iniciativa da mediação. Esquece-se de um importante *player* na dinâmica de tensões dos conflitos na Administração Pública: o administrado.

Ainda que os conflitos na Administração Pública, tal como vislumbrados a serem dirimidos pela CCAF ou aqueles que a Lei de Mediação espera abarcar, sejam em sua maioria intra ou interfederativos, não se pode deixar de lado que o administrado participa da espiral do conflito, seja como indivíduo limitado na sua esfera administrativa ou como usuário de serviços públicos.

Aliás, são precisamente conflitos relacionados à prestação de serviços públicos a que alude a Lei de Mediação. Há um movimento global de reforma da Administração Pública, no que toca à gestão dos serviços públicos, que reconhece que demandas de mercado[120] são também empregadas pelos usuários para avaliar os serviços públicos a eles prestados: trata-se da percepção do poder de escolha.

Para avaliar a intensidade da introdução da escolha aos usuários de serviços públicos, Tummers, Like e Van de Walle valem-se da teoria "Saída-Voz-Lealdade" ("*Exit-Voice-Loyalty*", tradução nossa), criada por Albert. O. Hirschman, segundo a qual os indivíduos possuem duas opções quando insatisfeitos com determinada situação: deixar a situação (opção de saída) ou tentar reparar

[119] BRASIL. Advocacia-Geral da União. Consultoria-Geral da União. Câmara de Conciliação e Arbitragem da Administração Federal – CCAF. **Cartilha**. 3. ed. Brasília, 2012. Disponível em <http://www.agu.gov.br/ page/content/detail/id_conteudo/191832>. Acesso em: 17 out. 2017, p. 14.

[120] Cf. TUMMERS, Lars G.; JILKE, Sebastian; VAN DE WALLE, Steven. Citizens in Charge? Reviewing the Background and Value of Introducing Choice and Competition in Public Services. In: DWIVEDI, Y. K.; SHAREEF, M. A.; S.K. Pandey & V. Kumar (Eds.). **Public Administration Reformation**: Market Demand from Public Organizations. London: Routledge, 2013, p. 9-27.

a situação (opção de voz), sendo que a diferença entre a escolha por uma ou outra opção se dá pelo grau de lealdade do indivíduo com aquela situação.[121]

A lógica aplicada ao serviço público é de que usuários insatisfeitos sempre recorrerão à *voz*, tendo em vista que "mudar-se do país ou parar de utilizar aquele serviço são frequentemente impossíveis".[122]

Conceder ao administrado a titularidade para iniciativa de procedimento mediativo, especialmente quando o administrado é afetado pela espiral do conflito, é conceder-lhe *voz*. "Nós podemos celebrar a voz, porém não devemos esquecer que voz significa algo prático: significa não apenas 'palavras', mas sim fazer reivindicações reais em relação a outros, reivindicações tipicamente por respeito e recursos [...]".[123]

Por claro que é possível matizar a iniciativa para mediar, seja de qual *stakeholder* for, com vistas a ordenar o processo mediativo e viabilizar um efetivo programa de gerenciamento de conflito. No entanto, o que não se pode admitir é retirar a participação popular na procedimentalização da mediação na Administração Pública, se tal procedimentalização não prevê explicitamente a participação inicial de determinado *stakeholder*.

> O formalismo oculta uma forte inclinação pelo "status quo", ainda quando este se revela perverso. Omite-se a título de se conter. Nega o caráter vinculante de políticas constitucionalizadas e dá as costas ao sistema jurídico, que é bem mais rico do que o mero ordenamento de regras jurídicas. Aposta em quimérica determinação acabada. Mostra-se originalista irredutível, mesmo quando as origens dos textos normativos se apresentam francamente contrárias ao cumprimento de contemporâneas funções do Estado-Administração, notadamente as funções prestacionais; as funções de formulação e implementação de políticas públicas; as funções arbitrais; as funções de fomento

[121] Ibidem, p. 10.

[122] Ibidem, p. 10, tradução nossa. "O segundo mecanismo é a 'voz'. Cidadãos insatisfeitos irão expressar seu descontentamento e, desta forma forçarão os provedores a melhorar aspectos da prestação de serviços. Quando o prestador de serviço público é um monopolista, a voz será muitas vezes a única opção viável, dado que se mudar do país ou parar de usar o serviço é muitas vezes impossível." Tradução nossa. Ibidem, p. 10.

[123] FORESTER, John. Op. cit., p. 20, tradução nossa.

> ou indução; as funções interventivas indiretas ou regulatórias; e as funções de polícia ou limitação do exercício indevido de liberdades. Em outros termos, não faz sentido negar a dimensão pragmática e consequencial ou teleológica-avaliativa no processo de tomada da decisão administrativa.[124]

Nesse sentido, não reconhecer o direito de iniciativa de um procedimento mediativo, ainda que não sejam quaisquer *stakeholders* – principalmente os administrados – parte direta no conflito, tolhe a possibilidade de que se fomente o uso da mediação como ferramenta da eficiência administrativa.

2.2.2 O mediador do conflito na Administração Pública

Um dos traços marcantes da mediação é a emancipação das partes, que tomam as rédeas para a resolução de seus próprios conflitos, conscientes de sua responsabilidade sobre eles. Contudo, a mediação pressupõe uma figura fundamental que permite às partes manterem-se no propósito de solucionar seus conflitos: o mediador.

> Enquanto a mediação pode ser resumida como facilitação das negociações entre as partes, o que os mediadores fazem em termos de prestar esse tipo de assistência pode ser complexo. O trabalho do mediador não é tão somente supervisionar a marcha rígida por meio das etapas que foram listadas. O mediador frequentemente assume uma série de papéis ao buscar auxiliar as partes a chegarem numa resolução mutuamente satisfatória para sua disputa. Estes vários papéis incluem organizar as partes e informações, avaliar estratégias de negociação, interpretar ou traduzir informações, auxiliar nos entendimentos, e servir como intermediador, professor, técnico, coordenador e condutor.[125]

[124] FREITAS, J.; MOREIRA, R. M. C. Decisões administrativas: conceito e controle judicial da motivação suficiente. **Interesse Público**, v. 17, n. 91, p. 15-26, maio/jun. 2015, p. 17.

[125] Tradução nossa. KOVACH, Kimberlee K. Mediation. In: BORDONE, R. C; MOFFITT, M. L. (Eds.). **The Handbook of Dispute Resolution**. San Francisco: Jossey-Bass, 2005, cap. 19, p. 304-317, p. 308.

No exercício de seus vários papéis, não há uniformidade entre os mediadores, pelo fato de que o desenvolvimento de seu trabalho depende muito da visão do mediador em relação à mediação, o que indica o padrão de sua conduta profissional.

Para Kovach,[126] a assistência dada pelos mediadores às partes varia de acordo com os objetivos ou metas fundamentais da mediação: atingir um acordo no litígio judicial; economizar tempo e recurso das partes na resolução das controvérsias; buscar soluções criativas para os problemas ou reparar relacionamentos. Sob cada ótica, um *métier*.

A pluralidade de metodologias e formas de abordagem em mediação não significa, contudo, que os mediadores devam deixar de observar parâmetros comuns. Para Abramson,[127] em primeiro lugar, deve o mediador conduzir o processo mediativo cioso da autodeterminação das partes – valor fundamental da mediação –, permitindo que possam participar ativamente da mediação e que tomem decisões informadas. Em segundo lugar, conduzir a mediação de modo imparcial e igualitário, podendo chegar ao limite de se retirar do processo mediativo caso constate que não esteja conseguindo desempenhar seu papel de acordo. Em terceiro lugar, deve o mediador manter a confidencialidade da mediação, em todos os aspectos e nos limites acordados pelas partes ou permitidos em lei.

Outro elemento de constância no desenvolver do papel do mediador são os padrões éticos.

A ética dos mediadores é tanto mais forte quanto a novidade da utilização da mediação. O sucesso da implementação do instituto da mediação só se dá à medida que se tem confiança nele, a qual é adquirida, em grande parte, pelo padrão ético adotado pelos mediadores no processo mediativo. Aqui se faz importante ressalva. Os padrões éticos dos mediadores não se relacionam intimamente com a necessidade de uma codificação, pois a mediação é marcada pela flexibilidade. Tais padrões, em verdade, devem ser *standards* de modo de proceder, imantados à atuação do mediador.

[126] KOVACH, Kimberlee K. Mediation. In: BORDONE, R. C; MOFFITT, M. L. (Eds.). Op. cit., p. 309.

[127] ABRAMSON, Harold I. **Mediation Representation**. 2. ed. New York: Oxford University Press, 2011, p. 98.

Dentre os temas mais relevantes,[128] compreendidos nos padrões éticos dos mediadores, encontram-se a neutralidade e imparcialidade do mediador, ambos predicados que refletem a ideia de ausência de predisposição ou pendor a determinada parte ou interesse na disputa.[129] Para Santanna, Veras e Marques, a imparcialidade traduz-se

> numa atividade despida de qualquer parcialidade ou favoritismo por parte do mediador, configurando um distanciamento das partes e de seus interesses, assim como do próprio processo. É o elemento que tende a sinalizar o grau de confiança das partes no mediador e no procedimento, uma vez que, identificada uma conduta parcial ou tendenciosa, certamente a confiança no terceiro e naquela mediação estarão comprometidas. Nesse sentido, o mediador deve procurar ver o conflito pela perspectiva das partes e se perguntar se existe alguma possibilidade de uma delas achar que sua atuação está favorecendo ou desfavorecendo um dos lados na mediação.[130]

Embora não sem ressalvas, pela sua prematuridade, é digna de nota a preocupação da normatização brasileira da mediação sobre a imparcialidade do mediador, refletida não somente na previsão expressa contida, como também

[128] "Os numerosos códigos de ética existentes frequentemente apresentam temas específicos ou áreas principais que suscitam preocupações ao longo de suas disposições. Uma pesquisa da literatura sobre mediação e códigos atuais revela que existem algumas preocupações éticas fundamentais para mediadores. Estas áreas incluem: Competência, Neutralidade, Confidencialidade, Autodeterminação, Qualidade, Publicidade e Custos" Tradução nossa KOVACH, Kimberlee K. **Mediation in a Nutshell**. Op. cit., p. 260-261.

[129] "Neutralidade e imparcialidade do mediador são as duas maneiras mais comuns para descrever o princípio de que os mediadores não favorecem uma parte sobre a outra. Embora alguns estudiosos têm sugerido distinções entre os dois termos, para todos os efeitos, os termos são usados indistintamente para referir-se à ideia de que os mediadores devem ser livres de preconceitos. Este aspecto do processo é quase sempre incluído como um elemento integrante de códigos de ética para mediadores." Tradução nossa. KOVACH, Kimberlee K. **Mediation in a Nutshell**. Op. cit., p. 311.

[130] SANTANNA, Ana Carolina Squadri; VERAS, Cristiana Vianna; MARQUES, Giselle Picorelli Yacoub. Independência e imparcialidade: princípios fundamentais da mediação: a mediação no novo código de processo civil. In: ALMEIDA, Diogo Assumpção Rezende de; PANTOJA, Fernanda Medina; PELAJO, Samantha (Coords.). **A mediação no Novo Código de Processo Civil**. Rio de Janeiro: Forense, 2015, p. 133.

na aplicação de impedimentos ao mediador[131] e sanções para a infração da imparcialidade.[132]

Essencialmente, o mediador, ainda que com sua visão particular da mediação, deve "estar confortável com sua posição como mediador e neutro [...], ser conhecedor da estrutura do processo, capaz de conduzir e facilitar a mediação, e capaz de lidar com qualquer problema que possa surgir",[133] tendo sempre em mente que deve conduzir-se neste processo por padrões éticos.

Porém, e quanto ao conhecimento do mediador sobre a matéria do conflito? Nesse sentido, Abramsom:

> Deve o mediador possuir conhecimento substantivo no objeto matéria da disputa? Este é um tópico de grande debate.
> Alguns afirmam que um mediador treinado pode mediar qualquer tipo de disputa. O mediador não precisa de conhecimento substantivo algum. O indivíduo que domina as habilidades de mediação deve ser capaz de resolver qualquer tipo de conflito.

[131] "Art. 167. Os conciliadores, os mediadores e as câmaras privadas de conciliação e mediação serão inscritos em cadastro nacional e em cadastro de tribunal de justiça ou de tribunal regional federal, que manterá registro de profissionais habilitados, com indicação de sua área profissional. [...] § 5º Os conciliadores e mediadores judiciais cadastrados na forma do caput, se advogados, estarão impedidos de exercer a advocacia nos juízos em que desempenhem suas funções." (Lei n. 13.105/2015). "Art. 5º Aplicam-se ao mediador as mesmas hipóteses legais de impedimento e suspeição do juiz. Parágrafo único. A pessoa designada para atuar como mediador tem o dever de revelar às partes, antes da aceitação da função, qualquer fato ou circunstância que possa suscitar dúvida justificada em relação à sua imparcialidade para mediar o conflito, oportunidade em que poderá ser recusado por qualquer delas. Art. 6º O mediador fica impedido, pelo prazo de um ano, contado do término da última audiência em que atuou, de assessorar, representar ou patrocinar qualquer das partes. Art. 7º O mediador não poderá atuar como árbitro nem funcionar como testemunha em processos judiciais ou arbitrais pertinentes a conflito em que tenha atuado como mediador." (Lei n. 13.140/2015).

[132] "Art. 173. Será excluído do cadastro de conciliadores e mediadores aquele que: I – agir com dolo ou culpa na condução da conciliação ou da mediação sob sua responsabilidade ou violar qualquer dos deveres decorrentes do art. 166, §§ 1º e 2º; II – atuar em procedimento de mediação ou conciliação, apesar de impedido ou suspeito." (Lei n. 13.105/2015). "Art. 8º O mediador e todos aqueles que o assessoram no procedimento de mediação, quando no exercício de suas funções ou em razão delas, são equiparados a servidor público, para os efeitos da legislação penal." (Lei n. 13.140/2015).

[133] Tradução nossa. KOVACH, Kimberlee K. **Mediation in a Nutshell**. Op. cit., p. 261.

> Outros acreditam que somente o conhecimento procedimental é insuficiente. Um número substancial de advogados de variadas áreas de atuação prefere um mediador familiarizado com a lei e os costumes e práticas daquele mercado relevante.[134]

Assim, levanta-se o questionamento quanto ao conhecimento substantivo do mediador sobre o objeto da disputa, tanto mais sensível no que atine aos conflitos da Administração Pública e suas especificidades.

Reportando-se ao regime administrativo norte-americano de tomada de decisão, Carpenter e Kennedy apontam que os mesmos mecanismos legais e normativos que tentam proteger o interesse público podem também colocar-se como barreira na mediação de conflitos na Administração Pública – dificuldades estas que tornam possível se traçar um paralelo à realidade administrativa brasileira:

> Um sistema complexo de leis e regulamentos federais, estaduais e locais influencia nos esforços de se lidar com conflitos públicos. Audiências públicas obrigatórias, regras unilaterais que previnem discussões entre partes e reguladores, períodos obrigatórios de consulta pública e outras regras que estipulam o modo pelo qual as decisões são tomadas existem para proteger o interesse público. Infelizmente, elas podem também inibir a discussão e restringir a procura por novas opções e, frequentemente, não são tanto as leis, mas sim a sua interpretação e administração que determinam se o governo é de ajuda ou obstáculo.[135]

Diante dessa força deontológica do regime administrativo, é fundamental que o mediador de conflitos na Administração Pública tenha conhecimento substantivo sobre o objeto da disputa, para que o recepcione no processo de mediação, de modo a garantir a autodeterminação das partes.

Acresce-se ao conhecimento substantivo objetivo o conhecimento subjetivo; é dizer, o mediador de conflitos na Administração Pública deve conhecer

134 Tradução nossa. ABRAMSON, Harold I. Op. cit., p. 153.
135 Tradução nossa. CARPENTER, S. L.; KENNEDY, W. J. D. Op. cit., p. 9.

ou tornar-se familiarizado com os *stakeholders* que comumente são as partes nesse tipo de conflito.

A fim de auxiliar o estabelecimento do diálogo e, sobretudo para que se possa assegurar o tratamento igualitário a partes extra-Administração – tais como aquelas derivadas da sociedade civil ou iniciativa privada –, é necessário o conhecimento do mediador quanto ao tecido normativo-regulatório ou à estrutura orgânica de ente da Administração Pública parte do conflito. O conhecimento das características subjetivas das partes no conflito da Administração Pública influencia diretamente na capacidade de *rapport*[136] do mediador.

> É evidente que a grande dificuldade inicial neste aspecto, no Brasil, caso venha efetivamente a ocorrer a operacionalização da mediação de conflitos envolvendo políticas públicas, será a disponibilidade de mediadores capacitados neste tipo de conflito. [...] a experiência estadunidense revela grande utilidade na instituição, seja pelo Poder Judiciário, seja por entes públicos que utilizem a mediação na esfera administrativa, de um cadastro prévio ou rol de mediadores capacitados, que preencham requisitos de qualificação técnica e experiência reputados necessários para o desempenho da função, e ao qual podem recorrer as partes em conflito em caso de necessidade.[137]

Em vista das características necessárias do mediador em conflitos da Administração Pública, assim como uma provável dificuldade em encontrar mediadores capacitados para conduzir esse tipo de mediação, a alternativa

[136] "O *rapport* é o estado de confiança entre o mediador e as partes em disputa. Um bom rapport precisa ser bem estabelecido e mantido ao longo de todas as instâncias do conflito. Em algum ponto, em qualquer mediação eficaz, o mediador terá de enfrentar ambas as partes em disputa de forma igual. Se um bom relacionamento foi estabelecido (usando as habilidades de atenção e habilidades de escuta ativa detalhados acima), então a transição de escuta e de empoderamento para um suave confrontamento permanecerá intacta." Tradução nossa. HOPE, Mary Kendall. **The Guided Method of Mediation**: A Return to the Original Ideals of ADR. Durham: Eloquent Books, 2009, p. 66.

[137] SOUZA, Luciane Moessa de. **Mediação de conflitos coletivos**: a aplicação dos meios consensuais à solução de controvérsias que envolvem políticas públicas de concretização de direitos fundamentais. Belo Horizonte: Fórum, 2012, p. 116.

mais intuitiva da Administração Pública pode ser escolher tais mediadores de dentro de seus próprios quadros.

Se por um lado o ganho desta hipótese é contar com um quadro de mediadores que estão familiarizados não apenas com a matéria de competência daquele setor, como também com o dia a dia do ente, pontos negativos podem ser a falta de confiança dos usuários na imparcialidade do mediador – por mais capacitado que seja – e a própria dificuldade dos mediadores em usarem "dois chapéus".

Nesse sentido, merece destaque o trabalho que a Defensoria Pública do Estado desempenha no Município de Tucuruí (Pará-Brasil) de institucionalização de práticas mediativas "na busca de soluções coletivas para problemas que afetam a população hipossuficiente do município, tais como a proteção ao deficiente físico, idoso, criança e adolescente e mulheres vítimas de violência doméstica."[138]

> Todos os mediadores atuantes são defensores públicos, seja no âmbito individual, seja quando da realização de mediações interinstitucionais envolvendo entes públicos, privados e organizações da sociedade civil. Auxiliam na administração do programa também outros servidores da própria Defensoria, além de funcionários cedidos pela Prefeitura Municipal. Há, portanto, certo hibridismo na atuação dos defensores públicos em Tucuruí, na medida em que iniciam seu relacionamento com os assistidos como terceiros facilitadores e, caso não seja realizado um acordo e haja a necessidade de judicialização, passam a atuar como representantes da parte que buscou a Defensoria Pública.[139]

Pelo momento, parece ser mais adequada a solução exposta por Moessa,[140] de "um programa compartilhado de mediadores aptos a atender simultaneamente a vários órgãos públicos, que para ele contribuem financeiramente na proporção de seu quadro de servidores e dele podem se utilizar livremente na medida de suas necessidades".[141] Pontua que esta solução garante a redução

[138] BRASIL. Ministério da Justiça, p. 154.

[139] Ibidem, p. 157.

[140] SOUZA, Luciane Moessa de. **Meios consensuais**... Op. cit. p. 311.

[141] Ibidem, p. 311. A autora ainda pontua que este tipo de programa é utilizado no estado norte-americano do Texas no Centro de Resolução de Disputas da Universidade do Texas.

de custos e a imparcialidade dos mediadores, "que, embora sejam servidores públicos de carreira, não podem atuar em conflitos que se verifiquem em sua instituição de origem".

2.2.3 Confidencialidade do processo mediativo e publicidade nos conflitos na Administração Pública

"Os mediadores encorajam as partes a compartilhar informações sobre suas posições e explorar meios de chegarem a um entendimento entre si",[142] o que demanda muito mais das partes do que apenas a discussão sobre termos legais e direitos; pode ser necessário que as partes compartilhem informações de conteúdo sensível e estratégico, até mesmo que se abram emocionalmente.[143]

Para que seja possível às partes explorar todos os aspectos do conflito e seus interesses subjacentes, a mediação oferece a possibilidade de um ambiente sigiloso.

> A confidencialidade é um poderoso aspecto da mediação, pois permite às partes e ao mediador que discutam francamente fatos, questões e possíveis opções de acordo. O objetivo da confidencialidade na

[142] Tradução nossa. SHONK, Katie. **How Mediation Works**: Applying mediation techniques for conflict resolution. 7 jun. 2016. Disponível em: <http://www.pon.harvard.edu/ daily/dispute-resolution/how-mediation-works/?mqsc=e3838603>. Acesso em: 17 out. 2017.

[143] A abertura emocional que a mediação dá é comumente associada a conflitos de família, havendo uma descrença quanto a esta característica em conflitos corporativos ou públicos. Porém, fato é que raramente uma disputa resume-se a uma questão meramente distributiva. Exemplo recente é o processo mediativo que pôs fim a uma disputa de dois anos, permeada por animosidade, entre Abílio Diniz e o grupo francês Casino sobre o controle do Grupo Pão de Açúcar. Willian Ury, o mediador das negociações entre Abílio Diniz e Jean-Charles Naouri, relata que "Era um conflito muito custoso não apenas para os dois, mas para suas famílias, para a empresa, para o Pão de Açúcar. [...] Eu perguntei a ele [Abílio Diniz] 'O que você realmente quer? Você é um homem que tem tudo. Qual é a coisa que você mais quer?' e a resposta dele foi: 'Liberdade. Eu quero a minha liberdade'. [...] Eu perguntei para Abílio o que ele queria com a liberdade. Ele disse que queria liberdade para passar mais tempo com a família dele, que é a coisa mais importante que ele tem na vida, e para fazer negócios, ser um líder nos negócios. Era isso que ele queria fazer." (FREITAS, Ariane. **William Ury**: Abilio Diniz me disse que o que mais queria era liberdade. 12 jun. 2015. Disponível em: <http://epoca.globo.com/tempo/noticia/2015/06/william-ury-quando-nos-influenciamos-fica-facil-influenciar-os-outros.html >. Acesso em: 17 out. 2017.

> mediação é proteger a comunicação da divulgação externa ao processo. Ela também busca proteger as comunicações de serem divulgadas dentro do processo quando informação sensível for fornecida ao mediador em *caucus*.[144] Ambos os elementos de confidencialidade são necessários para garantir as discussões francas que a mediação intenta.[145]

"Instituições e grandes corporações podem ter um grande interesse em confidencialidade e, por exemplo, podem desejar proibir uma parte de divulgar o tipo e a quantia do acordo."[146]

Entidades privadas e pessoas físicas podem facilmente se utilizar da confidencialidade na mediação, não apenas por meio de acordos de confidencialidade, mas também pela garantia do comportamento ético do mediador.

Quando se trata de conflitos na Administração Pública, envolvendo entes da Administração, órgãos e até mesmo representantes da sociedade civil e da iniciativa privada, a aplicação do sigilo sobre o procedimento ganha outras feições.

> Os problemas surgem quando motivos legítimos suportam tanto a abertura quanto a confidencialidade. Um desses problemas envolve a mediação de disputas de ordem pública, em que a política de administração aberta choca-se com a política de facilitar a mediação através de confidencialidade.[147]

Isso não significa que o sigilo não possa existir, pelo contrário, por vezes pode ser necessário em alguns aspectos do conflito na Administração Pública. Apenas se torna necessário conciliar a confidencialidade com o dever de publicidade administrativa numa proporção que, ao passo em que garante o conhecimento de como vem procedendo a Administração Pública, permite

[144] Sobre o significado deste termo, remetemos o leitor para a seção 2.2.3.2.

[145] Tradução nossa. SCANLON, Kathleen M. Op. cit., p. 241.

[146] Tradução nossa. KOVACH, Kimberlee K. **Mediation in a Nutshell**. Op. cit., p. 43.

[147] Tradução nossa. LEATHERBURY, Thomas S.; COVER, Mark A. Keeping Public Mediation Public: Exploring the Conflict Between Confidential Mediation and Open Government. **SMU Law Review**, n. 46, p. 2.221-2.232, 1993.

que as partes em conflito na Administração Pública possam explorar os interesses subjacentes na disputa para a chegada a um acordo.

Outro aspecto também é importante para este tema: o dever de publicidade e o direito das partes de resguardar informações, não apenas do público em geral, mas também da outra parte. Resta então a capacidade do mediador de encontrar um modo de trazer essa informação à mesa de negociações sem que fira o desejo – ou mesmo o direito – da outra parte em resguardá-la. É o que se denomina de método de "*caucus*".

2.2.3.1 Ambiente sigiloso da mediação e o dever de publicidade da Administração Pública

A ausência de confidencialidade em processos mediativos de conflitos na Administração Pública não se justifica simplesmente pela existência de um dever instrumental emanado do princípio da publicidade administrativa.

Em primeiro lugar, a publicidade nos conflitos públicos não é intuitiva. Muito embora se possa cogitar de um pressuposto principiológico de publicidade dos atos administrativos no Brasil, por força do artigo 37, *caput*, da Constituição Federal, esta não é a regra lógica universal do processo mediativo de conflitos públicos.

Susskind e Cruikshank,[148] abordando o processo construtivo de consenso em conflitos públicos na realidade norte-americana, trazem como uma das fases de processo mediativo a pré-negociação, fase em que as partes preparam-se para adentrar no processo de resolução consensual de seu conflito. Elencam a confidencialidade como um elemento essencial para esta fase:

> Uma forma de aumentar as chances de se iniciar é reduzir o risco associado à participação em uma primeira reunião. Aquele que propõe a reunião deve se certificar de que a possibilidade [de uma negociação consensual] deve ser mantida confidencial até que todos os lados tenham concordado em participar [da primeira reunião] – ou até mesmo até que a reunião tenha sido realizada.[149]

[148] SUSSKIND, L.; CRUIKSHANK, J. **Breaking the Impasse**. Op. cit., p. 96.

[149] Tradução nossa. Ibidem, p. 96.

Em segundo lugar, não há ausência absoluta de confidencialidade, haja vista que o regime jurídico-administrativo comporta, ainda que por exceções, o sigilo de atos administrativos e fatos.

A demanda por publicidade dos atos da Administração Pública não se justifica pelo simples fato de ser esta a administradora da coisa pública, que, por sua natureza, deve ser... Pública. A publicidade dos atos da Administração Pública, em verdade, tem a ver com o direito de transparência no acesso a informações sobre a condução da coisa pública.

Tendo então a publicidade como regra, como conciliá-la com a confidencialidade como característica ou qualidade[150] desejável da mediação? Dois parâmetros são adequados para fazer este sopesamento, que, em verdade, servem como princípios gerais de confidencialidade ética na mediação de conflitos na Administração Pública.

> Há, em todo caso, duas fortes razões pelas quais os detalhes de uma sessão de mediação não devem ser mantidos completamente confidenciais. Em primeiro lugar, se o processo [mediativo] é autorizado a seguir sem qualquer tipo de supervisão, então ele carece de *accountability*. Em segundo lugar, se há partes não representadas, porém interessadas e que possuem o direito de saber ou o dever de serem notificadas sobre algo introduzido na mediação, então há um direcionamento à quebra da confidencialidade.[151]

A publicidade no processo mediativo justifica-se sob o direito de informação do cidadão – ou da própria Administração Pública – de conhecer as condutas que acarretaram o conflito e as condutas que põem (ou não) fim ao conflito de forma consensual. O pior cenário possível seria se sequer a existência do conflito se tornasse pública.

[150] A Lei de Mediação brasileira (Lei federal n. 13.140/2015) trata a confidencialidade como princípio diretor da mediação (art. 2º, inc. VII), estabelece a confidencialidade como regra (art. 30, *caput*) e estende-a todos aqueles que direta ou indiretamente participaram do processo mediativo (art. 30, § 1º).

[151] Tradução nossa. GIBSON, Kevin, Confidentiality in Mediation: A Moral Reassessment. **Journal of Dispute Resolution**, v. 1992, n. 1, art. 5, p. 25-67.

A divulgação de informações relativas à mediação de conflitos na Administração Pública passa, portanto, por um processo de *accountability*.[152]

De outro lado, esta publicidade de atos não significa sempre e necessariamente a participação direta, uma vez que não se trata aqui de audiências públicas, mas sim a possibilidade de intervenção daquela parte que juridicamente é interessada no processo mediativo.

Resultado de uma reflexão de que os benefícios de se proteger o direito cidadão à informação compensam o preço de se inibir a característica da confidencialidade no processo de mediação, regras que estabeleçam diretrizes para a divulgação de informações compartilhadas no âmbito da sessão de mediação são ferramentas necessárias.

No Brasil, ainda que não especificamente para informações veiculadas no processo de mediação, a Lei de Acesso à Informação (Lei federal n. 12.527, de 18 de novembro de 2011) representou um avanço inestimável para a cultura da transparência na Administração Pública e é uma ferramenta poderosa de controle social sobre o gerenciamento de conflitos na Administração Pública.

Assim, pode-se falar num sacrifício incidental das vantagens da confidencialidade na mediação de conflitos públicos. O dever de publicidade não deve inibir as partes de que se coloquem de maneira franca e cândida para a resolução do conflito, uma vez que a *accountability* administrativa torna-as ciosas da resolução responsável do conflito.

Nada obstante, vale reforçar que não existe publicidade absoluta dos atos da Administração Pública. Veja-se que, mesmo pela Lei de Acesso à Informação, as informações estão sujeitas à classificação de seu grau de sigilo, cuja divulgação ou acesso irrestrito possam trazer prejuízos à soberania ou segurança nacional (art. 23), sendo dever do Estado proteger tais informações (art. 25). Nada obstante, a Lei de Acesso à Informação estabelece períodos de limites

[152] "O conceito de accountability precisa ser tão fundamental para o setor público quanto o é para o setor privado. Para ter sentido, a *accountability* precisa envolver níveis específicos de desempenho, Liberdade administrativa para buscar os resultados e sanções por falhas. Portanto, uma relação efetiva de *accountability* exige: especificação antecipada dos níveis de desempenho: autoridade para determinar como os recursos serão empregados para produzir os resultados desejados; um processo de avaliação para saber se os resultados foram obtidos." (PEREIRA, L. C. B.; SPINK, P. K. (Org.) **Reforma do Estado e Administração Pública gerencial**. 7. ed. Rio de Janeiro: FGV, 2006, p. 182).

para não divulgação – ou divulgação restrita – de informações sensíveis e classificadas como tal (art. 24).

2.2.3.2 O sigilo das partes entre si e a figura do mediador: o método de "*caucus*" nos conflitos da Administração Pública

Caucus é um método consolidado na doutrina e prática de mediação, pelo qual o mediador se reúne separadamente com uma ou algumas das partes, mas não com todas. Segundo Hoffman, o *caucus* agrega valor à mediação pelos seguintes aspectos:

> Em primeiro lugar, do ponto de vista da teoria econômica, a realização de *caucus* fornece aos mediadores uma importante ferramenta para superar dois obstáculos ao acordo – o "dilema do prisioneiro" (causado pelo medo de exploração mútua entre as partes) e "seleção adversa" (causado pela falha em se divulgar informações). Em segundo lugar, a realização de *caucus* pode ajudar o mediador a superar uma variedade de problemas na negociação, tais como barreiras de comunicação, expectativas irrealistas, barreiras emocionais, conflitos intraparte e o medo de perder respeitabilidade. Em terceiro lugar, a realização de *caucus* proporciona um ambiente mais privado em que o mediador pode desenvolver uma compreensão mais profunda e mais pessoal das necessidades e interesses das partes.[153]

Em conflitos na Administração Pública, a realização de reuniões separadas com as partes pelo *caucus* é especialmente útil no que se refere a conflitos *intraparte*. Não raro, há divergências ou falta de comunicação entre o agente presente nas sessões de mediação e os responsáveis pela tomada de decisão, por conta da burocracia da estrutura administrativa. As sessões separadas permitem que o mediador compreenda a origem desta falta de comunicação e possa utilizar técnicas no processo mediativo para superá-la, sem que com isso prejudique a respeitabilidade da parte perante a outra.

[153] Tradução nossa. HOFFMAN, D. Mediation and the Art of Shuttle Diplomacy. **Negotiation Journal**, n. 27, p. 263-307, jul. 2011, p. 263.

O caráter dessas sessões é acessório, o que significa que ali não se discute o próprio conteúdo do conflito ou se tecem os termos do acordo, mas sim o entendimento, as dificuldades e o próprio comportamento da parte em relação ao conflito e aos termos do acordo. O intuito destas sessões é de caráter procedimental, para auxiliar o desenvolvimento do processo mediativo e fazer soltar eventuais travas que a parte tenha em relação àquele procedimento.

Por isso, a questão da publicidade atinente às sessões separadas de *caucus* nas mediações de conflitos na Administração Pública tem uma peculiaridade. A manutenção do sigilo nessas sessões não tem o condão de fulminar o princípio da publicidade; é que o conteúdo dessas sessões, por seu caráter instrumental, pouco tem a contribuir para o direito de informação dos cidadãos e o dever de transparência da atividade administrativa, uma vez que apenas visa a dar impulso ao processo mediativo.

Porém, é inegável que cobrir essas sessões com o manto da confidencialidade, adotando-a como regra, gera desconforto ao agente público, condicionado a viver sob a égide da publicidade de seus atos. Assim, é necessário encontrar medida que conserve a potencialidade dessas sessões privadas por meio do sigilo sobre o que é dito ali, mas que não negue a existência dessas reuniões. Moessa defende a possibilidade de registro das reuniões privadas como forma de se garantir a publicidade, sem, contudo, retirar destas reuniões seu caráter vantajoso.

> A eventual possibilidade de utilização de informações ali obtidas para fins de instrução, acaso não venha a ser obtido acordo, em nada prejudica a relação de confiança com o mediador se houver renúncia da(s) parte(s) presente(s) à confidencialidade. Ademais, possibilita a identificação de convergências e divergências e, muitas vezes, facilita a identificação de uma solução para o problema, ainda que esta solução tenha que ser identificada por um terceiro, o juiz. Representa, assim, o aproveitamento pleno da utilidade da mediação, que, por vezes, não chega a resultar num acordo, mas possibilita esclarecer as nuances do conflito e as alternativas para sua solução – o que é uma expressão do princípio da eficiência em matéria de solução de litígios.[154]

[154] SOUZA, Luciane Moessa de. **Meios consensuais**... Op. cit., p. 98.

Em verdade, imprimir caráter sigiloso ao *caucus* em processos mediativos de conflitos na Administração Pública gera desconfiança do próprio propósito do *caucus*, podendo-se chegar ao ponto de proibir as sessões separadas com cada parte. Assim, a publicidade, na dose correta, é desejável, pois "qualquer forma de mediação na qual realizar *caucus* é proibido ou obrigatório destitui o processo de flexibilidade e de ferramentas essenciais para empoderamento, entendimento e a eficiente resolução do conflito".[155]

2.2.4 O acordo na mediação de conflitos na Administração Pública

A transação é reconhecida como forma de autocomposição de conflitos pela qual as partes se ajustam fazendo concessões sobre o que porventura pudessem vir a ter direito. Positivada, a transação encontra previsão no artigo 840 do Código Civil brasileiro de 2002, sendo, portanto, reconhecida como um instituto civilista.

Ainda que de natureza privada, a transação como negócio jurídico é um instrumento que pode ser empregado pela Administração Pública, como forma de pôr fim aos seus conflitos, sendo um fim adequado após passar por um processo mediativo.

No entanto, é bem verdade que o emprego da transação pela Administração Pública – assim como todos os outros mecanismos que importam de alguma forma num exercício de paridade e consensualidade – encontra opositores que justificam sua posição na equiparação da indisponibilidade do interesse público com direitos indisponíveis (intransigíveis); logo, sendo o interesse público indisponível, todo e qualquer direito emanado dele também o é, de forma a ser intransigível.

Ao se atrelar a noção de transação à concessão de direitos, não é incomum que se encontre quem associe a transação a uma ideia de disposição, de perda de direitos. Assim, quando colocada no contexto do regime administrativo, a transação parece sabor pouco agradável ao paladar do interesse público: a Administração Pública é tutora de uma miríade de direitos enfeixada no

[155] Tradução nossa. HOFFMAN, D. Mediation and the art of shuttle diplomacy. **Negotiation Journal**, July 2011. p. 305.

"interesse público" e o interesse público é indisponível e tem primazia sobre os interesses privados, certo?

Esse argumento comporta um raciocínio bastante equivocado.

Primeiro, identifica o "interesse público" com a figura de quem o titulariza. O que desvirtua a concepção finalística do interesse público, pois permite afirmar que, toda vez que a Administração Pública age ou se pronuncia, coincide com o agir ou o pronunciamento do que é público e, portanto, inatingível ou inquestionável se torna. Significa levar a supremacia do interesse público sobre o privado a um patamar nocivamente maniqueísta.

> E é também arriscado associar o direito do Estado à rejeição do privado, porque a antítese entre interesse público e interesse privado é, nesse caso, muito abstrata e artificial. Dizer que o interesse público é oposto ao privado, e que o regime privado é o do egoísmo enquanto o administrativo é o da solidariedade, pode parecer bonito, pode servir às tiradas de estilo do "jurista cordial", pode até ser correto em certos casos, mas é vago, além de falso como regra geral.
> Em suma, a não ser para os militares estatistas e antiliberais, não se justifica no Brasil a obsessão de que o direito do Estado só pode ser compreendido como algo oposto ao privado.[156]

Na lição de Justen Filho, ainda, "Em síntese, a titularidade pelo Estado representa, quando muito, um indício de ser público o interesse, mas esse indício conduz, como não poderia deixar de ser, a uma presunção relativa".[157]

Em segundo lugar, o argumento explora a "indisponibilidade do interesse público" partindo-se da ideia de que todo o interesse público é indisponível. Associa tudo o que direta ou indiretamente diz respeito ao Estado à ideia de indisponibilidade. E, assim, tem-se por inviável qualquer espécie de ato de disposição de direitos que advenha da Administração Pública.

Aceitar este argumento é ceder a uma aporia.

[156] SUNDFELD, Carlos Ari. **Direito Administrativo para céticos**. 2. ed. São Paulo: Malheiros, 2014, p. 144.

[157] JUSTEN FILHO, Marçal. Conceito de interesse público e a personalização do Direito Administrativo. **Revista Trimestral de Direito Público**. São Paulo, Malheiros, n. 26, p. 115-136, 1999, p. 118.

Admitir-se que todo interesse público é indisponível é negar a própria existência da contratualização administrativa[158] e assumir a predominância de uma vertente autoritária e centralizadora da Administração Pública.

Se fosse impossível dispor sobre o conteúdo de encerramento de uma controvérsia, mais ainda seria impossível convencionar de início sobre os próprios direitos e obrigações, objetos da controvérsia que se pretende ver resolvida.

A indisponibilidade do interesse público não reside na manifestação estatal enquanto contratante junto aos particulares, quando trata de direitos patrimoniais.

A indisponibilidade do interesse público aparece como um norte para a Administração Pública, nas escorreitas observância e aplicação de leis, normas e princípios, enquanto pratica atos de gestão, ou seja, enquanto titulariza o interesse secundário para envidar obrigações de cunho meramente patrimonial junto aos particulares.

A partir do fenômeno da globalização,[159] as sociedades perderam as amarras impostas pelos limites geográficos de seus Estados-nação. As relações econômico-sociais se intensificaram, requisitando novos modelos de gestão para esta nova sociedade, a aldeia global.[160]

Encampado pela ideia de encurtamento de distâncias e quebra de fronteiras, o Direito Administrativo também sofreu alterações de referências em seus modelos teóricos. Fala-se, assim, da existência de um *Direito Administrativo*

[158] Para Oliveira, "[...] parece ser pertinente apontar a existência de um módulo consensual da Administração Pública, como gênero que abrange todos os ajustes negociais e pré-negociais, formais e informais, vinculantes e não vinculantes, tais como os protocolos de intenção, protocolos administrativos, os acordos administrativos, os contratos administrativos, os convênios, os consórcios públicos, os contratos de gestão, os contratos de parceria público-privada, entre outras figuras de base consensual passíveis de serem empregadas pela Administração Pública brasileira na consecução de suas atividades e atingimento de seus fins." (OLIVEIRA, Gustavo Justino de. A administração consensual... Op. cit., p. 228).

[159] "Assim, em síntese, passando ao plano estritamente jurídico, enquanto na ideia central de mundialização existe uma aspiração ideal à unificação da ordem jurídica, na de globalização, ao revés, descreve-se uma situação real, que é a proliferação planetária de ordens jurídicas de toda natureza: estatais, infraestatais, interestatais, sobre-estatais e, mais recentemente, a que aqui se estuda, as transestatais." (MOREIRA NETO, Diogo de Figueiredo. Transadministrativismo: uma apresentação. **RDA – Revista de Direito Administrativo**. Rio de Janeiro, v. 267, p. 67-83, set./dez. 2014, p. 70).

[160] Conceito cunhado pelo filósofo canadense Herbert Marshall McLuhan para retratar a crescente interdependência de trocas tecnológicas e informacionais.

global, pelo qual instituições de Direito Administrativo buscam uma padronização global ainda que inseridas em regimes jurídicos nacionais distintos. Auby expõe de forma sintética as bases teóricas desse modelo, da seguinte forma:

> Os fundamentos da teoria do Direito Administrativo global podem ser resumidos da seguinte forma. A partir da ideia de que há entidades administrativas globais (1º), a teoria tenta descrever sua fisionomia particular (2º) e mecanismos originais pelos quais estas entidades se articulam com o aparelho administrativo nacional (3º). Ela finalmente demonstra que as instituições administrativas globais frequentemente dispõem de mecanismos de controle ou recursos, que não são diferentes dos quais os Direitos Administrativos nacionais conhecem (4º).[161]

As transformações no modelo de Estado, impingidas por uma nova ideia de função estatal[162] inspirada na consensualidade e flexibilidade, demandam releitura da concepção tradicional da indisponibilidade do interesse público. Tal medida impacta nos meios pelos quais o Poder Público poderá solucionar as controvérsias nas quais se envolve.

[161] Tradução nossa. AUBY, Jean-Bernard. **La théorie du Droit Administratif global**: brève présentation critique. Troisième session du Séminaire "Droit Administratif Comparé, Européen et Global". Disponível em: <http://www.sciencespo.fr/chaire-madp/sites/sciencespo.fr.chaire-madp/files/jba.pdf>. Acesso em: 17 out. 2017.

[162] "Ficara evidente que a nova missão do Estado já não poderia mais se restringir tautologicamente à simples legalidade – ou seja, criar a lei e aplicá-la – mas tornar-se plenamente referida à realização dos valores fundantes e permanentes da sociedade que lhe são imanentes (e não apenas àqueles conjunturalmente impostos por governantes ou por eventuais maiorias plebiscitárias), ou seja, passando a estar referida à juridicidade: como a missão de sustentar o Direito. Ora, a síntese desses valores, objeto do Direito, nada mais é que a justiça, que, por não se esgotar na legalidade de um ordenamento jurídico imposto pelo Estado, necessitará sempre, para que se a realize, da permanente inspiração, renovação e transcendência da legitimidade e da licitude, pois que têm, ambas, a sua fonte no cadinho das vivências sociais. Eis porque a resposta institucional compatível com a nova configuração funcional dos Estados Democráticos de Direito – portanto, os Estados de Juridicidade – deve necessariamente resultar da adoção de renovados institutos constitucionais que passem a refletir uma cada vez mais estreita, intensa, complexa e pluralizada colaboração da sociedade com o Estado." (MOREIRA NETO, Diogo de Figueiredo. Para a compreensão do Direito Pós-Moderno. Op. cit.).

> No início do século XX, o realismo jurídico criticou o nível de abstração com base no qual operava o método langdelliano: os princípios eram tão abstratos, que poderiam, ao invés de esclarecer, confundir os estudiosos. Era necessária alguma sensibilidade ao contexto econômico e social. Contudo, a partir do início dos anos 1970, com a popularização do movimento da análise econômica do direito por Richard Posner, tal sensibilidade ao contexto, que ainda era afirmada de modo genérico pelos realistas, subiu outro degrau na escala de concretude: cidadãos e juízes agem conforme à racionalidade instrumental. Eles são maximizadores de suas posições relativas em relação uns aos outros; calculam os custos e os benefícios de diferentes cursos de ação (mesmo quando tais cursos de ação envolvam agir de modo ilegal).[163]

No Brasil, a nova postura de Administração Pública consciente de sua instrumentalidade para a consecução de suas finalidades foi bem pontuada com o advento da Emenda Constitucional n. 19, de 04 de junho de 1998, que consagrou a eficiência como um dos vetores da atuação da Administração Pública.

O princípio da eficiência foi então insculpido no artigo 37, inciso I, da Constituição Federal. Aplicado à atuação processual administrativa, combina com a razoável duração do processo, inserta no artigo 5º, LXXVIII, para assegurar meios que garantam a celeridade da tramitação processual.

A eficiência administrativa garante a efetividade do processo em que a Administração Pública é parte, seja ele judicial ou administrativo, o que por sua vez colabora para o acesso à justiça.

> A garantia fundamental do acesso à justiça, apesar de seu elevado grau de generalidade, indeterminação e incompletude normativa, traduz a plena exigibilidade das normas constitucionais. Essa garantia fundamental busca estabelecer instrumentos à plena efetividade do texto constitucional, ao impingir ao Estado-Juiz, à Administração Pública e

[163] MENDONÇA, José Vicente Santos de. A verdadeira mudança de paradigmas do Direito Administrativo brasileiro: do estilo tradicional ao novo estilo. **RDA – Revista de Direito Administrativo**, Rio de Janeiro, v. 265, p. 179-198, jan./abr. 2014, p 188.

> ao Poder Legislativo não apenas um dever de observância, mas também um atuante dever de proteção, seja pela reinterpretação de clássicos institutos processuais, seja pela instituição de técnicas diferenciadas, ou simplesmente pela admissão de novas demandas.[164]

Se anteriormente a Administração Pública amparava suas ações em torno de um pretenso interesse público, sem que a eficácia de seus atos fosse colocada à prova por meio da avaliação de resultados, hoje, o interesse público passa a ser aferido com base na eficiência administrativa.

Assim, novas diretrizes para as técnicas procedimentais levam, portanto, a uma releitura da indisponibilidade do interesse público, que conduz a Administração Pública a adotar outros meios para a solução de conflitos, considerando a transação como alternativa eficiente e legítima.

Na precisa lição de Dallari,

> Ao optar pela solução amigável, a Administração Pública não está necessariamente transigindo com o interesse público, nem abrindo mão de instrumentos de defesa de interesses públicos. Está, sim, escolhendo uma forma mais expedita ou um meio mais hábil para a defesa do interesse público.
>
> O interesse público não se confunde com o mero interesse da Administração ou da Fazenda Pública. Não há interesse público legítimo ao se procrastinarem pagamentos efetivamente devidos, pois o interesse público está na correta aplicação da lei, de acordo com a melhor interpretação possível diante do caso concreto, em benefício da coletividade, dos cidadãos integrantes da coletividade.[165]

Na mesma esteira é o entendimento de Grau, que, ao ponderar sobre a medida do interesse público como sendo a legalidade, brinda-nos com o feliz exemplo de "se realizar o interesse público na omissão, pela Administração,

[164] BRASIL JR, S.; CASTELLO, J. J. B. O cumprimento coercitivo das decisões judiciais no tocante às políticas públicas. In: GRINOVER, A. P., WATANABE, K. (Coords.). **O controle jurisdicional de políticas públicas**. Rio de Janeiro: Forense, 2011, p. 467.

[165] DALLARI, Adilson de Abreu. Viabilidade da transação entre o Poder Público e o particular. **Revista Interesse Público**, n. 13, p. 11-24, 2002, p. 16.

do uso de recursos judiciais meramente protelatórios, que se prestam unicamente a retardar, em benefício exclusivo do interesse da Administração, secundário, o cumprimento de suas obrigações".[166]

Badin,[167] ao tratar da autorização legal dada ao CADE pela Lei federal n. 8.884/1994 para transacionar em processos relativos a infrações contra a ordem econômica, pondera que "Não passou despercebido ao legislador que o princípio da indisponibilidade do interesse público autoriza a celebração de acordos processuais, uma vez constatado que de sua não celebração pode resultar o risco de perecimento ou de pouca eficácia da tutela".

Sobre as vantagens da transação, pontua que,

> Evidentemente, a solução negociada é superior à solução imposta, na medida em que elimina os custos associados à implementação, antecipando à sociedade os benefícios da tutela legal. Com efeito, muitas vezes a solução negociada dos processos administrativos que visam à aplicação da Lei n. 8.884/94, na medida em que obvia os custos e riscos inerentes à morosidade do trâmite judicial, pode se afigurar como uma alternativa para a implementação eficaz da política de defesa da concorrência.[168]

Conforme relatado, há uma mudança de paradigma da Administração Pública – para uma Administração paritária, na qual se privilegia o encontro de interesses através da cessão de determinadas prerrogativas estatais, sem que isso impacte na persecução do interesse público.

> A transação administrativa representa uma estratégia de negociação por meio da qual as partes envolvidas na relação jurídica administrativa controvertida, mediante concessões recíprocas, previnem ou terminam litígio. Assim, para ocorrer a transação é essencial a existência de

[166] GRAU, Eros Roberto. **O direito posto e o direito pressuposto**. 8. ed. São Paulo: Malheiros, 2011, p. 308.

[167] BADIN, Arthur. Conselho Administrativo de Defesa Econômica: CADE: a transação judicial como instrumento de concretização do interesse público. **Revista de Direito Administrativo – RDA**, n. 252, p. 189-217, set./dez. 2009, p. 195.

[168] BADIN, Arthur. Op. cit.

> uma relação jurídica controvertida, na qual a solução é estabelecida pelas próprias partes, devendo resultar, não da vontade unilateral, mas da vontade das partes litigantes de estabelecerem, de comum acordo, a solução para o conflito.[169]

Assim, a opção de transacionar não é privilegiar o regime de Direito Privado em detrimento do Público ou fazer concessões em prol de interesses egoísticos. Mas sim garantir a aproximação de interesses, ao passo que defendendo os interesses públicos. Não há violação ao interesse público em fazer acordos, como forma mais expedita, técnica e menos onerosa para a resolução de conflitos.

> De um modo geral é possível afirmar que os interesses estatais (direitos) que podem ser objeto de contratos também são passíveis, em caso de conflitos, de solução amigável. Deveras, quando firma um contrato qualquer, a Administração está assumindo um determinado ônus, com a perspectiva de receber a contrapartida estipulada. Nesse caso, algum direito de caráter patrimonial daquela entidade está sendo negociado; por isso há de ser considerado, para efeito de aplicação da transação, um direito disponível da entidade estatal, ou seja, um direito negociável.[170]

A possibilidade de acordo para a Administração Pública na mediação não pode se fundamentar numa análise simplista e rasamente principiológica, num aferimento – quase que métrico – da disponibilidade ou indisponibilidade do interesse público.

> A transmutação do interesse de privado em público não deriva de um imperativo meramente técnico, mas de imposições éticas. [...] Modernamente, o conceito de interesse público não se constrói a partir da

[169] OLIVEIRA, Gustavo Justino de; SCHWANKA, Cristiane. Op. cit., p. 18.

[170] SUNDFELD, C. A.; CÂMARA, J. A. Acordos na execução contra a Fazenda Pública. **Revista Eletrônica de Direito Administrativo Econômico**. Salvador, n. 23, ago./set./out., 2010. Disponível em <http://www.direitodoestado.com/revista/redae-23-agosto-2010-carlos-ari-jacintho-arruda.pdf>. Acesso em: 17 out. 2017, p. 5.

> impossibilidade técnica de os particulares satisfazerem determinados interesses individuais, mas pela afirmação da impossibilidade ética de deixar de atendê-los. Até se pode admitir que o Estado restrinja sua atuação na satisfação do interesse público. Mas a desestatização não significa a despublicização. A utilização de técnicas mais eficientes não autoriza a transformação do público em privado. O conceito de interesse público é permeado por caracteres éticos dessa ordem.[171]

O princípio da legalidade administrativa, ainda, é considerado também um impeditivo para o acordo consensual na Administração Pública.

Moessa retrata o suposto impedimento trazido pelo princípio da legalidade e o desconstrói, ainda segundo sua experiência de atuação no âmbito da CCAF:

> Pretende-se extrair do princípio da legalidade a consequência de que o ordenamento jurídico não deixa nenhum espaço para a negociação no momento de aplicação da lei ao caso concreto. Ora, não é necessário sequer ter conhecimentos jurídicos especializados para saber das múltiplas interpretações possíveis acerca de cada norma, a depender do assunto envolvido – sem mencionar as eventuais dificuldades de identificar qual a norma efetivamente aplicável. É fato notório e frequente (embora evidentemente indesejável) a presença de lacunas e contradições em nossa ordem jurídica, nem todas solucionáveis pelos critérios hierárquico, temporal e de especialidade. A isto pode se acrescentar o fenômeno ineliminável da colisão entre direitos fundamentais, da qual decorre a potencial colisão entre políticas públicas. Forneço exemplos: pense-se na presença de recursos minerais estratégicos e valiosos em terras indígenas ou territórios quilombolas. Ora, a Constituição Federal assegura, a um só tempo, o reconhecimento de territórios a tais comunidades, e o interesse público na exploração de nossos recursos minerais. Pense-se ainda na coincidência geográfica parcial (e tais exemplos não são exercícios de imaginação, mas sim extraídos de minha atuação como Conciliadora na Câmara

[171] JUSTEN FILHO, Marçal. Conceito de interesse público... Op. cit., p. 124.

> de Conciliação e Arbitragem da Advocacia-Geral da União em 2010 e 2011) entre territórios de populações remanescentes de quilombos e os limites de unidades de conservação, cuja proteção também é um mandamento constitucional. O potencial de conflitos é imenso – e o recurso à legalidade pura e simples não fornece nenhuma solução. É preciso encontrar maneiras criativas de compatibilizar tais direitos fundamentais e as políticas públicas que devem garanti-los. Para este fim, a verificação das normas jurídicas aplicáveis ao caso é apenas o ponto de partida da negociação, a moldura que lhe traça os limites. Por tal razão, todos os acordos envolvendo o Poder Público devem ser devidamente fundamentados, já que os atos administrativos (e aí se inclui a autorização de acordos, mesmo em juízo) se sujeitam a controle interno e externo de juridicidade. Tal fundamentação deve ser fática e jurídica, de modo a deixar claro porque uma determinada solução é o caminho mais adequado para resolver o conflito, sob o ponto de vista da legalidade, da economicidade e todos os demais parâmetros que devem reger a atuação de entes públicos.[172]

Ademais, não se defende o posicionamento de que a Administração Pública dependa de lei específica autorizativa prévia, o que parece uma aplicação absolutamente positivista do princípio da legalidade administrativa, que sobremaneira não está em linha com o consensualismo, pois "a consensualidade na prática do direito administrativo assume evidente viés pragmático, voltado à resolução de casos concretos, com negociação de prerrogativas públicas para alcançar a resposta mais eficiente".[173]

[172] SOUZA, Luciane Moessa de. **Resolução consensual de conflitos coletivos envolvendo políticas públicas**. Organização Igor Lima Goettenauer de Oliveira. Brasília: FUB, 2014. Disponível em: <http://mediacao.fgv.br/wp-content/uploads/2015/11/Resolucao-Consensual-de-Politicas-Publicas.pdf>. Acesso em: 17 out. 2017, p. 64-65.

[173] PALMA, Juliana Bonacorsi de. **Sanção e acordo na Administração Pública**. São Paulo: Malheiros, 2015, p. 267.

2.3 Elaboração da estratégia e execução do processo de mediação no contexto da Administração Pública

A institucionalização da mediação como método de resolução de disputas traz a solidez que apenas a constância da prática de uma atividade pode oportunizar. Porém, não basta a mera previsão do uso da mediação para que ela se realize *in concreto*.

Instaurado o conflito e havendo o entendimento entre as partes de que desejam e podem discutir o conflito usando da mediação, faz-se necessário o arranjo da estrutura procedimental sobre a qual se desenvolverá a mediação, tendo como norte as características *daquele* conflito.

Tal como um processo, a mediação segue um caminho em vários estágios. Porém, não significa que eles se desencadeiam em elos solidamente pré-concebidos; há estágios que podem se transpor ou se desdobrar em outros, haja vista dois aspectos naturais ao processo de mediação: fluidez e flexibilidade.[174]

Todavia, como é natural da prática reiterada, os modelos teóricos do processo de mediação encontram pontos em comum, elos da cadeia que se repetem de modo a viabilizar duas premissas: a elaboração da estratégia de abordagem do conflito na mediação e a execução do processo de mediação.

Não se trata aqui do desenho da estratégia que cada participante irá adotar na condução das negociações, a fim de atender seus interesses individuais – como pessoas ou como instituições, ou até mesmo como ente ou órgão da Administração Pública[175] – embora o modo como cada participante apre-

[174] "Embora composta de fases, a mediação é simultaneamente concebida para ser flexível, e muitas vezes a variação de uma ou mais das fases é necessária. Algumas das fases podem se sobrepor e, frequentemente, o mediador deve rever uma ou mais das fases." Tradução nossa. KOVACH, Kimberlee K. **Mediation in a Nutshell**. Op. cit., p. 52.

[175] A Escola da Advocacia-Geral da União (EAGU) publicou no ano de 2017 o "Manual de Técnicas de Negociação da AGU", como resultado de um programa de incentivo de capacitação de servidores, tendo como objetivo a aplicação de técnicas de negociação para a resolução autocompositiva de conflitos. O manual apresenta padrões de negociação que nos próximos anos poderão ser evidenciados em processos mediativos da Administração Pública com a participação da advocacia da União. "Enfim, o Manual de Técnicas de Negociação da AGU tem como objetivo apresentar a teoria da Negociação aos membros e servidores da Advocacia-Geral da União, como também fornecer esclarecimentos, aos atores do Direito, sobre essa nova perspectiva de resolução de conflitos. A prática da Negociação, detalhada no presente Manual, reforçada pela vigência do Novo Código de Processo Civil, que estimula às partes e

senta sua forma de negociar impacta na resolução eficaz do conflito. A fase de elaboração da estratégia a que aqui se refere é o momento em que será desenhado o programa de gerenciamento do conflito em específico, a ser posto em execução posteriormente.

É nesta fase também que são feitos os arranjos preliminares, que englobam todas as providências prévias ao processo mediativo em si. Nessa fase incluem-se questões sobre a escolha do mediador e seu método de abordagem do conflito, determinação de quem serão os representantes das partes na mediação e aqueles com o poder de fazer eventual acordo, dentre outras questões operacionais.

Carpenter e Kennedy reconhecem que, durante a etapa de elaboração da estratégia, há uma série de tarefas a serem realizadas, que podem ser aglutinadas em:

1. Definição do problema.
2. Identificação de restrições externas.
3. Estabelecimento de um objetivo de gerenciamento do conflito.
4. Seleção de uma estrutura para as reuniões.
5. Identificação das etapas do processo.
6. Determinação de quem deverá participar.
7. Definição de outros papéis.
8. Consideração de outras questões procedimentais.[176]

No que concerne aos conflitos na Administração Pública, o aspecto mais sensível da elaboração da estratégia refere-se à identificação de restrições externas. Carpenter e Kennedy assim expõem o tema, oferecendo exemplo:

> Restrições externas sobre as partes devem ser consideradas ao se desenhar o processo. O órgão possui prazos que influenciarão o ritmo

aos seus procuradores a buscarem a autocomposição de conflitos, possibilitará trabalharmos uma mudança de concepção na solução de litígios no âmbito da Administração Pública." In LEAL, Victor Nunes. **Manual de Negociação Baseado na Teoria de Harvard – Escola da Advocacia-Geral da União**. Brasília: EAGU, 2017. Disponível em <www.agu.gov.br/page/download/index/id/38200382>. Acesso em: 17 out. 2017, p. 6.

[176] Tradução nossa. CARPENTER, S. L.; KENNEDY, W. J. D. Op. cit., p. 93.

> das discussões? Outros órgãos devem externar sua concordância em determinado momento? Há medidas legais em andamento que irão afetar o processo? As pessoas certas estão disponíveis para participar ou estão ocupadas com outros assuntos? Em um conflito sobre o uso futuro de terra agrícola em um condado, as discussões foram suspensas por várias semanas durante a primavera, pois os fruticultores tinham que trabalhar desde o amanhecer até o pôr do sol irrigando os campos e não tinham tempo para as reuniões. Restrições de todos os gêneros devem ser identificadas e mantidas em mente enquanto o planejamento se desenvolve.[177]

Outros dois aspectos a se considerar, extrínsecos ao processo de mediação do conflito na Administração Pública e às próprias partes e que podem ter impacto direto no resultado da mediação, são a participação de grupos interessados e a forma de tratamento pela imprensa.

De Graaf, Marseille e Tolsma,[178] ao avaliarem o uso da mediação em procedimentos administrativos no âmbito da União Europeia, listam a relevância do interesse de terceiros como uma das restrições mais comuns que envolvem o uso de mediação no processo de tomada de decisão administrativa. Para os autores, o fato de que os conflitos administrativos envolvem ou envolverão o direito de terceiros – e que possivelmente a mediação levará a uma solução vinculante – faz com que qualquer parte interessada deva ser incluída nas negociações facilitadas pela mediação. Os autores ponderam que

> São frequentemente esses tipos de questões que levantam importantes questionamentos sobre efetividade, eficiência e legitimidade do envolvimento da autoridade administrativa ou do juízo administrativo em facilitar a composição de um conflito que não seja por meio de um julgamento; é primariamente tarefa da autoridade administrativa tomar uma decisão que esteja tanto em consonância com a lei e com a razoabilidade. A resposta reside claramente no interesse geral em uma composição amigável no seio de uma sociedade civilizada,

[177] Tradução nossa. CARPENTER, S. L.; KENNEDY, W. J. D. Op. cit., p. 94-95.
[178] DE GRAAF, K. J.; MARSEILLE, A. T.; TOLSMA, H. D. Op. cit., p. 597.

em vista do fato de que um julgamento é visto como *ultimum remedium* e dos custos de transação em geral.[179]

Em referência à forma de tratamento pela imprensa, Carpenter e Kennedy[180] pontuam que a maioria dos conflitos públicos atrai atenção da mídia, de forma que devem ser adotadas medidas para que informações imprecisas não sejam reportadas. Sugere-se, inclusive, a preparação de kits para a imprensa e o estabelecimento de um canal de diálogo entre o gerenciador do conflito e representantes dos meios de imprensa.

Transportando-se à realidade brasileira, ao discorrer sobre o planejamento do processo de mediação de conflitos coletivos, Moessa reconhece também esses dois aspectos como relevantes e recomenda que se estabeleçam:

> [...] h) a forma pela qual se facultará a participação do público nas sessões ou se receberão manifestações por escrito relacionadas ao problema discutido no processo (conforme a amplitude da política pública debatida, pode ser apropriado receber manifestações *on line* ou pelo correio, já que apenas uma minoria de pessoas, normalmente, tem condições de comparecer pessoalmente);
> i) a forma pela qual o grupo divulgará informações relativas ao processo junto à imprensa.[181]

Estabelecida a estratégia de resolução do conflito pela mediação, chega o momento da execução do planejamento, pondo-se em movimento os estágios configurados para aquele conflito em específico.

Carpenter e Kennedy[182] reconhecem quatro estágios básicos para execução da mediação, os quais sumarizam a tônica do processo mediativo tradicional[183]

[179] Tradução nossa. DE GRAAF, K. J.; MARSEILLE, A. T.; TOLSMA, H. D. Op. cit., p. 597.
[180] CARPENTER, S. L.; KENNEDY, W. J. D. Op. cit., p. 113.
[181] SOUZA, Luciane Moessa de. **Mediação de conflitos coletivos**. Op. cit., p. 159.
[182] CARPENTER, S. L.; KENNEDY, W. J. D. Op. cit., p. 100.
[183] Kovach recorda os estágios da mediação adotados por um dos mais antigos programas de mediação que ainda estão em andamento, "Columbus, Ohio Night Prosecutor Program", que são divididos em "Introdução; Determinação de Problemas; Resumo; Identificação de problemas; Geração e avaliação de alternativas; Seleção de alternativas adequadas; e Conclusão." Tradução nossa. KOVACH, Kimberlee K. **Mediation in a Nutshell**. Op. cit., p. 52.

e atendem igualmente à mediação dos conflitos na Administração Pública: (i) adoção de procedimentos; (ii) educação das partes; (iii) geração de opções; (iv) chegada a um acordo.

No que toca às peculiaridades dos conflitos com a Administração Pública, os aspectos da execução do processo mediativo que merecem maior atenção concentram-se nas etapas de educação das partes quanto ao litígio e como cada uma o enxerga, bem como nas etapas relativas à criação de opções para um acordo e sua efetiva implementação e manutenção.

2.3.1 Estabelecendo as regras de base para a construção do consenso

Após a identificação das partes e a seleção do mediador, mas antes que se comecem as discussões substantivas sobre o conflito, é necessário estabelecer as regras protocolares e definir uma agenda para o procedimento mediativo. As partes devem se compor sobre dois aspectos: como as partes irão trabalhar junto e sobre o que elas irão discutir.

Fazer acordo sobre a maneira de trabalhar é o primeiro desafio enfrentado pelas partes na busca do consenso, além de ser um treino para as partes se comunicarem de modo eficiente. Uma série de questionamentos deve ser respondida:

> Onde serão realizadas as reuniões? Em qual frequência? Como os participantes estarão sentados? Os minutos serão contados? Quem os contará? Como os indivíduos serão selecionados para falar? [...] Quais tipos de notificações das reuniões serão enviados? A imprensa será convidada? Observadores são bem-vindos? A eles será permitido falar? Quando as reuniões terminarão? Como novas regras serão adotadas?[184]

Como as partes encontram-se no estágio inicial do processo de construção de consenso, geralmente é o mediador quem propõe as regras de base, "baseadas na sua experiência e em preocupações externadas pelas partes durante a entrevista de análise ou em outras discussões",[185] porém as partes

[184] Tradução nossa. SUSSKIND, L.; CRUIKSHANK, J. **Breaking the Impasse**. Op. cit., p. 108.
[185] Tradução nossa. CARPENTER, S. L.; KENNEDY, W. J. D. Op. cit., p. 120.

podem ser consultadas para que disponham sobre regras que reputem serem úteis para a condução daquele processo.

O crucial, no entanto, é que a *aprovação* dessas regras sempre se dê pelas partes, de forma autônoma e informada, para legitimar as regras.

Ainda que o processo mediativo ocorra dentro de uma instituição de gerenciamento de conflito, "[a] coisa mais importante a se lembrar é que não existe um 'correto' conjunto de regras básicas; protocolos devem ser desenvolvidos do zero para cada negociação".[186]

Decidir sobre "o que" as partes irão discutir parece, à primeira vista, tarefa simples. Porém, a depender de como as partes vêm à mesa para a negociação consensual, trazem consigo diferentes visões sobre o que é o conflito. O papel do mediador, assim, é reduzir a termo um sumário descritivo das visões das partes sobre aquele conflito. Além de estabelecer os limites da controvérsia como percebida pelas partes, a elaboração de um sumário traz benefícios,[187] pois (i) reúne informação que se prova futuramente valiosa para que o mediador auxilie as partes no processo mediativo; (ii) auxilia as partes a internalizar as reais questões que são matéria de conflito; (iii) feita de forma imparcial, a redação do sumário dá a oportunidade de o mediador ganhar a confiança das partes.

2.3.2 Educando as partes sobre o conflito: admissão e discussão de informações no processo mediativo

A forma de processamento das informações que emergem ou integram as sessões de mediação é essencial para o alinhamento das partes quanto aos termos do conflito e para a tomada de decisões informadas.

> Disputas são frequentemente o resultado de uma falta de compreensão e opiniões divergentes sobre um evento ou ocorrência. Podem ter sido fornecidas informações díspares, percepções ou interpretações alternativas sobre a informação ou resultado de um evento. Outra razão

[186] Tradução nossa. SUSSKIND, L.; CRUIKSHANK, J. **Breaking the Impasse**. Op. cit., p. 108-109.

[187] SUSSKIND, L.; CRUIKSHANK, J. **Breaking Robert's Rules**: the New Way to Run Your Meeting, Build Consensus, and Get Results. New York: Oxford University Press, 2006, p. 47.

> para que os indivíduos possuam diferentes pontos de vista ou sejam incapazes de compartilhar perspectivas ou entender um ao outro tem a ver com a forma como a informação é processada.[188]

Durante o processo de compartilhamento de informações, as partes manifestam-se apresentando sua visão do conflito, em suas palavras e por meio de documentos. É nesta fase que as partes geralmente deixam correr o veio emocional da disputa.

> Cada parte pode sentir a necessidade de dizer sua história sobre o que aconteceu. [...] Desabafar e ser ouvido têm por si só valor considerável. Mas quando participantes desabafam e contam sua história, também são veiculadas informações importantes no estágio de reunião de informação.[189]

Ao longo desse processo comunicativo, portanto, além de as partes discorrerem sobre sua percepção do conflito, elas também colocam à mesa informações relativas a interesses, valores e impedimentos da disputa. Nuances na comunicação das partes podem dar a deixa para que o mediador possa explorar a capacidade das partes no entendimento de seus conflitos e o desenho de uma solução.

Portanto, no processo mediativo, mesmo a menor queixa deve ser levada em consideração, pois pode conter elementos importantes para a resolução do conflito e, no mínimo, para uma melhor interlocução entre as partes.

Não raro, há manifestações de uma das partes para que o lado emocional da mediação seja deixado de lado e se vá diretamente aos fatos; "a pessoa que clama por substituir 'emoções' por 'fatos' provavelmente tem um conjunto probatório que embasa a sua posição".[190]

A forma de lidar com esses "fatos" na mediação, no entanto, não é tão simples assim e frequentemente a parte que urge por ir "direto aos fatos" acaba descobrindo que os "fatos" não estão tão esclarecidos como havia pensado.

[188] Tradução nossa. KOVACH, Kimberlee K. **Mediation in a Nutshell**. Op. cit., p. 58.

[189] Tradução nossa. ABRAMSON, Harold I. Op. cit., p. 76-77.

[190] Tradução nossa. CARPENTER, S. L.; KENNEDY, W. J. D. Op. cit., p. 258-259.

Nesse cenário, para que as partes não fiquem presas num conflito paralelo de acusações de desonestidade e má-fé sobre os "fatos", dois elementos encontram-se à mão: a admissão de documentos para análise conjunta e a discussão sobre a aplicação da lei ao caso.

A admissão de documentos conformadores (contratos, notificações, recibos, etc.) e técnicos (laudos técnicos, pareceres de especialistas, relatórios de pesquisa, etc.), relativos ao conflito, traz a oportunidade de que as partes examinem os dados em conjunto. Nos conflitos, as partes possuem seu próprio conjunto probatório, que apresentam à parte contrária apenas nos momentos de maior fragilidade da posição do outro, ou de maior vantagem para si. Ou, ainda, as partes podem fazer uso do mesmo conjunto de documentos, porém extraem conclusões diametralmente diversas sobre tais documentos.

Sendo a hipótese de uma disputa em que documentos conformadores e/ou técnicos são fundamentais, a única forma para que as partes desenvolvam um entendimento conjunto é compartilhar a mesma base de dados.

Fato é que somente o compartilhamento não basta. Faz-se necessário dissecar os dados que se têm presentes, até que "as partes estejam confortáveis em usar a informação como base para expandir em outras conclusões. As partes devem ter a chance de desafiar argumentos fáticos até que sejam provados."[191]

Torna-se então crucial que o mediador garanta que as partes tenham os recursos necessários e a capacidade para analisar o conjunto de dados, senão há o risco de que elas futuramente não confiem nesses dados ou ainda utilizem sua incapacidade de analisar as informações como subterfúgio para paralisar o processo mediativo.

Proposta arrojada, então, pode ser fazer uso do auxílio de um terceiro especialista, que faria a revisão e depuração dos dados de que as partes dispõem. A medida recebe suas críticas, por se reputar que as partes poderiam aí entregar na mão deste terceiro a resposta para seu conflito, o que desconstituiria a mediação do seu caráter autocompositivo. O ideal é que as partes ainda sejam capazes de se compor em grupos de trabalho para dissecar as informações, podendo ainda concordar com uma gama de opções que seriam aceitáveis sobre determinada informação, caso seja impossível que as partes concordem pontualmente sobre os dados do problema.

[191] Tradução nossa. CARPENTER, S. L.; KENNEDY, W. J. D. Op. cit., p. 264.

Pode ainda ser que as partes não disponham de informações aprofundadas sobre a questão objeto do conflito, assim sendo necessário realizar estudos técnicos no curso do processo mediativo.

Em conflitos de matéria pública, o compartilhamento e o tratamento das informações sobre a disputa são essenciais para o equilíbrio entre as partes, pois a informação é um elemento de poder. O desequilíbrio de informações pode gerar fragilidade na posição de uma parte. É por isso que não se pode privilegiar uma informação de propriedade de uma parte em detrimento da outra, nem deixar uma das partes à míngua de informação sobre o conflito.

> Um fundamento básico da mediação, autodeterminação da parte, essencialmente estipula que durante o processo mediativo os indivíduos sejam capazes de tomar suas próprias decisões. Para que possam tomar decisões que sejam verdadeiramente informadas, as partes devem ter as informações necessárias.[192]

É ainda nessa fase de compartilhamento de informações que se toma uma decisão essencial sobre qual o tipo de informação que deverá ser trazida à mesa. É então que se toma a decisão de integrar a lei à interpretação do caso e aplicá-la em eventuais desenhos de acordo.

Para Friedman e Himmelstein,[193] quando a judicialização do conflito foi considerada como uma opção, é muito provável que as partes e seus advogados considerem o que pode ocorrer na mediação à luz de um resultado esperado no Judiciário. Para os autores, então, a questão que se coloca na mediação "não é se a lei está integrada, mas sim como lidar com o envolvimento da lei".[194]

Em conflitos envolvendo a Administração Pública, a lei é inegavelmente uma fonte obrigatória de informação às partes. Mas isso não significa que as partes neste tipo de conflito devam se render à acepção radical da vinculação positiva à lei.

Pelo delicado equilíbrio entre as partes relacionado às informações sobre o conflito, a qualidade de organização do mediador torna-se absolutamente

[192] Tradução nossa. KOVACH, Kimberlee K. **Mediation in a Nutshell**. Op. cit., p. 189-190.

[193] FRIEDMAN, G.; HIMMELSTEIN, J. **Challenging conflict**: mediation through understanding. [S.l.]: ABA Publishing, 2008, p. 139.

[194] Tradução nossa.Ibidem, p. 139.

desejável, na medida em que presta assistência às partes na triagem da documentação disponível, mantendo a estrutura de descoberta, obtenção e discussão das informações previamente acordada.

2.3.3 Definição e distinção de interesses e posições dos participantes: participação igualitária e o risco de captura na mediação

A mediação como método de resolução de disputas propõe uma mudança da perspectiva dicotômica do certo-errado quanto ao conflito, para propor um foco nas necessidades e interesses das partes quanto e diante do conflito.[195] Para além da procura dos fatos que conformaram o conflito, a mediação foca nos interesses subjacentes das partes.

Para Carpenter e Kennedy, "um interesse é uma necessidade específica ou uma condição que uma parte considera importante para um acordo satisfatório".[196]

O interesse subjacente das partes está comumente escondido por posições adotadas pelas partes, declaradas logo no início da mediação. Cabe, então, ao mediador a busca pelo interesse subjacente das partes, porém não sem antes um exame de consciência das próprias partes para a identificação dos reais motivos pelos quais estão na disputa e quais valores buscam proteger nessa disputa.

> Na busca de interesses básicos por trás de uma posição declarada, procura-se especialmente por aquelas preocupações fundamentais que motivam todas as pessoas, (tais como segurança, bem-estar econômico,

[195] "Nossa cultura judaico-cristã e nossa educação são baseadas em culpa e retribuição. Para parar de se sentir culpado, o indivíduo tende a culpar o outro. Encontra-se no triângulo de tensões: uma vítima, um vilão e um salvador. Quem assume o papel da vítima sente-se, com ou sem razão, em perigo e toma uma postura agressiva para se defender. Então, a Justiça cristaliza a situação ao designar uma 'vítima' e punir o 'vilão'. O conflito entre indivíduos se consolida e perdura. Para pacificá-lo, devemos deixar o triângulo de tensões, restaurar o diálogo e a confiança: o indivíduo deve compreender que não está em perigo. Este é o propósito da mediação na qual cada aloca seu tempo para ouvir o outro." Tradução nossa. BLOHORN-BRENNEUR, B. Une culture de la communication pour retrouver la paix. In: BLOHORN-BRENNEUR, B; DRAGOS, C. (Orgs.). **La mediation**: un chemin de paix pour la justice en Europe: GEMME, 10 ans déjà...! Paris: L'Harmattan, 2015, p. 32-33.

[196] Tradução nossa. CARPENTER, S. L.; KENNEDY, W. J. D. Op. cit., p. 129.

> senso de pertencimento, reconhecimento e autodeterminação de vida). Se for possível cuidar de tais necessidades básicas, aumenta-se a chance de que ambas as partes atinjam um acordo, e atingido o acordo, que o outro lado cumpra sua parte.[197]

Cooley[198] relaciona os princípios da boa mediação à boa negociação e sustenta que, relacionados a tais necessidades básicas – apontadas por Fischer, Ury e Patton[199] –, estão os interesses subjacentes, que refletem os desejos e preocupações das partes e formam a base de sua posição de negociação. Relembrando o autor, ainda, que as posições são definidas como o desempenho da parte como *player* na negociação, que por seu turno são moldadas consciente, ou inconscientemente, por suas esperanças e medos relacionados à proteção de seus interesses.[200]

Susskind e Cruikshank[201] consideram tanto mais efetiva a resolução de conflitos públicos quanto mais as partes negociam um acordo que sirva aos seus *interesses*, hipótese de que a construção de um consenso é muito mais provável de ser eficaz para pôr a termo a disputa do que um ato legislativo, uma determinação de autoridade administrativa ou decisão judicial.

> Quando as partes veem o problema pelos termos de seus interesses, elas começam a se apegar menos rigidamente às suas posições concretas e a imaginar que possa haver mais do que uma única solução. Quando as partes enxergam não apenas seus interesses, mas também os interesses da outra parte dispostos lado a lado, isso lhes dá um entendimento mais profundo e expandido da disputa.[202]

[197] Tradução nossa. FISHER, R.; URY, W.; PATTON, B. **Getting to Yes**: Negotiating Agreement without Giving in. 3. ed. New York: Penguin Books, 2011, p. 48.

[198] COOLEY, John W. **The Mediator's Handbook**: Advanced Practice Guide for Civil Litigation. 2. ed. [S.l.]: NITA, 2006, p. 225.

[199] Cf. FISHER, R.; URY, W.; PATTON, B. Op. cit., 2011.

[200] COOLEY, John W. Op. cit.

[201] SUSSKIND, L.; CRUIKSHANK, J. **Breaking the Impasse**. Op. cit., p. 80.

[202] Tradução nossa. FRIEDMAN, G.; HIMMELSTEIN, J. Op. cit., p. 117.

Nada obstante, cabe o alerta de Kovach[203] no sentido de que "Enquanto a filosofia da mediação possui o foco em interesses, sob um ponto de vista prático, as partes devem estar dispostas a se engajar na exploração e em tais discussões".[204]

Susskind e Cruikshank ainda recordam que:

> O ponto mais importante é "foco nos interesses e não em posições". Isso significa que as partes devem tomar seu tempo expondo suas preocupações o mais candidamente possível. Em vez de abrir com uma demanda inegociável, como "O projeto imobiliário deve ser retirado", o grupo de cidadãos interessados deve enumerar os possíveis impactos que os preocupam: "estamos preocupados com o ruído crescente, tráfego e possível desvalorização das propriedades".
> Os donos do projeto, ao invés de agarrarem-se à sua afirmação de que "cada pessoa tem o direito de utilizar a sua propriedade como ela bem quiser", devem responder listando suas preocupações: cumprimento das obrigações para os investidores e credores, realizando um lucro razoável do seu investimento, a construção de um projeto de que eles podem se orgulhar, obter uma reputação positiva no desenvolvimento da comunidade, e assim por diante. Até que todas as partes tenham apresentado uma imagem clara das suas preocupações, é impossível colaborar com soluções integradoras, que permitam a cada grupo fazer melhor do que o seu BATNA.[205]

A abertura para a exposição de *interesses* das partes na mediação de conflitos na Administração Pública, contudo, pode encontrar um entrave pelo fato de que "entidades e órgãos governamentais devem perseguir os objetivos que o legislador especificou para eles. Eles não podem perseguir objetivos que eles próprios julgam importantes".[206]

[203] KOVACH, Kimberlee K. **Mediation in a Nutshell**. Op. cit., p. 69.

[204] Tradução nossa. Ibidem, p. 69.

[205] Tradução nossa. BATNA é a sigla para Best Alternative to a Negotiated Agreement. SUSSKIND, L.; CRUIKSHANK, J. **Breaking the Impasse**. Op. cit., p. 118.

[206] Tradução nossa. SALACUZE, Jeswald W. Op. cit., p. 43.

Para além de uma discussão sobre legalidade e finalidade dos atos administrativos, em verdade o risco prático deste entrave na mediação assemelha-se ao risco de captura da atividade regulatória.[207]

O risco, portanto, perpassa na restrição da concepção de interesse público a ser perseguido durante o processo de mediação.[208]

Em lugar de se entender a persecução do interesse público como a busca pelo acordo possível que ponha a termo o conflito, pode-se restringir tal persecução a tão somente encontrar os interesses institucionais de determinado ente da Administração, *player* do conflito, em detrimento não somente dos interesses de sociedade civil ou da iniciativa privada, mas também em detrimento dos interesses de outros entes da Administração que não possuem grande poder de alavancagem.

> As relações de poder estão suficientemente equilibradas? Este requisito está relacionado com o primeiro. As partes em potencial de um esforço para a construção de consenso não podem participar de um relacionamento em que apenas uma das partes detém todo o poder. Um grupo tem o poder de conseguir o que quer unilateralmente? Se assim for, não há sentido para que se tente conseguir que esse grupo venha à mesa de negociação tão logo ele perceba o poder que detém e tente

[207] "Outro problema crucial envolvendo a atividade regulatória sobre agentes econômicos diz respeito ao risco da captura do órgão regulador pelos grupos de interesse diretamente afetados por sua atividade. Lobbies ou outras formas de relação clientelista com a administração pública fazem com que a regulação se oriente por critérios 'endógenos' ou corporativos, em vez de visar o interesse público." (BENTO, Leonardo Valles. **Governança e governabilidade na reforma do Estado**: entre eficiência e democratização. Barueri: Manole, 2003, p. 101).

[208] "O entendimento da indisponibilidade do interesse público como indisponibilidade da finalidade legal consiste na interpretação de maior sofisticação teórica, segundo a qual é o interesse público, e não a vontade do administrador, que direciona a atuação administrativa. Caberia ao gestor público tão somente explicitar o interesse público já estabelecido em lei formal e conformar a atividade administrativa de forma a satisfazer o interesse público depreendido do comando legal. Uma vez satisfeita a finalidade legal, o interesse público estaria, por fim, tutelado pela Administração Pública. Ocorre que a atuação administrativa consensual não confronta a exposta interpretação, principalmente porque os acordos administrativos não são antiéticos ao interesse público; por vezes correspondem à própria expressão do interesse público. Ademais, são os acordos administrativos instrumentos para satisfação das finalidades públicas [...]." (PALMA, Juliana Bonacorsi de. Op. cit., p. 178).

> agir unilateralmente. Partes num esforço de construção de consenso precisam ter uma relação de interdependência. O que não significa que elas precisam deter poder igual. Pelo contrário, isto significa que cada lado tem que ter ao menos algum poder de alavancagem que possa ser utilizado, se necessário, em detrimento do outro lado. Tal poder pode ser não mais do que o poder de retardar o processo, mas mesmo este poder diminuto de alavancagem pode criar interdependência.[209]

Que os atos dos entes da Administração Pública estão vinculados à própria finalidade destes entes é evidente. Assim, a maneira de mitigar o risco da captura na mediação é o equilíbrio de poderes e o tratamento igualitário às partes do conflito.

2.3.4 Operacionalização do acordo na mediação de conflitos na Administração Pública

Superadas as premissas que rejeitam a possibilidade de se firmar acordo no âmbito de um processo de mediação, premissas essas resistentes à ideia do consensualismo que inaugura nova era no Direito Administrativo, faz-se necessário desenhar os parâmetros para o acordo, bem como para a efetiva implementação desse acordo.

Como marca da consensualidade inerente à mediação, um dos objetivos almejados[210] pelas partes que a ela se submetem é de que cheguem a um consenso quanto ao término do conflito.

[209] Tradução nossa. SUSSKIND, L.; CRUIKSHANK, J. **Breaking the Impasse**. Op. cit., p. 190.

[210] "Aqui temos de enfrentar um desafio interno central como mediadores – não medir o sucesso da mediação ou o nosso sucesso como um mediador pelo fato de que as partes cheguem ou não a um acordo. Isto é particularmente difícil quando grande parte do mundo exterior quer este teste externo de competência. Há problemas o uso desse teste que podem comprometer o sucesso da mediação. Nossa visão é que as partes chegarem ou não a um acordo não é necessariamente uma declaração sobre a qualidade da mediação. Para nós, o sucesso não é alcançado quando os acordos não são sólidos ou produto de um processo de decisão conjunta. Muitos casos nos quais os mediadores podem se sentir bem a respeito são aqueles em que as partes não atingem o acordo, mas houve uma troca autêntica que representou um movimento importante entre as partes. E, para as partes, chegar a um acordo não é o único fator significativo. É como elas atingiram o acordo, se atingiram, que permanece com elas,

O consenso pode requerer combinar ou sintetizar opções aceitáveis, ligando-se ou alternando-se soluções, ou mesmo concordando-se com o abandono de um dos itens de negociação, tudo isso com vistas a se chegar a um *acordo possível.*

A mediação não busca a solução ideal, mas a solução possível, ou seja, aquela que as partes sejam capazes de implementar e seguir. A solução não pode ser *contra legem*, mas, muitas vezes, a solução encontrada após a mediação não é aquela consentânea com a letra fria da lei, que seria dada pelo juiz togado ou mesmo pelo árbitro. Isso porque leva em conta a realidade contextual em que se inserem as partes diretamente envolvidas no conflito.

> Não obstante seja inegável o impacto da utilização dos meios consensuais na redução do prazo para solução da controvérsia, é oportuno salientar também, desde logo, que uma das maiores vantagens de se viabilizar o caminho consensual é o fato de permitir que as partes envolvidas construam uma solução efetivamente compatível com seus legítimos interesses e necessidades – a qual, se pode (e algumas vezes, deve, como no caso dos conflitos envolvendo entes públicos) ter em conta parâmetros jurídicos, propicia, além de uma criativa interpretação conjunta da norma, que sejam levados em conta também outros interesses legítimos que as normas jurídicas aplicáveis eventualmente não foram capazes de captar.[211]

A ideia de *acordo possível* pode transmitir alguns significados, relativos às concessões que as partes podem fazer. Pode-se vislumbrar inicialmente a hipótese de que não haja concessões mútuas, prevalecendo o entendimento de uma das partes. Por outro lado – e o mais comum – podem haver concessões de parte a parte, por meio da distribuição de ônus e de bônus, como forma de se chegar a um exequível denominador comum.

e o que ocorreu entre elas, se não atingiram o acordo." Tradução nossa. FRIEDMAN, G.; HIMMELSTEIN, J. Op. cit., p. 271-272.

[211] SOUZA, Luciane Moessa de. **Mediação de conflitos coletivos**. Op. cit., p. 44.

2.3.4.1 Os parâmetros para os acordos em conflitos na Administração Pública

O uso de parâmetros legais para o acordo com a Administração Pública versa, na verdade, sobre a matéria objeto do acordo, e não propriamente sobre a possibilidade ou não de se fazer o acordo, a menos que norma expressamente indique o contrário.

A transação pela Administração Pública depende, na verdade, de uma análise sistemática do Direito Administrativo positivado, para que se separem situações que ensejariam ofensas à ordem pública daquelas cujo manejo de objeto e forma indica maior vantajosidade e eficiência.

> Se o princípio da eficiência determina a persecução otimizada do bem comum, em inúmeras situações, essa busca da melhor solução pode ser obtida mediante a transação.
> Isso não significa que, em prol da eficiência, a Administração possa abandonar a legalidade, mas é verdade que a aplicação genérica, mecânica e desalinhada da lei, no caso concreto, possa ser afastada. Nesse sentido, é a própria legalidade que dá instrumentos para o vetor eficiência ser acatado como princípio reitor da atuação administrativa. A legalidade, como princípio da Administração Pública, condiciona o administrador em todas as suas atividades, assim, mesmo a decisão de contratar e o próprio conteúdo do contrato administrativo, devem encontrar fundamento legal.[212]

Assim, adotando-se o parâmetro legal atinente à matéria de fundo do acordo, na transação pela Administração Pública pode-se eleger a técnica de "*Zone of Possible Agreement*"[213] (ou "ZOPA"), um conceito derivado de negociação largamente empregado na etapa de confecção do acordo em mediação, que designa o inter-relacionamento de interesses entre as partes. "A ZOPA,

[212] BATISTA JÚNIOR, O. A.; CAMPOS, S. A Administração Pública consensual na modernidade líquida. **FA – Fórum Administrativo**, Belo Horizonte, v. 14, n. 155, p. 31-43, jan. 2014, p. 37.

[213] O conceito foi cunhado por Howard Raiffa: RAIFFA, Howard. **The Art and Science of Negotiation**. Cambridge: Harvard University Press, 1982.

ou zona do possível acordo [...] é a área ou a extensão na qual um acordo satisfatório a ambas as partes pode ocorrer. Posta de outra forma, é o conjunto de acordos que potencialmente satisfaz ambas as partes."[214]

A aplicação da técnica de ZOPA para o entabulamento de acordos pela Administração Pública consiste na delimitação de alternativas possíveis dentro do arcabouço legal a que se circunscreve a Administração Pública. Significa dizer que a Administração Pública deve ter liberdade para construir sua margem de acordo, explorando alternativas, ainda que tenha de demonstrar a viabilidade legal e a vantajosidade de cada uma delas para a resolução daquele conflito.

Ponderando sobre o tema, Souza preleciona que

> Não é possível, porém, ignorar o papel dos parâmetros legais na construção do acordo, em primeiro lugar para verificar se os direitos envolvidos são ou não disponíveis, a fim de se entender os limites jurídicos de um possível acordo.
>
> Feito esse enquadramento, quando se tratar de caso de direitos disponíveis, os critérios jurídicos podem ou não ser tomados em consideração na construção do acordo, total ou parcialmente, isoladamente ou em conjunto com outros critérios que as partes reputem relevantes. [...]
>
> No que concerne aos conflitos que envolvem direitos indisponíveis, a situação é um pouco diversa. Enquanto, com relação aos direitos disponíveis, a liberdade das partes para levar em conta os critérios legais é absoluta (é perfeitamente possível, por exemplo, que a parte credora de uma indenização por danos materiais, a ela renuncie parcialmente ou por inteiro, levando em conta outros parâmetros que são por ela considerados relevantes, que não os parâmetros legais), quando se trata de direitos indisponíveis, os parâmetros legais necessariamente devem ser levados em conta na construção do acordo.[215]

[214] Tradução nossa. WHEELER, Michael. **Negotiation**. Boston: Harvard Business School Press, 2003, p. 24.

[215] SOUZA, Luciane Moessa de. **Meios consensuais**... Op. cit., p. 71.

Como exemplo de limite prático para a transação, pode-se mencionar a interpretação ao tratamento do instrumento de Compromisso de Ajustamento de Conduta, dada por Milaré, Setzer e Castanho, que pontuam que

> os órgãos públicos legitimados não poderão abrir mão do bem difuso tutelado, dada sua natureza indisponível. Admite-se convenção apenas no tocante à forma de cumprimento das obrigações (condições de modo, tempo, lugar etc.), em atenção às peculiaridades do caso concreto, e tendo em conta a capacidade econômica do infrator e o interesse da sociedade.
> Assim, a um só tempo, o Compromisso de Ajustamento de Conduta assegura à coletividade a recuperação integral do dano, e, ao interessado, condições que lhe permitam cumprir as obrigações dentro de suas possibilidades.[216]

Portanto, Administração Pública não está adstrita a uma construção binária, simplista – ou mesmo a uma não-construção –, que a lei lhe coloca para a solução de seu litígio. É possível que a Administração Pública construa sua ZOPA, dentro de limites de acordo que passam por uma apuração da eficiência e vantajosidade de alternativas que a análise sistêmica da normatividade que rege a Administração Pública lhe confere, sem que isso importe em ofensa à ordem pública ou ao princípio da legalidade.

2.3.4.2 Implementação do acordo quando possível e garantias à sua efetividade

A chegada a um acordo na mediação não é a única métrica de sucesso de determinado procedimento mediativo. É muito possível que as partes, embora não cheguem a um consenso ao final do processo mediativo, tenham conquistado a capacidade de diálogo e melhorado o relacionamento que entretêm uma com a outra, visando a uma continuidade de entendimentos.

[216] MILARÉ, E.; SETZER, J.; CASTANHO, R. O compromisso de ajustamento de conduta e o fundo de defesa de direitos difusos: relação entre os instrumentos alternativos de defesa ambiental da Lei 7.347/1985. **Revista de Direito Ambiental**, v. 10, n. 38, p. 9-22, abr./jun. 2005.

Porém, é inegável que as partes iniciam a mediação com uma expectativa real de chegada a um acordo. Assim, após as fases de exposição de interesses e geração de opções,[217] é legítimo que as partes estejam capacitadas – tanto emocionalmente quando em termos de competência funcional e material[218] – a estruturar um acordo.

No que atine a acordos em mediação de conflitos da Administração Pública, há elementos necessários a serem observados para a garantia da efetividade do acordo – para além do consenso entre todas as partes chave na disputa.

A concessão de publicidade ao acordo confeccionado garante a transparência de todo o processo de negociação facilitada e tomada de decisões na mediação, como forma de legitimação do instituto e dos resultados dele derivados. Moessa[219] exemplifica formatos de publicidade do acordo na es-

[217] "Opções geralmente tomam uma de duas formas. Na primeira, as partes desenvolvem um número de opções para cada uma das principais questões que identificam em suas discussões. O neutro então encoraja-as a produzir tantas mais alternativas para cada questão quantas forem possíveis. Gerar múltiplas opções ajuda as partes a romper com a rígida aderência à sua solução favorita. No próximo passo, quando as partes começam a procurar acordos, elas revisam todas as opções que foram desenvolvidas para cada questão e selecionam a alternativa mais desejável. A segunda abordagem é as partes desenvolverem várias propostas abrangentes que endereçam todas as questões principais. A vantagem dessa abordagem é que as partes podem criar diferentes combinações de opções que avaliarão na próxima fase, atingindo acordos. Essa forma funciona melhor quando as questões não são numerosas e complexas." Tradução nossa. CARPENTER, S. L.; KENNEDY, W. J. D. Op. cit., p. 136.

[218] Susan Podziba narra sua experiência na fase de fechamento do acordo em mediações de conflitos públicos, dando relevo não somente à ação, mas à sensação das partes durante esta fase: "Se você estivesse na sala durante a marcha para o encerramento do conflito, você iria ver-me continuamente checando o nível de conforto de cada pessoa na mesa de negociações e buscando encontrar novos pensamentos. Você me encontraria agindo para deixar as pessoas à vontade e pausando para dar espaço ao pensamento e reflexão. Você se sentiria tenso porém seguro. Você quereria que o processo funcionasse. Imagino esse momento como uma série de ideias com espaços entre elas. Parece algo como peças que querem se encaixar mas não têm um formato tão perfeito – ainda. E elas não podem se encaixar se mais peças não forem incluídas. Um pouco mais de peças precisam ser refinadas ou esculpidas para compor as questões finais. Alguns casos terminam sem acordos, mas para aqueles que assim terminam, quando torna-se evidente que todas as peças finalmente se encaixam, eu coloco a questâo: há algum dissenso em chegar num consenso final sobre todas essas questões? No silêncio que se segue, as pessoas percebem seu sucesso e rompem em aplauso. Eu gravo esse momento de encerramento para o sumário do último encontro." Tradução nossa. PODZIBA, Susan L. **Civic Fusion**: mediating polarized public disputes. [S.l.]: ABA Publishing, 2012, p. 210.

[219] SOUZA, Luciane Moessa de. **Meios consensuais**... Op. cit., p. 255.

fera administrativa, como "publicação de extrato de seu conteúdo em sítios eletrônicos dos órgãos envolvidos e/ou jornais oficiais".

Outro elemento essencial para o acordo é que as pessoas (físicas ou jurídicas) competentes para a celebração do acordo participem da celebração do acordo. Requisito essencial para a validade de um acordo, especialmente naqueles derivados de conflitos da Administração Pública.

Este requisito vai além da identificação dos *key players* do conflito e de se assegurar que um habilitado porta-voz esteja na mesa de negociações:

> Não se pode jamais deixar de ter em conta que a fase de implementação do acordo, normalmente, não contará apenas com a atuação daqueles que estão presentes "à mesa", mas ocorrerá no seio dos órgãos públicos que têm competência para atuar na matéria ou das organizações privadas, com ou sem fins lucrativos, que assumam compromissos estipulados no acordo.[220]

Fato é que, não raro, o maior desafio das partes na fase do acordo não passa tanto pela estruturação do acordo, mas sim consiste na implementação desse acordo e sua consequente manutenção.

Nesse sentido, a chave para a implementação do acordo consiste na inclusão de um plano de implementação quando da confecção dos termos do acordo, não deixando o mapeamento de métodos para implementação do acordo para uma reflexão posterior. Carpenter e Kennedy[221] listam duas razões para tanto, sendo a primeira o fato de que algo sairá errado, como mal-entendidos ou a descoberta de que, por algum motivo, parte do acordo não pode ser implementado ou as condições podem se alterar; em segundo lugar, partes adversárias no conflito, embora tenham chegado a um consenso, podem continuar a serem adversárias em aspectos de seu relacionamento funcional ou institucional.

Outro fator preponderante para a garantia de manutenção do acordo é a sua definitividade. Especialmente no que atine à capacidade da Administração Pública em transacionar, a definitividade do acordo garante que não haja

[220] SOUZA, Luciane Moessa de. **Mediação de conflitos coletivos**. Op. cit., p. 164.
[221] CARPENTER, S. L.; KENNEDY, W. J. D. Op. cit., p. 149.

reexame da matéria, em âmbito administrativo ou judicial, estabilizando-se assim a decisão consensual.

Por fim, cabe uma nota quanto a um paradigma que deve ser quebrado para que se garanta o sucesso da chegada e implementação de acordos por meio da mediação: a resistência dos agentes públicos em tomar decisões baseadas primordialmente no consensualismo.

> Ademais, se existe grande receio por parte de agentes públicos relacionados à assunção de responsabilidade pela celebração de transações, tal fato se deve a uma cultura que prepondera no Poder Público em que somente se enfoca a responsabilidade por ações, olvidando-se, lamentavelmente, nossos órgãos de controle externo de criar mecanismos que permitam a responsabilização de agentes públicos pela omissão em seus deveres, tal como ocorre pela não celebração de transações em situações nas quais da omissão decorram danos ao interesse ou ao patrimônio público.[222]

Espera-se que a positivação da mediação como método de resolução de disputas na Administração Pública, tal como trazida pelas Leis federais n. 13.105/2015[223] e 13.140/2015,[224] ainda que não seja o ideal projetado para a consolidação do instituto, dê conforto e segurança ao agente público para que possa envidar esforços na busca de soluções consensuais aos conflitos. De outra mão, também cabe aos órgãos de controle um amadurecimento de seu entendimento quanto ao uso do instituto da mediação, para que seja reconhecido como instrumento legítimo de resolução de controvérsias na Administração Pública.

2.4 Síntese parcial do capítulo

Modelos de desenho institucional e procedimental são adaptações ou criações originárias de, respectivamente, sistemas de gerenciamento de conflitos e processos de resolução de conflitos.

[222] SOUZA, Luciane Moessa de. **Meios consensuais**... Op. cit., p. 258.
[223] Cf. artigo 174.
[224] Cf. artigos 32 a 40.

A consolidação da mediação como forma de resolução de conflitos depende da sua institucionalização, que é a replicação constante de esforços individuais de mediação voltada a determinados público, objeto e propósito. O desenho institucional do sistema de mediação bem-sucedido depende de uma percepção positiva dos usuários e da capacidade dos gerenciadores do sistema em fazer uma autocrítica consistente e construtiva. Para tanto, é necessário empenho no planejamento institucional. Em se tratando da Administração Pública, para se evitar que o planejamento institucional seja estratificado, transformando a mediação em outra modalidade de processo administrativo, é necessário atender à demanda de justiça social que leva a prazos mais curtos e limites temporais que reduzam atrasos excessivos. Em relação ao princípio da publicidade afeto à Administração Pública, a institucionalização da mediação conexa à boa Administração impõe que se torne público o sistema de resolução de conflitos como forma de garantir o acesso cidadão e a eficiência da máquina administrativa. Ainda, sabendo-se que barreiras orçamentárias são uma realidade para qualquer projeto da Administração Pública, fato é que a análise de custos em se implementar métodos alternativos de resolução de conflitos deve perpassar também ganhos consequenciais do emprego do método, que reduz custos de transação e de uso da máquina pública para a resolução de controvérsia em processo judicial moroso e oneroso; é necessária, portanto, uma análise de performance.

O desenho procedimental da mediação de conflitos da Administração Pública representa a criação de um espaço temporal para a conjunção de elementos de diálogo e negociação consensual entre as partes envolvidas no conflito. No âmbito da Administração Pública, esse espaço ganha matizes próprios do regime jurídico-administrativo – a começar pela titularidade da iniciativa da mediação, que não necessariamente fica a cargo daquele que diretamente faz parte da espiral do conflito, podendo recair, por força legal, nas advocacias públicas ou autoridades máximas do ente administrativo. Nessa equação, porém, se olvida de outro *stakeholder*, o administrado. Se a publicidade para o sistema de mediação é uma máxima indiscutível, sua aplicação no processo de mediação ganha outra faceta diante da característica de confidencialidade, desejável ao processo mediativo. A confidencialidade cria um ambiente seguro para a mediação e é fato que se pode usar da técnica de *caucus* – reuniões separadas entre mediador e uma das partes – mesmo em conflitos com a Administração Pública. Informações sensíveis podem ser cobertas pelo manto da confidencialidade, a fim de que possam fazer as negociações avançar de modo estratégico *e* benéfico para o interesse público. A medida da publicidade é o acesso do cidadão ao cerne da questão sendo mediada, para que haja transparência naquilo acerca de que a Administração Pública entra em conflito. O acordo na mediação de conflitos na Administração Pública também enfrenta sua quota de resistência, quando se associa a transação à concessão de direitos e a uma consequente perda. Cotejando-se essa noção à concepção de indisponibilidade do interesse público, poder-se-ia levar a uma aporia. Porém, o módulo contratual do Estado e a percepção de que a consecução do interesse público passa pela adoção de métodos eficientes e justos de solução de conflitos fazem com que a Administração Pública possa transacionar em um procedimento de mediação.

Equalizadas as premissas do regime jurídico-administrativo com o modelo procedimental da mediação, tem-se o momento de elaborar a estratégia de abordagem do conflito na mediação e executar o procedimento de mediação. Planejadas as etapas da mediação, deve-se atentar para as restrições externas, a participação de grupos interessados e a forma de tratamento da imprensa. Dentro do procedimento de mediação, cabe a educação das partes sobre o conflito, etapa em que se admite e discute a produção e a extensão de informações a serem compartilhadas na mediação. Ainda, é papel do mediador assegurar a participação igualitária das partes e evitar o risco de captura na mediação. E, ao final, sempre que possível o acordo, cabe a fase de operacionalização do acordo dentro dos parâmetros para os acordos em conflitos na Administração Pública.

Estabelecidos os modelos teóricos da institucionalização e do procedimento mediativo, passa-se ao exame dos casos e resultados das entrevistas com mediadores da CCAF para se depurar os modelos adotados pelo órgão, o que será abordado no terceiro capítulo, a seguir.

3
A EXPERIÊNCIA DA CÂMARA DE CONCILIAÇÃO E ARBITRAGEM DA ADMINISTRAÇÃO FEDERAL – CCAF SOB O PRISMA DE SEUS CASOS (2010-2015)

A Câmara de Conciliação e Arbitragem da Administração Federal – CCAF é um instrumento institucional da Consultoria Geral da União e da Advocacia-Geral da União que provê sistema de gerenciamento de conflitos na Administração Pública pela via da composição administrativa.

O design institucional da CCAF foi construído a partir de uma visão de futuro da Advocacia-Geral da União sobre a composição consensual e pela via administrativa dos conflitos da Administração Pública. O desenvolvimento desse desenho se deu por vários anos, a partir de experiências *ad hoc* e um espectro reduzido de conflitos que poderiam ser mediados.

Atualmente, o sistema de gerenciamento de conflito conta com recursos humanos e materiais empregados numa estrutura organizada por meio de normas e, inclusive, de leis. Como não poderia deixar de ser, em se tratando de Administração Pública, o processo de composição de conflito também é regulado.

Os métodos empregados para composição dos conflitos, por seu turno, não correspondem à exata acepção do conceito dos métodos que o nome da CCAF propõe: arbitragem e conciliação.

Embora não seja objeto do presente estudo, cabem breves linhas em consideração ao que se reputa como arbitragem na CCAF. Refere-se à arbitragem como método de composição, porém, a técnica empregada, na verdade, é o arbitramento: não se trata do instituto previsto pela Lei federal n. 9.307, de 23 de setembro de 1996, mas sim de um método adjudicativo pelo qual o Consultor-Geral da União propõe a solução do conflito quando a autocomposição não é atingida (art. 18, inc. VI, Decreto federal n. 7.392, de 13 de dezembro de 2010).

Inegável, porém, que a via do consensualismo é o método primário para composição administrativa; aliás, é este o próprio propósito da CCAF. O consensualismo é atingido no ambiente da CCAF por meio de técnicas de autocomposição – ao que vulgarmente se designa de "conciliação".

A conciliação como técnica autocompositiva pressupõe uma postura ativa do terceiro neutro para produzir o acordo na busca de um resultado rápido e uma resolução basicamente transacional. Pelo tempo, esforços e postura dos terceiros neutros que compõem o corpo de "conciliadores da CCAF" e também pelo conteúdo dos acordos, é objetante falar-se em conciliação como a técnica pura empregada pelos conflitos gerenciados na CCAF. Aliás, em manual próprio da CCAF, defende-se que o conceito utilizado na CCAF é uma "conciliação híbrida", na qual

> o Conciliador utiliza técnicas de mediação no primeiro momento da reunião, ou seja, aproxima os interessados sem qualquer intervenção decisória, podendo da atuação resultar em solução da controvérsia. Caso não se obtenha conciliação espontânea, o Conciliador sugere alternativas cabíveis ao caso, segundo seus conhecimentos específicos.[225]

[225] BRASIL. Advocacia-Geral da União. Consultoria-Geral da União. Câmara de Conciliação e Arbitragem da Administração Federal – CCAF. **Cartilha**: conciliar é a solução. Brasília: AGU, Consultoria-Geral da União, 2008. Disponível em: <http://www.agu.gov.br/page/download/index/id/728637>. Acesso em: 17 out. 2017, p. 4.

A referência à conciliação em verdade se dá pela concepção do ato de pacificação, pelo "caminhar junto" na busca de uma solução que ponha a termo o conflito. Por isso, é preferível a designação de mediação como prática autocompositiva da CCAF, nos termos em que empregada ao longo deste trabalho.

A percepção do desenho institucional e procedimental da CCAF, no presente estudo, é derivada não apenas do exame normativo que estrutura esse desenho, mas precipuamente da análise de uma amostragem de conflitos que foram submetidos à CCAF para composição e resultaram em acordo, bem como da captação do perfil e da experiência dos mediadores que integram a câmara.

O Decreto federal n. 7.392, editado no ano de 2010, pauta o marco legal da existência da CCAF, que fora criada por atos normativos emanados pela Advocacia-Geral da União. Por esse motivo, o período selecionado para amostragem dos conflitos é de 2010 a 2015, assim como a pesquisa sobre a figura do mediador (seu perfil, modo de abordagem do conflito, sua interação com as partes, envolvimento na confecção do acordo e métodos de avaliação) – o questionário "O Conciliador da CCAF – Câmara de Conciliação e Arbitragem da Administração Federal"[226] – foi submetida aos mediadores que mediaram tais conflitos durante esse período.

Como será abordado na seção 3.1.3, os conflitos selecionados para análise são amostras da maioria representativa dos tipos de matéria controversa[227] submetida ao procedimento mediativo na CCAF. Os conflitos selecionados são tratados sob a denominação de "casos" e a eles é dada uma alcunha para referência na presente pesquisa. São eles:

[226] Ver Apêndice A (Questionário "O Conciliador da CCAF – Câmara de Conciliação e Arbitragem da Administração Federal").

[227] Ver Apêndice B ("Lista analítica dos casos CCAF no período de 2010-2015").

Referência	Denominação para o presente trabalho
BRASIL. Advocacia-Geral da União. Câmara de Conciliação e Arbitragem da Administração Federal - CCAF. **Processo NUP 00400.002227/2009-23**. Procedência Prefeitura Municipal de Macapá. Abertura em 26 de fevereiro de 2009. Termo de Conciliação n. CCAF-CGU-AGU-00S/2010-GHR.	Caso dos Servidores Municipais de Macapá
BRASIL. Advocacia-Geral da União. Câmara de Conciliação e Arbitragem da Administração Federal - CCAF. **Processo NUP 00408.009006/2010-40**. Procedência PRF 2ª Região CMP. Abertura em 29 de junho de 2010. Termo de Conciliação n. 7/2011.	Caso do Canecão
BRASIL. Advocacia-Geral da União. Câmara de Conciliação e Arbitragem da Administração Federal - CCAF. **Processo NUP 00534.000005/2011-75**. Procedência União - Comando do Exército. Abertura em 28 de dezembro de 2010. Termo de Conciliação n. 01612012/CCAF/CGU/AGU-HLC.	Caso da Biblioteca do Colégio Militar de Santa Maria
BRASIL. Advocacia-Geral da União. Câmara de Conciliação e Arbitragem da Administração Federal - CCAF. **Processo NUP 00400.01377112011-15**. Procedência Governo do Estado do Ceará-CE. Abertura em 19 de agosto de 2011. Termo de Conciliação n. 001/2015/CCAF/CGU/AGU-RBA.	Caso dos Recursos Hídricos do Ceará
BRASIL. Advocacia-Geral da União. Câmara de Conciliação e Arbitragem da Administração Federal - CCAF. **Processo NUP 00407.001417/2010-05**. Procedência Procuradoria Geral Federal. Abertura em 28 de fevereiro de 2014. Termo de Conciliação n. 003-2014-CCAF-CCAF-CGU-AGU-PBB.	Caso dos Estacionamentos do SAF/SUL-DF

Quadro 1 - Casos selecionados dirimidos na CCAF no período de 2010-2015

Os elementos extraídos desses casos têm o propósito de prover base empírica às constatações do desenho institucional do gerenciamento da mediação da CCAF e do desenho procedimental dessa mediação.

3.1 O sistema de gerenciamento do conflito pela CCAF

A Câmara de Conciliação e Arbitragem da Administração Federal – CCAF é uma unidade institucional da Consultoria-Geral e da Advocacia Geral da União, criada para a composição administrativa de controvérsias passíveis de judicialização ou já judicializadas, – originadas nos vários segmentos e esferas da Administração Pública – por métodos heterocompositivos (arbitramento) ou autocompositivos (mediação, conciliação, negociação assistida).

A CCAF tem papel fundamental na disseminação das práticas consensuais de resolução de controvérsias no âmbito da Administração Pública, sendo que o design do sistema de mediação desenvolvido para a CCAF reflete o

> posicionamento estratégico da AGU em adotar práticas conciliatórias como mecanismo mais célere, eficaz e econômico para a solução de conflitos, quando da ocorrência de controvérsias administrativas e/ou lides judiciais entre organismos governamentais de todas as esferas da Administração Pública.[228]

A CCAF oferece um ambiente, que conta com recursos humanos e infraestrutura próprios, apto a providenciar à Administração Pública métodos para a gestão de seus conflitos com vistas à composição consensual.

3.1.1 Histórico de criação e bases normativas

A CCAF reflete o posicionamento estratégico da Advocacia-Geral da União favorável ao consensualismo para a resolução de disputas, posicionamento este que encontra raízes na Lei Orgânica da Advocacia-Geral da União

[228] BRASIL. Advocacia-Geral da União. Consultoria-Geral da União. Câmara de Conciliação e Arbitragem da Administração Federal – CCAF. **Referencial de Gestão CCAF**. Brasília: AGU, 2013, atualizada. Disponível em: <http://www.agu.gov.br/page/download/index/id/12197078>. Acesso em: 17 out. 2017, p. 5.

(Lei Complementar n. 73, de 10 de fevereiro de 1993), que lista como uma das atribuições do Advogado-Geral da União "desistir, transigir, acordar e firmar compromisso nas ações de interesse da União" (art. 4º, inc. VI). De modo consentâneo, a Medida Provisória n. 2.180-35, de 24 de agosto de 2001, previu em seu artigo 11 que ao Advogado-Geral da União incumbirá adotar todas as providências necessárias a que se deslinde a controvérsia em sede administrativa entre entidades da Administração federal indireta, ou entre tais entes e a União.

Seis anos após a edição da Medida Provisória n. 2.180-35/2001, a resolução de controvérsias na seara administrativa foi normatizada pela Advocacia-Geral da União pela Portaria n. 118, de 1º de fevereiro de 2007, por meio da criação de câmaras de conciliação *ad hoc*, compostas especificamente para cada conflito. Com as câmaras *ad hoc*, buscava-se evitar que a solução de controvérsias entre órgãos e entidades da Administração Federal se transferisse para a esfera judicial, até que fosse instituída uma câmara permanente de resolução de controvérsias.

Foi então que, pelo Ato Regimental n. 5, de 27 de setembro de 2007, o Advogado-Geral da União, ao dispor sobre a competência, estrutura e funcionamento da Consultoria-Geral da União – órgão de direção superior da Advocacia-Geral da União –, inseriu a Câmara de Conciliação e Arbitragem da Administração Federal – CCAF dentro daquele órgão.

A CCAF recebeu seu regramento específico naquele mesmo dia, por meio da Portaria n. 1.281, de 27 de setembro de 2007, que lhe colocou como "regra"[229] para a resolução de conflitos em sede administrativa entre entes da Administração Pública federal. A Portaria n. 1.281/2007 ainda estabeleceu algumas diretrizes estruturais da CCAF, como a forma de solicitação de resolução do conflito pela via da mediação, a designação do conciliador/mediador e seu método de trabalho.

O espectro de disputas passíveis de serem resolvidas no âmbito da CCAF foi alargado pela Advocacia-Geral da União por meio da Portaria n. 1.099, de 28 de setembro de 2008, que recepcionou controvérsias entre a Administração

[229] A Portaria n. 1.281/2007 previa a composição de conflitos por Núcleos de Assessoramento Jurídico ou outros órgãos da Advocacia-Geral da União, porém desde que supervisionada pela CCAF (art. 2º, parágrafo único).

Pública federal e a Administração Pública dos Estados ou do Distrito Federal. Espectro este que foi uma vez mais alargado pela Portaria n. 481, de 6 de abril de 2009, que incluiu ainda as disputas entre a Administração Pública federal e Municípios que fossem capital de Estado ou que possuíam mais de duzentos mil habitantes.

Porém, foi por meio do Decreto n. 7.392, de 13 de dezembro de 2010, que se consolidou a estrutura institucional da CCAF, seu plexo de competências, e se estabeleceu o espectro de disputas a ela passíveis de serem submetidas.

> Art. 18. A Câmara de Conciliação e Arbitragem da Administração Federal compete:
> I – avaliar a admissibilidade dos pedidos de resolução de conflitos, por meio de conciliação, no âmbito da Advocacia-Geral da União;
> II – requisitar aos órgãos e entidades da Administração Pública Federal informações para subsidiar sua atuação;
> III – dirimir, por meio de conciliação, as controvérsias entre órgãos e entidades da Administração Pública Federal, bem como entre esses e a Administração Pública dos Estados, do Distrito Federal, e dos Municípios;
> IV – buscar a solução de conflitos judicializados, nos casos remetidos pelos Ministros dos Tribunais Superiores e demais membros do Judiciário, ou por proposta dos órgãos de direção superior que atuam no contencioso judicial;
> V – promover, quando couber, a celebração de Termo de Ajustamento de Conduta nos casos submetidos a procedimento conciliatório;
> VI – propor, quando couber, ao Consultor-Geral da União o arbitramento das controvérsias não solucionadas por conciliação; e
> VII – orientar e supervisionar as atividades conciliatórias no âmbito das Consultorias Jurídicas nos Estados.

3.1.2 Organização institucional

A CCAF é um órgão da Advocacia-Geral da União, inserido na estrutura da Consultoria-Geral da União, e tem como sede Brasília, no Distrito Federal. A CCAF possui uma estrutura interna própria, composta por uma diretoria central, núcleos de coordenadoria, o corpo de mediadores, assessoria e secretaria de apoio e estagiários.

A Diretoria da CCAF é principal responsável pela atividade institucional da CCAF e promove sua interação com os demais órgãos da Advocacia e Consultoria-Geral da União. Em suma, a Diretoria da CCAF é responsável pela interface final interna da CCAF e desta com o público externo (demais órgãos, autoridades, etc.). As atribuições gerenciais da Diretoria da CCAF estão estabelecidas em breves linhas pela Portaria n. 5, de 16 de março de 2010, editada pela Controladoria-Geral da União. Prevê a Portaria, em seu artigo 1º, inciso IV, que ao Diretor da CCAF cabe decidir sobre (i) o cabimento das atividades conciliatórias e (ii) a submissão de procedimentos conciliatórios aos Núcleos de Assessoramento Jurídico, quando a questão controvertida for eminentemente local e não tiver repercussão nacional.

As Coordenadorias da CCAF proporcionam suporte à Diretoria da CCAF em cada uma de suas atribuições, sendo assim divididas: (i) Coordenação de Gestão do Procedimento Conciliatório e Diretora Substituta – CGP; (ii) Coordenação de Articulação Federativa e Ações Descentralizadas – CAFAD; (iii) Coordenação de Apoio Institucional – CAI.

As atribuições semelhantes entre a diretoria e as coordenadorias da CCAF põe em questionamento um plexo repetitivo de competências quando se coloca em perspectiva o tamanho e o volume de trabalho colocado. Porém, a (quase) repetição de competências tem sua justificativa numa perspectiva de *accountability*: os níveis hierárquicos funcionam como instância de revisão e, principalmente, validação dos procedimentos adotados no âmbito da CCAF.

O corpo de mediadores da CCAF, a quem a normatização do órgão refere-se a "conciliadores", é egresso dentre os membros da advocacia pública e, por designação ou voluntariamente, passa a integrar o quadro da CCAF. A partir do momento em que é designado para a mediação do conflito, o mediador torna-se responsável primário pela condução do processo mediativo, tomando as medidas administrativas necessárias e inteirando-se de questões de mérito; é a primeira interface entre a parte e o sistema de gerenciamento de conflito e, nos moldes em que desenhada a CCAF, participa ativamente da consecução do acordo.

Para a consecução de suas atividades, a CCAF ainda possui o suporte de assessorias (Assessoria de Gabinete – AG; Assessoria de Planejamento

– AP; Assessoria Técnica e de Informação – AT); secretaria e um corpo de estagiários.

Para além de recursos humanos, a CCAF ainda conta com infraestrutura tecnológica para suporte de suas atividades, com sistemas de computação (PROCCAF e SISCON) para monitoramento e consecução dos processos mediativos.

A organização institucional da CCAF possui três pilares para a operacionalização dos processos mediativos e conciliatórios:

> 1. DESCONCENTRAÇÃO E DESCENTRALIZAÇÃO das atividades de natureza operacional para equipes de assessoramento técnico, ficando o gestor direcionado para as atividades de gerenciamento executivo e os conciliadores alinhados para a efetividade nos resultados das matérias em conciliação;
> 2. FORTALECIMENTO DAS COORDENAÇÕES DA CCAF como mecanismo institucional de apoio à consolidação das atividades conciliatórias;
> 3. AÇÃO COORDENADA DE GESTÃO ENTRE OS ÓRGÃOS da Consultoria-Geral da União, liderada pelo Diretor com o apoio das Coordenações, objetivando a integração das ações de transversalidade corporativa para obtenção de resultados satisfatórios do processo conciliatório;
> 4. QUALIFICAÇÃO DO SEU QUADRO DE PROFISSIONAIS nas boas práticas da conciliação como instrumento essencial na execução das suas atividades institucionais;
> 5. AUXÍLIO NA FORMAÇÃO DE UMA REDE DE CONCILIAÇÃO no ambiente das instituições públicas.[230]

Portanto, trata-se de um sistema de gerenciamento de conflitos que conta com uma estrutura organizada, tanto em recursos humanos quanto em infraestrutura local e tecnológica, apta à implementação de uma técnica regular de resolução de conflitos pela via do consenso.

[230] BRASIL. Advocacia-Geral da União. Consultoria-Geral da União. Câmara de Conciliação e Arbitragem da Administração Federal – CCAF. **Referencial de Gestão CCAF**. Op. cit., p. 9-10.

3.1.3 Taxonomia das disputas mediadas pela CCAF: análise dos conflitos mediados e que resultaram em acordo no período de 2010 a 2015

Atualmente, por força do Decreto n. 7.392, de 13 de dezembro de 2010, podem ser dirimidas no âmbito da CCAF "as controvérsias entre órgãos e entidades da Administração Pública Federal, bem como entre esses e a Administração Pública dos Estados, do Distrito Federal, e dos Municípios" (art. 18, inciso III).

Resta posto, portanto, que a CCAF tem a competência para dirimir os conflitos na Administração Pública. Dentre esses conflitos, a CCAF adota como referencial[231] para cadastro de temas controvertidos que consubstanciam as principais disputas entre órgãos e entes da Administração Pública o seguinte: atos da administração, tributário, econômico, financeiro, patrimônio público, infraestrutura, educação, cultura, desporto, meio ambiente, saúde, previdenciário, assistência social, desenvolvimento social, desenvolvimento urbano, agrário, urbanístico, defesa do Estado, segurança pública, internacional, indígena, quilombola, direitos humanos.

A par do ementário de temas utilizado no sistema de distribuição dos conflitos a serem mediados pela CCAF, o estudo[232] da matéria controvertida dos conflitos que foram mediados e que resultaram em acordo no âmbito da CCAF, nos anos de 2010 a 2015, permitiu uma depuração da recorrência de temas, ora refletido no gráfico a seguir:

[231] Ibidem, p. 41.

[232] Ver Apêndice B ("Lista analítica dos casos CCAF no período de 2010-2015").

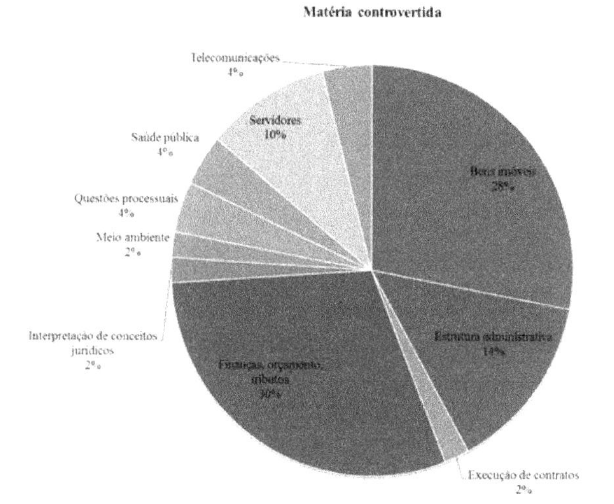

Gráfico 1 – Matéria controvertida e conciliada no âmbito da CCAF nos anos de 2010 a 2015

O padrão de recorrência da matéria controvertida e conciliada nos anos de 2010 a 2015 permite ainda um aglutinamento do tipo de conflito mais representativo que é recomendado à CCAF para mediação:

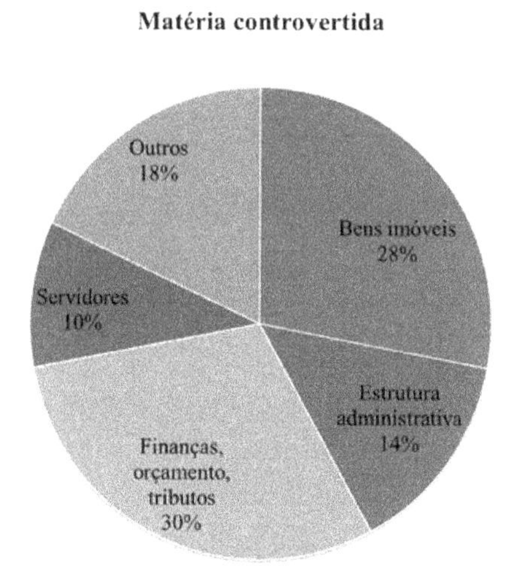

Gráfico 2 – Tipologia recorrente da matéria controvertida e conciliada no âmbito da CCAF nos anos de 2010 a 2015

A partir dessa tipologia representativa extraída no intervalo de tempo dos anos de 2010 a 2015, notam-se quatro principais tipos de matéria controvertida da Administração Pública; a melhor dizer, quatro principais áreas em que a Administração Pública tende a entrar em conflito e quatro principais tipos de conflitos adequados à resolução consensual.

Interessante notar que a maioria expressiva dos conflitos analisados – quase 60% – relaciona-se a patrimônio público: bens imóveis (28%) e ativos financeiros ("finanças, orçamento, tributos": 30%).

Duas conclusões positivas se extraem de imediato. Em primeiro lugar, a prática revela que está superado o argumento daqueles que resistem a aceitar o consensualismo como técnica para resolução de conflitos da Administração Pública de conteúdo econômico expressivo. Em segundo lugar, denota-se a crescente capacidade da Administração Pública em se auto-organizar para resolver controvérsias de conteúdo econômico expressivo.

Por outro lado, a estatística revela que conflitos relacionados a políticas públicas e direitos sociais coletivos ainda são tratados marginalmente no que se refere à autocomposição, o que revela que a Administração Pública ainda não foi capaz de assimilar a mediação como instrumento transformador de sua relação com os administrados.

Conflitos relativos à estrutura da Administração Pública, ou seja, medidas que devem ser adotadas para o funcionamento e operacionalização das atividades administrativas, perfazem o terceiro tipo mais recorrente de conflito. Tais conflitos aparecem em menor expressão em relação proporcional a conflitos relativos a patrimônio público. É um dado que revela a tentativa – ainda que não expressiva – da Administração Pública em se apropriar do consensualismo para a tomada de decisões com vistas a solucionar o desenvolvimento conflituoso das atividades administrativas, pensamento este que é consentâneo à persecução da boa Administração.

O quarto tipo de conflito mais comum mediado na CCAF no período de 2010 a 2015 é relativo a servidores da Administração Pública. No entanto, a estatística comporta uma peculiaridade: os casos mediados referem-se a bibliotecários do Exército Brasileiro. É fato que seria muito difícil se vislumbrar um conflito interfederativo referente a servidores da Administração Pública, porém, o processo mediativo ofertado pela CCAF poderia ser mais bem explorado pelos entes federados para a resolução de conflitos relativos a seus servidores. Recorde-se o bem-sucedido sistema mediativo REDRESS, empregado pelo Serviço Postal dos Estados Unidos da América (ver seção 2.1.1) para a resolução de conflitos sobre as relações de trabalho de seus empregados.

Associado à matéria controvertida, outro critério importante para se contemplar a taxonomia de conflitos mediados e acordados no âmbito da CCAF diz respeito ao instrumento que do qual emana a controvérsia. Em outras palavras, este critério revela se os conflitos objeto do estudo são judicializados ou se emanam de outras fontes, como sanções administrativas, convênios e contratos públicos.

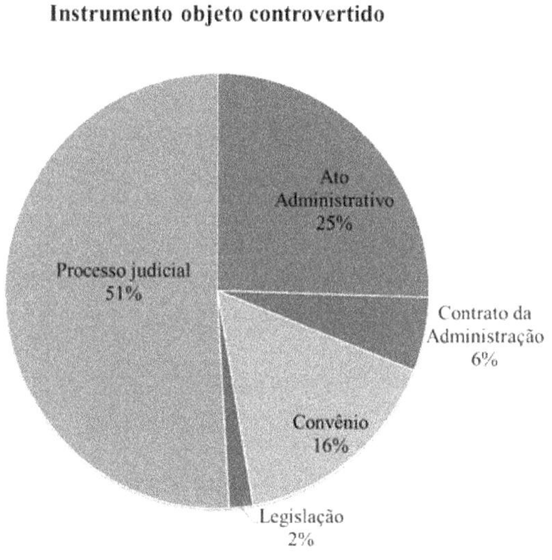

Instrumento objeto controvertido

Ato Administrativo 25%
Contrato da Administração 6%
Convênio 16%
Legislação 2%
Processo judicial 51%

Gráfico 3 – Instrumentos objeto de veiculação das matérias controvertidas e que resultaram em acordo na CCAF no período de 2010 a 2015

A análise quantitativa revela que a grande maioria dos conflitos submetidos à CCAF no período de 2010 a 2015 decorre de processo judicial, o que revela um descompasso entre a realidade e o objetivo institucional das câmaras de conciliação da Advocacia-Geral da União de evitar que a solução de conflitos da Administração Pública perpasse à esfera judicial.[233]

[233] Ainda que revogada pela Portaria AGU n. 1.099/2007, a Portaria AGU n. 118/2007 revela em seu preâmbulo uma das diretrizes da conciliação no âmbito da Advocacia-Geral da União, que é evitar a judicialização de conflitos. Esta diretriz subsiste e é apresentada como a essência

Numa perspectiva positiva, porém, há de se recordar que os conflitos objeto de estudo referem-se a conflitos mediados pela CCAF e que *resultaram em acordo*, do que se infere que, como resultado final, há uma tendência não desprezível da Administração Pública em repensar a judicialização do conflito e seu empoderamento para resolver seus próprios conflitos.

Aliás, o Supremo Tribunal Federal tem adotado postura colaborativa com a CCAF, encaminhando processos judiciais que deveriam ser dirimidos no seu âmbito, por força de recurso ou originariamente, para resolução no âmbito da CCAF; e, após o processo mediativo, homologando o acordo.[234]

3.2 O processo de mediação no ambiente gerencial da CCAF

Quando se fala em processo de mediação, no âmbito de uma câmara de gerenciamento de conflitos institucionalizada no seio da Administração Pública, a atenção maior que se dá é para "processo" e nem tanto para "mediação".

do procedimento conciliatório. Cf. BRASIL. Advocacia-Geral da União. Consultoria-Geral da União. Câmara de Conciliação e Arbitragem da Administração Federal – CCAF. **Referencial de Gestão CCAF**. Op. cit., p. 49.

[234] Confiram-se: BRASIL. Supremo Tribunal Federal. **Agravo Regimental na Ação Cível Originária n. 1115-RS**. Rel. Min. Teori Zavascki, j. 25 ago. 2016, DJe-183 30 ago. 2016; BRASIL. Supremo Tribunal Federal. **Ação Cível Originária n. 1019-PR**. Rel. Min. Gilmar Mendes, j. 1º ago. 2016, DJe-164 05 ago. 2016; BRASIL. Supremo Tribunal Federal. **Medida Cautelar na Ação Cível Originária n. 2884**. Rel. Min. Edson Fachin, j. 30 jun. 2016, DJe-140 1º ago. 2016; BRASIL. Supremo Tribunal Federal. **Ação Cível Originária n. 1265-RO**. Rel. Min. Edson Fachin, j. 10 jun. 2016, DJe-123 15 jun. 2016; BRASIL. Supremo Tribunal Federal. **Ação Cível Originária n. 1449-MA**. Rel. Min. Cármen Lúcia, j. 02 jun. 2016, DJe-123 15 jun. 2016; BRASIL. Supremo Tribunal Federal. **Ação Cível Originária n. 897-SE**. Rel. Min. Gilmar Mendes, j. 19 abr. 2016, DJe-078 25 abr. 2016; BRASIL. Supremo Tribunal Federal. **Ação Cível Originária n. 1797-PI**. Rel. Min. Cármen Lúcia, j. 23 mar. 2016, DJe-058 31 mar. 2016; BRASIL. Supremo Tribunal Federal. **Ação Cível Originária n. 2745-DF**. Rel. Min. Gilmar Mendes, j. 23 fev. 2016, DJe-037 29 fev. 2016; BRASIL. Supremo Tribunal Federal. **Ação Cível Originária n. 1186-RS**. Rel. Min. Edson Fachin, j. 18 set. 2015, DJe-188 22 set. 2015; BRASIL. Supremo Tribunal Federal. **Ação Cível Originária n. 2571-DF**. Rel. Min. Rosa Weber, j. 31 ago. 2015, DJe-173 03 set. 2015; BRASIL. Supremo Tribunal Federal. **Ação Cível Originária n. 1915-DF**. Rel. Min. Rosa Weber, j. 15 ago. 2015, DJe-173 02 set. 2015; BRASIL. Supremo Tribunal Federal. **Ação Cível Originária n. 1718-DF**. Rel. Min. Rosa Weber, j. 05 mar. 2015, DJe-052 18 mar. 2015; BRASIL. Supremo Tribunal Federal. **Ação Cautelar n. 3456-DF**. Rel. Min. Gilmar Mendes, j. 1º out. 2013, DJe-196 04 out. 2013; BRASIL. Supremo Tribunal Federal. **Ação Cível n. 1689-RS**. Rel. Min. Dias Toffoli, j. 29 jun. 2012, DJe-150 1º ago. 2012.

É que, como desenvolvemos anteriormente (seção 2.1.2), dar a qualificação de "processo" a um instrumento administrativo traz consigo a ideia preconcebida de uma nova modalidade de processo administrativo regulamentado.

É fato que, por muitas vezes, a regulação desse fluxo temporal no âmbito da CCAF toma os ares de processo administrativo: há um formalismo excessivo no registro da instrução, estranho à prática da mediação, ao ponto de se autuar toda e qualquer informação que emana ou integra o processo mediativo. Até mesmo a genuinidade do mediador nas sessões mediativas deve seguir diretrizes; é uma autenticidade pré-concebida.

Porém, reafirma-se que a regulamentação do sistema de mediação de conflitos na Administração Pública deve ser uma forma de controlar o fluxo temporal dedicado ao conteúdo substantivo da controvérsia, e esse controle deve pertencer às partes no conflito e ao mediador. A realidade do processo mediativo no âmbito da CCAF revela que há espaço para improviso, necessário para os ajustes adequados a cada tipo de parte e controvérsia que na CCAF são recepcionados.

Assim, o controle do fluxo temporal da mediação, o processo mediativo, deve ser percebido como uma forma de prestação de contas ao interesse público; é um meio de tornar públicos aquele conflito e todos os atos e decisões que dele emanam. O "processo", assim, deve ser percebido como um incremento à publicidade deficitária da CCAF, de que trataremos mais adiante (seção 3.5.2).

3.2.1 Disposições normativas de regulação e a realidade do fluxo procedimental da mediação na CCAF

O processo de mediação na CCAF tem início por solicitação de entes e órgãos da Administração Pública (direta ou indireta) federal, estadual, distrital ou municipal, que desejam a resolução de seus conflitos com outros entes, entidades ou órgãos desses níveis federativos. É possível ainda que a solicitação parta de órgãos judiciários.

O encaminhamento é feito por pedido escrito pela autoridade hierárquica[235] competente do ente que pretende ver seu conflito resolvido, endereçado

[235] Portaria AGU n. 1.281/2007: "Art. 3º A solicitação poderá ser apresentada pelas seguintes autoridades: I – Ministros de Estado, II – dirigentes de entidades da Administração Federal

ao Advogado Geral da União, Consultor-Geral da União ou Diretor da CCAF, sendo acompanhado de um arrazoado sobre o conflito com o entendimento jurídico daquela entidade sobre os pontos controvertidos, a indicação de representante para participar de reuniões e trabalhos e documentação de suporte.[236]

É feita então uma avaliação preliminar de admissão e adequação daquele conflito ao sistema de gerenciamento de conflito pela CCAF, que será encaminhada para decisão do Diretor. Estando em ordem o pedido de encaminhamento, conforme apurado pela avaliação preliminar, é designado mediador para aquele procedimento, por distribuição sucessiva por entrada e nominalmente. O método de distribuição, porém, encontra exceções baseadas na natureza[237] da controvérsia, o que é indicativo da especialidade do mediador como elemento do desenho procedimental da CCAF.

É possível ainda que, a depender do tipo de conflito, seja necessário parecer prévio do Advogado-Geral da União ou do Consultor-Geral da União a respeito daquela controvérsia – nos moldes da avaliação de admissibilidade –, o que exige a interlocução do Diretor da CCAF com essas autoridades, de modo que o processo mediativo fica sobrestado. Pode ser ainda que, por recomendação em face da relevância da controvérsia (se de natureza local ou nacional, por exemplo) ou por solicitação da parte, haja a descentralização desse processo mediativo, o que faz com que ele seja encaminhado da CCAF para as Consultorias Jurídicas da União nos Estados ("CJUs").[238]

indireta, III – Procurador-Geral da União, Procurador-Geral da Fazenda Nacional, Procurador-Geral Federal e Secretários-Gerais de Contencioso e de Consultoria."

[236] Art. 4º da Portaria AGU n. 1.281/2007.

[237] "Os processos serão distribuídos seguindo a ordem de entrada na CCAF e repassados aos Conciliadores em sequencia, seguindo-se a ordem nominal de forma sucessiva, com as seguintes exceções: a. Prevenção do Conciliador por assunto; b. Questões Relevantes – em face de valor e urgência – que, nos termos estabelecidos neste REFERENCIAL DE GESTÃO, necessitarão de entendimento prévio com o Diretor ou Diretora Substituta da CCAF para a distribuição. c. relevância, complexidade e repercussão da questão levando-se em consideração as questões de relevância já alinhadas; d. número de órgãos envolvidos; e. controvérsia derivada de processo judicial; f. volumes que compõem o processo." (BRASIL. Advocacia-Geral da União. Consultoria-Geral da União. Câmara de Conciliação e Arbitragem da Administração Federal – CCAF. **Referencial de Gestão CCAF**. Op. cit., p. 41-42).

[238] Portaria CGU n. 5, de 16 de março de 2010, art. 1º, inc. IV, "e".

A operacionalização da descentralização é feita ainda por meio de outro procedimento administrativo interno da CCAF.

A partir da admissibilidade do conflito para ser mediado no âmbito da CCAF e distribuição do procedimento a um mediador, inicia-se o trabalho de reunir as partes e mover o fluxo procedimental da mediação.

O desenho institucional da CCAF impõe uma roupagem firme ao fluxo procedimental da mediação. Isso significa que, para além de papéis bem-definidos de sua organização institucional, há um cuidado com a forma de movimentação e registro de cada ato praticado dentro daquele procedimento.

Documentação, decisões, enfim, todo tipo de comunicação que tem por objeto o processo mediativo são reduzidas a termo e passam a integrar os "autos" do procedimento mediativo; exatamente, trata-se de um procedimento inteiramente autuado.

Há uma preocupação com o registro da informação, pouco comum à mediação, que tem por características a informalidade e a confidencialidade, porém corriqueira – até necessária – em se tratando de uma atividade administrativa.

Circunstância que bem ilustra essa realidade ocorreu durante uma troca de e-mails entre o diretor da CCAF e a mediadora no caso do Canecão.[239] Em face de acordo construído no caso, envolvendo a Universidade Federal do Rio de Janeiro (UFRJ) e a União sobre a destinação do terreno em que localizada a casa de espetáculos Canecão, o Diretor da CCAF à época levantou o questionamento quanto a se o Ministério da Educação (MEC) deveria assinar também a homologação do acordo. Assim, instruiu a mediadora do caso para que contatasse o consultor jurídico do MEC, o que foi feito, chegando o consultor à conclusão de que o MEC não deveria assinar o acordo. A informação foi repassada ao diretor da CCAF, que entendeu que "uma consulta simples ao Conjur do MEC robustece o procedimento, o que pode ser feito inclusive por e-mail. Uma vez respondida a consulta, fazemos a juntada aos autos".[240]

[239] BRASIL. Advocacia-Geral da União. Câmara de Conciliação e Arbitragem da Administração Federal – CCAF. **Processo NUP 00408.009006/2010-40**. Procedência PRF 2ª Região CMP. Abertura em: 29 jun. 2010. Termo de Conciliação n. 7/2011.

[240] BRASIL. Advocacia-Geral da União. Câmara de Conciliação e Arbitragem da Administração Federal – CCAF. **Processo NUP 00408.009006/2010-40**. Procedência PRF 2ª Região CMP. Abertura em: 29 jun. 2010. Termo de Conciliação n. 7/2011, fl. 54 dos autos.

A mediadora então requisitou ao consultor jurídico do MEC que confirmasse "o teor de nossa conversa por telefone há pouco (que eu descrevi de forma sucinta abaixo), a fim de que eu imprima o e-mail e coloque no processo?"[241]

O regramento da instrução dos processos mediativos no âmbito da CCAF encontra justificativa no controle da movimentação de processos mediativos, o que se torna quase que um fim em si mesmo. Corroborando essa percepção, o Referencial de Gestão da CCAF dispõe que as "diretrizes referentes ao fluxo da instrução de processos na CCAF objetivam viabilizar o cumprimento de metas e a alimentação do Monitor de Processos de Conciliação [sistema tecnológico central de gestão dos processos mediativos]".[242]

A normatização ainda atinge o encadeamento de atos a serem tomados no âmbito do processo mediativo:

> [...] Conciliador recebe o processo e deverá prosseguir na instrução seguindo o seguinte cronograma e sugestão de períodos de instrução: a. elaboração de Nota de Admissibilidade. Período sugerido: até 15 dias contados do recebimento do processo; b. designação da primeira reunião de conciliação. Período sugerido de até 30 dias contados do despacho do Diretor na Nota de Admissibilidade; c. se necessárias novas reuniões para complementar o processo de instrução do procedimento conciliatório, o Conciliador deverá ter como referencial o período de 30 dias subsequentes à última reunião. Os períodos poderão ser ajustados para mais ou menos dependendo das justificativas do Conciliador e da aceitação dos representantes dos organismos em conciliação em face da necessidade de procedimentos de apoio na conciliação a exemplo da realização de perícias técnicas [...].[243]

Há ainda a normatização do que ocorre *intra* sessões, uma vez que aos mediadores é passado um roteiro para as sessões de mediação, bastante descritivo do que devem ser os temas tratados e as obrigações do mediador:

[241] Ibidem, fl. 54 dos autos.

[242] BRASIL. Advocacia-Geral da União. Consultoria-Geral da União. Câmara de Conciliação e Arbitragem da Administração Federal – CCAF. **Referencial de Gestão CCAF**. Op. cit., p. 42.

[243] Ibidem, p. 43.

ROTEIRO PARA REUNIÕES DE CONCILIAÇÃO.

1. Agradecimento pela presença dos representantes na reunião;

2. Abrir espaço para a apresentação dos presentes (Representantes, Conciliador, Estagiário etc.);

3. O Conciliador deve em breves tópicos mencionar a essência do procedimento conciliatório:

a) Colaborativo – todos podem participar para construir a melhor solução evitando demandas desnecessárias que não contribuem para a eficácia pretendida pela Administração Pública;

b) Informal e amistoso – embora se tratando de procedimento de natureza institucional, a reunião de conciliação tem por princípio a vontade de construir soluções necessitando do desprendimento público dos interessados sem formalidades e com boa vontade para que essa construção seja bem feita, observando sempre a legalidade e o interesse público.

c) Construção coletiva – Todos que sentam à mesa da conciliação estão do mesmo lado sem adversários e buscando construir com bom senso, as melhores soluções possíveis.

d) Racional e eficaz – evitar judicialização da matéria.

4. Sempre que possível o Conciliador deverá efetuar uma breve apresentação da CCAF utilizando-se de apresentações sintéticas em Power Point arquivadas na REDE CCAF (Apresentações);

5. O Conciliador deve sugerir aos Representantes que façam os registros durante a reunião para no momento da elaboração do TERMO possuir registros fiéis e sucintos das suas posições.

6. Fazer um breve resumo dos pontos a serem conciliados devolvendo a palavras aos presentes para manifestações às questões que estão sendo tratadas

7. Ao final o conciliador deverá agradecer a presença de todos e ratificando que a cultura da conciliação seja uma constante em suas atividades diárias, informando ainda, que a CCAF estará sempre à disposição.[244]

[244] BRASIL. Advocacia-Geral da União. Consultoria-Geral da União. Câmara de Conciliação e Arbitragem da Administração Federal – CCAF. **Referencial de Gestão CCAF**. Op. cit., p. 49-50.

Por óbvio que estipular boas práticas dentro do sistema de gerenciamento de conflito é uma prática desejável, inclusive para a manutenção de um padrão de qualidade de aplicação dos métodos autocompositivos de resolução de disputas. Por outro lado, o perigo de se prever cada hipótese de ocorrência num procedimento mediativo é a estratificação da atividade dos mediadores nas sessões de mediação e a perda de sua autenticidade.

Embora a normatização do processo mediativo e do proceder do mediador possa identificar um engessamento, a realidade da prática da mediação no âmbito da CCAF sugere uma fluidez do procedimento pela aptidão dos mediadores da CCAF em conduzir o procedimento e lidar com o improviso de uma maneira construtiva.

Pesquisa submetida aos mediadores dos conflitos acordados no período de 2010 a 2015 revela que a revisão sistemática do procedimento – pré-estabelecido pela normatização – é uma prática disseminada entre os mediadores.

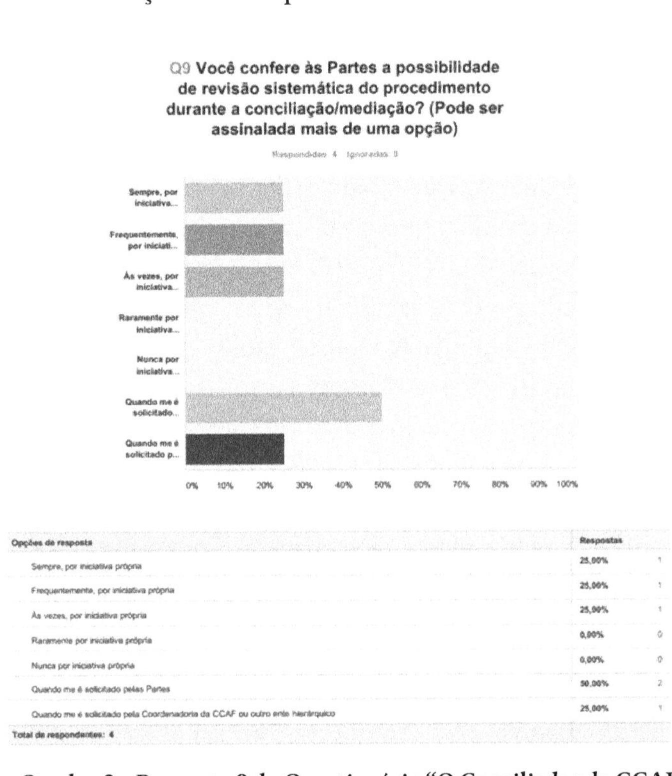

Opções de resposta	Respostas	
Sempre, por iniciativa própria	25,00%	1
Frequentemente, por iniciativa própria	25,00%	1
Às vezes, por iniciativa própria	25,00%	1
Raramente por iniciativa própria	0,00%	0
Nunca por iniciativa própria	0,00%	0
Quando me é solicitado pelas Partes	50,00%	2
Quando me é solicitado pela Coordenadoria da CCAF ou outro ente hierárquico	25,00%	1
Total de respondentes: 4		

Quadro 2 – Pergunta 9 do Questionário "O Conciliador da CCAF – Câmara de Conciliação e Arbitragem da Administração Federal"

A maior parte dos mediadores que respondeu à pesquisa toma a iniciativa para a revisão do procedimento, apesar de divergirem quanto à frequência.

Outro dado bastante importante é o que concerne à solicitação das partes para que seja revisto o fluxo do processo mediativo. A metade dos mediadores que responderam ao questionário procede à revisão do procedimento por solicitação das partes, o que significa que há efetivas participação e preocupação das partes na e quanto à condução do processo mediativo. Como melhor prática, o ideal seria que a totalidade dos mediadores tivesse respondido que revisam o procedimento por solicitação das partes, afinal, são elas os principais atores do processo mediativo. Porém, o fato de a outra metade dos mediadores que participaram do questionário não ter indicado que o faz não necessariamente significa que são avessos à ideia ou desautorizam a possibilidade devas partes requererem a revisão do procedimento; pode apenas indicar que não tiveram a experiência de mediar conflitos nos quais as partes solicitam a revisão do procedimento.

Outro fato curioso que a pesquisa revela é que há solicitação de ordem hierárquica superior ao núcleo central do processo mediativo (partes e mediador) para revisão do procedimento mediativo, por solicitação da Coordenadoria da CCAF ou outro ente hierarquicamente superior. Dessa forma, há um dado importante sobre o indício de ingerência sobre o processo mediativo; embora não seja clara a razão da ingerência, a partir das diretrizes de normatização do fluxo procedimental da mediação da CCAF, infere-se que se trata da manutenção do controle sobre os registros do procedimento.

A pesquisa ainda revela um fato importante da prática do mediador, que é a realização de *caucus*, um método pelo qual o mediador se reúne separadamente com uma ou algumas das partes, mas não com todas:

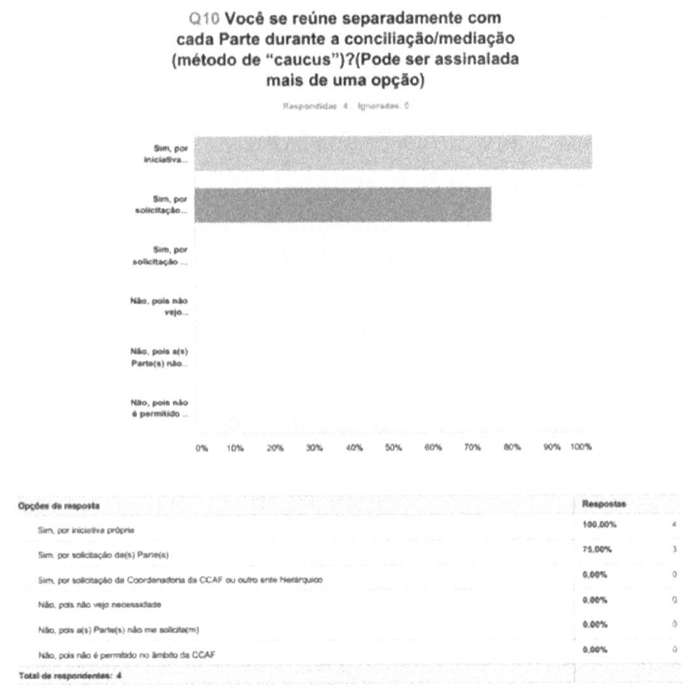

Opções de resposta	Respostas	
Sim, por iniciativa própria	100,00%	4
Sim, por solicitação da(s) Parte(s)	75,00%	3
Sim, por solicitação da Coordenadoria da CCAF ou outro ente Hierárquico	0,00%	0
Não, pois não vejo necessidade	0,00%	0
Não, pois a(s) Parte(s) não me solicita(m)	0,00%	0
Não, pois não é permitido no âmbito da CCAF	0,00%	0
Total de respondentes: 4		

Quadro 3 – Pergunta 10 do Questionário "O Conciliador da CCAF – Câmara de Conciliação e Arbitragem da Administração Federal"

A totalidade dos mediadores que participou da pesquisa indicou que realiza o *caucus* por iniciativa própria. Mais de 70% respondeu realizar o *caucus* por solicitação das partes. Pelo fato de que a totalidade dos mediadores respondeu realizar o *caucus*, o dado referente à solicitação das partes indica que nem sempre as partes solicitam reuniões em separado, porém, o dado relevante é de que essa prática é conhecida pelos entes da Administração Pública que submetem seus conflitos à resolução no âmbito da CCAF.

A par dos questionamentos sobre a confidencialidade dessas sessões separadas e o princípio da publicidade, como tivemos a oportunidade de discorrer anteriormente sobre o tema (seção 2.2.3.2), fato é que a pesquisa revela que esta é uma prática que integra o conjunto das habilidades dos mediadores da CCAF. Ainda mais importante: a pesquisa revela que o *caucus* não é uma prática institucionalmente vedada.

Os mediadores que aderiram à pesquisa ainda indicaram quais são os principais temas discutidos em *caucus*:

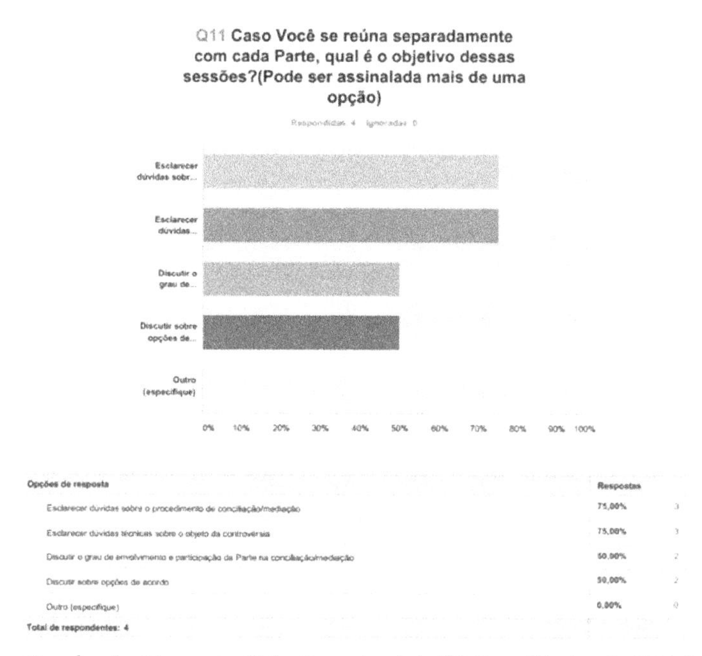

Opções de resposta	Respostas	
Esclarecer dúvidas sobre o procedimento de conciliação/mediação	75,00%	3
Esclarecer dúvidas técnicas sobre o objeto da controvérsia	75,00%	3
Discutir o grau de envolvimento e participação da Parte na conciliação/mediação	50,00%	2
Discutir sobre opções de acordo	50,00%	2
Outro (especifique)	0,00%	0
Total de respondentes: 4		

Quadro 4 – Pergunta 11 do Questionário "O Conciliador da CCAF – Câmara de Conciliação e Arbitragem da Administração Federal"

O fato de que um dos maiores temas ali tratados é o esclarecimento de dúvidas quanto ao procedimento demonstra o caráter acessório dessas sessões para o conteúdo substantivo da disputa, porém importante para o desenvolvimento do fluxo instrutório da mediação.

3.2.2 Gerenciamento das informações: admissão e tratamento de documentos

Uma das qualidades da mediação é garantir a disseminação de informações sobre o conflito entre as partes de uma maneira construtiva, imparcial e conciliatória. É por meio da troca de informações que as partes manifestam-se apresentando sua visão do conflito, em suas palavras e por meio de documentos.

A documentação do conflito tem grande valor no processo mediativo conduzido na CCAF, a começar da necessidade de instrução do pedido de conciliação com "cópias dos documentos necessários ao deslinde da controvérsia".[245]

[245] Portaria AGU n. 1.099, de 28 de setembro de 2008, art. 3º, inc. III.

A análise documental muitas vezes se torna o cerne do procedimento mediativo, em que se utiliza da estrutura da CCAF para se criar grupos de trabalho, jurídico ou com especialidade técnica afeta ao conflito, para o tratamento de documentação que tem o condão de resolver a matéria conflituosa ou fornecer subsídios para que as partes possam melhor entender a controvérsia.

Nesse ponto, observa-se que essa função da mediação na CCAF – tratamento de documentos – pode ser cumprida através do *caucus*. Na pesquisa realizada, 75% dos mediadores entrevistados apontou como objetivo da sessão de *caucus* o esclarecimento de "dúvidas técnicas sobre o objeto da controvérsia" (vide Quadro 3).

No caso dos Convênios Hídricos do Ceará, a análise de documentação foi o tema central da mediação,[246] pois a documentação constituída pelo Convênio n. 031/2003MI – notas técnicas e pareceres técnicos (financeiros) – suportava as conclusões quanto à correta ou incorreta aplicação de recursos federais sobre o objeto do convênio, o que faria com que as contas do Estado do Ceará fossem ou não aprovadas e com que os valores fossem ou não glosados.

As reuniões de mediação, portanto, cingiram-se à análise documental por parte do grupo de trabalho composto por membros da Controladoria-Geral da União, do Ministério da Integração Nacional e do Estado do Ceará.

A possibilidade de tratamento e gerenciamento de documentos no procedimento mediativo abre espaço para uma análise diferenciada da documentação

[246] "O grupo passou então aos debates sobre a questão relativa ao Convenio 31/2003. As representações prestaram informações recíprocas e convergiram nas seguintes providências tendentes ao esclarecimento das irregularidades apontadas originalmente pela CGU: 1) Exame dos Pareceres Técnicos N°s 006/2011-UGPO, 048/2009-UGPO e 024/2009 e Nota Técnica nº 2.234/DIINT/DI/SFC/CGU-PR e oferecimento de nova justificativa para exame do Ministério da Integração Nacional precedida de contato técnico com a Controladoria Geral da União Setorial. 2) A partir do resultado da análise levada a efeito pelos técnicos do Ministério da Integração Nacional, o produto será levado ao conhecimento da CCAF, e esta entrará em entendimentos com os representantes para decidir sobre nova reunião com a participação dos técnicos do Estado e da Controladoria Geral da União, se for o caso. 3) O grupo previu outras vias para estudo e encaminhamento satisfatório da questão, mas decidiu, também, abordá-las objetivamente no caso de não se obter resultado favorável com o encaminhamento ora estabelecido. 4) Precedentemente à nova reunião, será avaliada a possibilidade de convidar representante da CGU." (BRASIL. Advocacia-Geral da União. Câmara de Conciliação e Arbitragem da Administração Federal – CCAF. **Processo NUP 00400.01377112011-15**. Procedência Governo do Estado do Ceará-CE. Abertura em: 19 ago. 2011. Termo de Conciliação n. 001/2015/CCAF/CGU/AGU-RBA).

de suporte do caso – onde geralmente se encontram respostas –, uma vez que a análise parte de uma construção colaborativa de partes que estavam em polos opostos e desenvolvendo seus papéis antagônicos. Com uma agenda única para analisar determinado documento, as partes têm maior sensibilidade quanto ao foco da controvérsia e conseguem analisar a documentação sob outro prisma que não aquele sob o qual já se condicionara a analisar, seja por hábito ou por função pública.

Dessa feita, a mediação auxilia servidores e agentes públicos a analisar a documentação base da controvérsia sob outra perspectiva que não aquela de premissas contenciosas e antagônicas. De outro lado, porém, há que se fazer uma dosagem adequada do uso da mediação para a resolução de conflitos cujo cerne é documental, diante do risco de "processualização" do instituto, conforme exposto na seção 2.1.2 do presente trabalho.

A controvérsia da Administração Pública que tem como cerne a necessidade de avaliação de informações contidas em documentos tem como resposta padrão da legislação – em toda a esfera federativa – o processo administrativo. No processo administrativo, há a troca de requerimentos e todas as alegações fundam-se na instrução probatória, consubstanciada a termo.

Portanto, há um risco de que a mediação na Administração Pública seja vista como adequada para conflitos que consistem em divergências de interpretação documental, pois seria uma alternativa ao processo administrativo que se revelaria mais célere e menos contenciosa; seria então operacionalizada uma substituição de métodos, e não uma adequação da controvérsia ao método.

É necessário ter-se em mente que, no que atine às controvérsias cujo cerne são os documentos, o esforço conciliatório contido na mediação reside em propiciar uma análise integrada da documentação e que as escolhas e conclusões dali extraídas sejam informadas.

3.2.3 Os interesses subjacentes e sua importância para encaminhamento do conflito

A busca pelo interesse subjacente das partes é uma das características mais marcantes da mediação (vide seção 2.3.3.).

O interesse subjacente no conflito representa uma necessidade específica que ilustra efetiva preocupação internalizada pela parte quanto àquele conflito. A partir da constatação do interesse da parte, é possível se identificar a condicionante, para a parte, de um acordo satisfatório.

O interesse é a forma genuína de preocupação da parte em relação àquele conflito. Importante frisar que necessidades e preocupações com o resultado do conflito não são características exclusivas de partes privadas ou pessoas físicas.

Porém, em conflitos na Administração Pública, os interesses subjacentes também emergem num processo mediativo. E abordar interesses subjacentes das partes pode auxiliar na remoção de bloqueios que as partes possuem para resolver o conflito, bloqueios estes que se relacionam às suas posições. Como pontuam Susskind e Cruikshank,[247] a resolução de conflitos que envolvem a Administração Pública é tanto mais efetiva quanto se exploram os interesses – pois a construção do consenso passa a ser mais eficaz para pôr a termo a disputa, ao contrário do que aconteceria por meio de um ato legislativo, uma determinação de autoridade administrativa ou um decisão judicial.

O processo mediativo desenvolvido no âmbito da CCAF traz exemplos de como (i) interesses são postos à mesa de negociação e (ii) dialogar sobre esses interesses auxilia não apenas num melhor entendimento sobre o conflito, mas também na busca pelo consenso.

O caso dos Recursos Hídricos do Ceará traz um episódio interessante. O conflito versa sobre convênios estabelecidos entre a União e o Estado do Ceará com a finalidade de repasse de recursos a serem alocados em obras para a melhoria de recursos hídricos no estado. A União, que detém e repassa os recursos, questionava o Estado do Ceará sobre desvios e irregularidades na aplicação dos repasses, a ponto de o estado ver-se às bordas da inscrição no Cadastro Informativo de créditos não quitados do setor público federal – Cadin.

Após a distribuição do caso, a mediadora designada recebeu representantes do Estado do Ceará, que solicitaram o início do processo mediativo na CCAF, em uma sessão separada (*caucus*), e fez o seguinte registro:

> Recebi na data de 25 de outubro de 2011, em contato preliminar solicitado pelo ente autor do pedido de conciliação, o Doutor José Leite Jucá Filho, acompanhado do Procurador dos interesses do Estado do

[247] SUSSKIND, L.; CRUIKSHANK, J. **Breaking the Impasse**. Op. cit., p. 80.

> Ceará em Brasília, para tratar do pedido de intermediação da Câmara no dissenso estabelecido frente ao Ministério da Integração Regional, a propósito de glosas ocorridas nas prestações de contas dos aludidos ajustes. **Foi sublinhada a importância do assunto para a Administração Estadual, em vista da possibilidade de inscrição restritiva, e sua consequente repercussão em diversos repasses, notadamente os que se relacionam com cronograma de obras para sediar os eventos da Copa do Mundo.** [...].[248]

Portanto, a preocupação do Estado do Ceará em relação à glosa dos valores dos convênios objeto da controvérsia e à sua possível inscrição no Cadin se estendia para além das fronteiras daqueles convênios: o interesse do Estado do Ceará era não se ver prejudicado na celebração de outros convênios para a implementação de infraestrutura estadual, especialmente às vésperas de sediar eventos da Copa do Mundo de 2014 realizada no Brasil.

Outro caso que ilustra o interesse subjacente dos entes da Administração Pública que emerge no conflito mediado refere-se ao caso da Biblioteca do Colégio Militar de Santa Maria, no qual a biblioteca do Colégio Militar de Santa Maria, estado do Rio Grande do Sul, foi objeto de fiscalização pelo Conselho Regional de Biblioteconomia e auto de infração fora lavrado por não haver no local profissional bibliotecário.

Em memorial que acompanhou o pedido de mediação da controvérsia no âmbito da CCAF, o Exército Brasileiro posicionou-se no sentido de que

> cabe alertar que ao se debater sobre a intervenção de entidades civis de representação e fiscalização profissional em relação aos colégios militares não se pode perder de vista que estes estabelecimentos de ensino são, antes de tudo, Organizações Militares e as Forças Armadas possuem organização e estrutura administrativa próprias, diversas, portanto, daquelas atribuídas aos órgãos públicos civis, razão por que a Constituição Federal lhes conferiu tratamento em capítulo distinto,

[248] Sem ênfase no original. (BRASIL. Advocacia-Geral da União. Câmara de Conciliação e Arbitragem da Administração Federal – CCAF. **Processo NUP 00400.01377112011-15**. Procedência Governo do Estado do Ceará-CE. Abertura em: 19 ago. 2011. Termo de Conciliação n. 001/2015/CCAF/CGU/AGU-RBA, fl. 6).

> atribuindo à lei complementar estabelecer, no que lhes toca, as normas gerais de organização, preparo e emprego.[249]

A preocupação externada pelo Exército Brasileiro, no que diz respeito à lavratura do auto de infração, não se referia propriamente à existência ou não de profissional bibliotecário nas dependências do Colégio Militar, objeto do auto, mas dizia respeito, na verdade, ao ato de fiscalização do Conselho Regional de Biblioteconomia.

Tanto é que ficou consignado no Termo de Conciliação do caso que

> O Conselho Federal de Biblioteconomia expedirá ofício circular no sentido de orientar os Conselhos Regionais a informarem ao Comando do Exército, com sede em Brasília, acerca de orientações e procedimentos, inclusive de fiscalização, relativos a bibliotecas e bibliotecários dos Colégios Militares.[250]

E houve o acompanhamento específico[251] desta parte do acordo, que representava o interesse subjacente do Exército Brasileiro na controvérsia.

As amostras dos casos mediados pela CCAF demonstram que os interesses subjacentes estão presentes nas controvérsias da Administração Pública

[249] BRASIL. Advocacia-Geral da União. Câmara de Conciliação e Arbitragem da Administração Federal – CCAF. **Processo NUP 00534.000005/2011-75**. Procedência União – Comando do Exército. Abertura em: 28 dez. 2010. Termo de Conciliação n. 01612012/CCAF/CGU/AGU-HLC, fl.12.

[250] BRASIL. Advocacia-Geral da União. Câmara de Conciliação e Arbitragem da Administração Federal – CCAF. **Processo NUP 00534.000005/2011-75**. Procedência União – Comando do Exército. Abertura em: 28 dez. 2010. Termo de Conciliação n. 01612012/CCAF/CGU/AGU-HLC, fl. 60.

[251] Acerca da execução do acordo, a Presidente do Conselho Federal de Biblioteconomia encaminhou e-mail à Mediadora do caso esclarecendo que "Conforme acordado em nossa reunião, os Conselhos Regionais de Biblioteconomia foram orientados pelo CFB, via Ofício Circular bem como pessoalmente, por ocasião da Assembleia do Sistema CFB/CRB, a manter contato previamente com o Comando Maior do Exército como forma de iniciar qualquer processo fiscalizatório junto às unidades militares em todo o Brasil." (BRASIL. Advocacia-Geral da União. Câmara de Conciliação e Arbitragem da Administração Federal – CCAF. **Processo NUP 00534.000005/2011-75**. Procedência União – Comando do Exército. Abertura em: 28 dez. 2010. Termo de Conciliação n. 01612012/CCAF/CGU/AGU-HLC, fl. 111).

e, mais, que explorar esses interesses no processo mediativo é uma maneira eficiente para que se desenhem acordos possíveis e satisfatórios às partes.

3.3 A participação na mediação da CCAF

Uma das diretrizes do sistema de gerenciamento de conflitos da CCAF é adotar a terminologia "interessado" para designar o partícipe do processo mediativo. Críticas a essa terminologia podem ser feitas, pois remete à figura de terceiro que intervém no procedimento ou que tem algum interesse sobre ela, de qual natureza for, não necessariamente interesse jurídico; o termo não transmite ainda a certeza quanto àquele que pode ser ou é diretamente afetado pela controvérsia.

Por esse motivo, para fins deste trabalho, dividimos a participação na mediação da CCAF entre os mediadores, as partes e os terceiros interessados.

3.3.1 A figura do mediador da CCAF: função pública e qualificação para o público

A opção normativa de terminologia para designar o terceiro neutro que atua no procedimento da CCAF é de "conciliador". Porém, a par do que se toma no presente trabalho – esclarecido no início do presente capítulo – como referencial para designar o método de resolução de disputas da CCAF como mediação, e não conciliação, aplica-se o mesmo raciocínio para se denominar "mediador" da CCAF, ao invés de "conciliador", a despeito da referência normativa ao termo.

Partindo-se do referencial de "mediador", tem-se que o corpo de mediadores da CCAF é constituído por egressos das carreiras da advocacia pública federal. A pesquisa realizada com os mediadores da CCAF para o presente trabalho revelou que a totalidade dos respondentes é membro da advocacia pública federal por mais de doze anos.

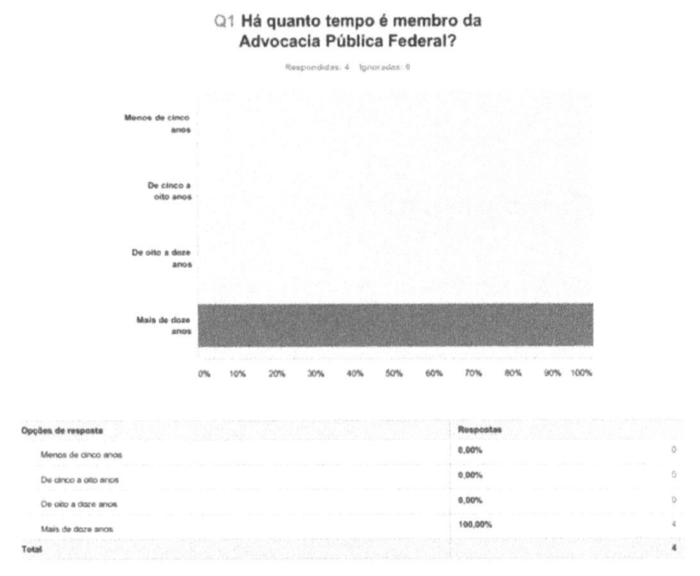

Opções de resposta	Respostas	
Menos de cinco anos	0,00%	0
De cinco a oito anos	0,00%	0
De oito a doze anos	0,00%	0
Mais de doze anos	100,00%	4
Total		4

Quadro 5 – Pergunta 1 do Questionário "O Conciliador da CCAF – Câmara de Conciliação e Arbitragem da Administração Federal"

A Portaria AGU n. 1.281/2007, em seu artigo 13, elenca os integrantes da Consultoria-Geral da União e da Advocacia-Geral da União como potenciais designados à função de mediador da CCAF. No entanto, é de se registrar que há advogados públicos integrantes das procuradorias federais, do Banco Central e da Fazenda Nacional que também podem ser designados mediadores. Aliás, os mediadores respondentes identificaram-se como membros da Advocacia-Geral da União, da Procuradoria Federal e da Procuradoria do Banco Central.

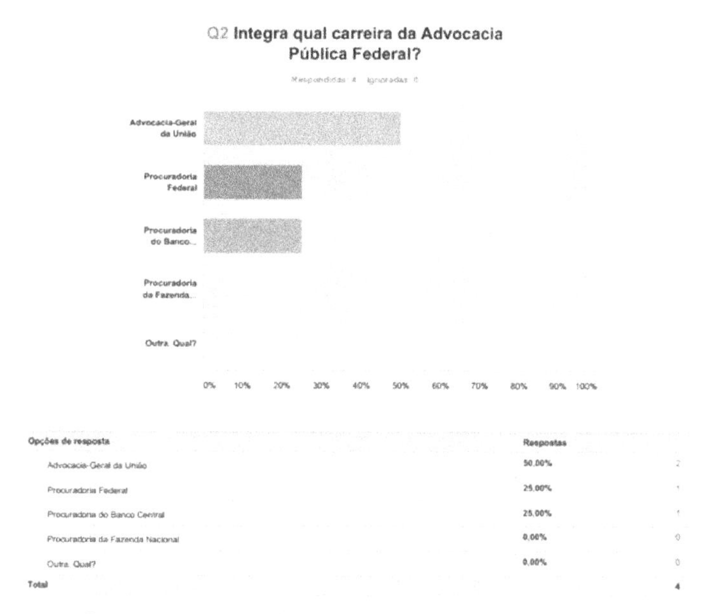

Opções de resposta	Respostas	
Advocacia-Geral da União	50,00%	2
Procuradoria Federal	25,00%	1
Procuradoria do Banco Central	25,00%	1
Procuradoria da Fazenda Nacional	0,00%	0
Outra. Qual?	0,00%	0
Total		4

Quadro 6 – Pergunta 2 do Questionário "O Conciliador da CCAF – Câmara de Conciliação e Arbitragem da Administração Federal"

O fato de apenas advogados públicos federais poderem integrar o quadro de mediadores da CCAF retoma a discussão trazida neste trabalho pela seção 2.2.2, no sentido de que o terceiro neutro são servidores da Administração Pública Federal, o que, se por um lado garante a especialização do mediador sobre o Direito substantivo e sobre o próprio funcionamento da máquina pública, por outro lado pode coibir a confiança das partes quanto à imparcialidade do mediador.

Nos casos mediados pela CCAF e selecionados para o presente estudo, não se constatou questionamentos quanto à imparcialidade do mediador. De modo diverso, o fato de o mediador ser advogado público imprimiu caráter de autoridade, o que contribuiu para uma postura mais colaborativa das partes; por exemplo no caso da Biblioteca do Colégio Militar de Santa Maria, a apresentação da mediadora como procuradora federal facilitou a comunicação com uma estrutura hierárquica estratificada, o Exército Brasileiro – a comunicação feita entre autoridades. No entanto, não se vê óbice a que se repense a exigência de que se ocupe cargo de advogado público federal para se atuar como mediador na CCAF, tendo em vista a tendência de ampliação do sistema gerenciado pela câmara às outras esferas da Administração Pública.

Passando pela exigência do cargo de advogado público federal, a forma de ingresso nos quadros da CCAF pode ser feita de modo voluntário ou por designação. A pesquisa realizada revelou que a maioria dos respondentes integra ou integrou o quadro de mediadores por força de designação.[252]

Designados ou integrantes por opção, a tendência é que os mediadores permaneçam junto à CCAF por ao menos um ano. A pesquisa revelou que existe a possibilidade de se permanecer no quadro por mais de cinco anos. Por outro lado, revelou também que a maioria dos respondentes permaneceu na CCAF pelo período de um ano.

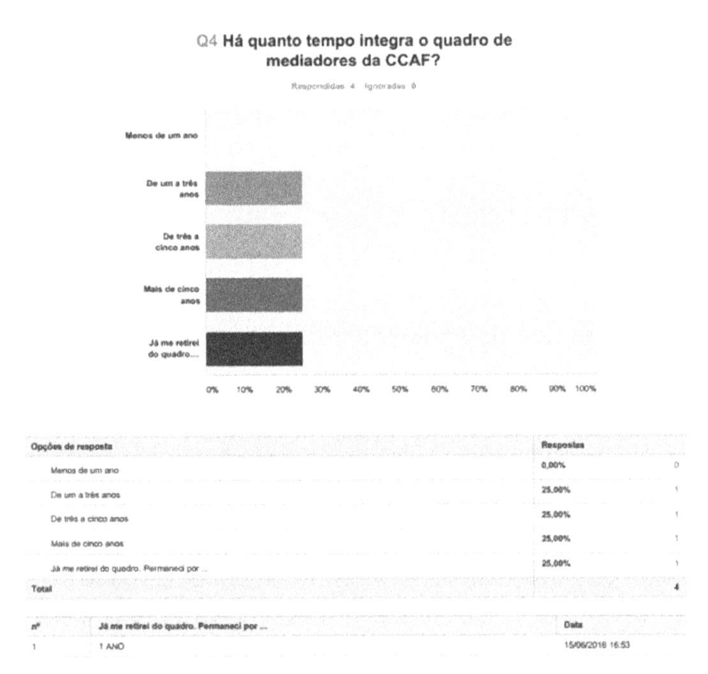

Opções de resposta	Respostas	
Menos de um ano	0,00%	0
De um a três anos	25,00%	1
De três a cinco anos	25,00%	1
Mais de cinco anos	25,00%	1
Já me retirei do quadro. Permaneci por ...	25,00%	1
Total		4

nº	Já me retirei do quadro. Permaneci por ...	Data
1	1 ANO	15/06/2018 16:53

Quadro 7 – Pergunta 4 do Questionário "O Conciliador da CCAF – Câmara de Conciliação e Arbitragem da Administração Federal"

[252] Ver Apêndice A (Questionário "O Conciliador da CCAF – Câmara de Conciliação e Arbitragem da Administração Federal"). Confiram-se os resultados da pergunta 3.

Esse é um dado importante, pois há uma correlação direta entre o período de permanência do advogado público federal na CCAF atuando como mediador e o amadurecimento do sistema de gerenciamento de conflito.

Desse universo respondente, nada obstante o período de permanência de um ano de metade dos respondentes, é curioso observar que a maioria dos respondentes atuou em um número relevante de casos (de 31 a 60 casos), de forma que foram expostos nesse período a um volume não desprezível de procedimentos mediativos.[253]

Em relação à capacitação específica dos mediadores para a mediação, a maioria dos mediadores respondentes da pesquisa afirmou nunca ter tido experiência prática com mediação e conciliação previamente à CCAF, sendo que a metade dos respondentes não possui formação teórica específica em mediação e conciliação.[254] Porém, a totalidade dos respondentes afirmou realizar cursos de atualização e reciclagem sobre mediação e conciliação:

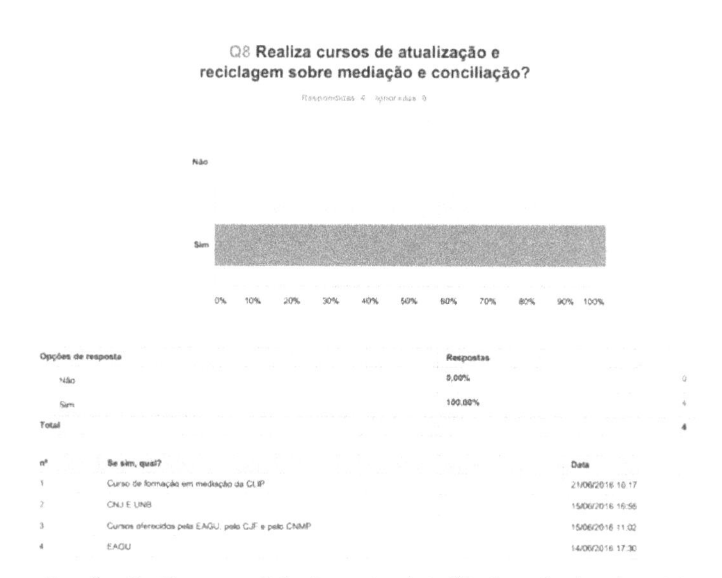

Opções de resposta	Respostas	
Não	0,00%	0
Sim	100,00%	4
Total		4

nº	Se sim, qual?	Data
1	Curso de formação em mediação da CLIP	21/06/2016 10:17
2	CNJ E UNB	15/06/2016 16:56
3	Cursos oferecidos pela EAGU, pelo CJF e pelo CNMP	15/06/2016 11:02
4	EAGU	14/06/2016 17:30

Quadro 8 – Pergunta 8 do Questionário "O Conciliador da CCAF – Câmara de Conciliação e Arbitragem da Administração Federal"

[253] Ver Apêndice A (Questionário "O Conciliador da CCAF – Câmara de Conciliação e Arbitragem da Administração Federal"). Confiram-se os resultados da pergunta 5.

[254] Ver Apêndice A (Questionário "O Conciliador da CCAF – Câmara de Conciliação e Arbitragem da Administração Federal"). Confiram-se os resultados das perguntas 7 e 6, respectivamente.

Importante notar que os cursos de reciclagem e atualização de que participaram os respondentes são, em sua maioria, ministrados institucionalmente.

Para além do conhecimento técnico-teórico da mediação, há ainda algumas qualidades inerentes ao mediador da CCAF, as quais vêm elencadas no Referencial de Gestão CCAF:

> PERFIL DO CONCILIADOR:
> O Conciliador – sempre que possível – deve ter como referencial em suas atuações os seguintes princípios para subsidiar as práticas de mediação e conciliação:
> 1. conhecimento sintético do universo da controvérsia para o entendimento de que na conciliação não existem partes, pois todos são interessados;
> 2. sensibilidade para intermediar a aproximação dos interessados sem pretender uma decisão imediata, pois o tempo investido no entendimento não é custo e sim um investimento consistente;
> 3. disponibilidade para ouvir o posicionamento dos interessados com atenção, sem manifestação de juízo de valor, não se omitindo, contudo, de buscar o encaminhamento das tratativas com razoabilidade;
> 4. acuidade para identificar a necessidade de renovar questões já postas na tentativa da conciliação;
> 5. isenção de preconceitos e posicionamentos pessoais por ocasião da conciliação;
> 6. imparcialidade como norte referencial no futuro entendimento;
> 7. enfrentamento das adversidades com empatia tentando sempre colocar-se no lugar do outro, sem, contudo, tomar partido;
> 8. gentileza é o combustível que alimenta a engrenagem da conciliação; a humildade é o retrato do líder; e o trato respeitoso com os interessados é a porta de entrada para caminhos confiáveis em busca da conciliação;
> 9. identificação com o trabalho desenvolvido pela CCAF e crença na conciliação como a melhor forma de solução dos conflitos.[255]

[255] BRASIL. Advocacia-Geral da União. Consultoria-Geral da União. Câmara de Conciliação e Arbitragem da Administração Federal – CCAF. **Referencial de Gestão CCAF**. Op. cit., p. 15-16.

O rol de atribuições do mediador da CCAF também é extenso, conforme também se depreende do Referencial de Gestão CCAF:

> Referencial de Atribuições:
> 1. elaboração de nota conclusiva de admissibilidade conforme cronograma estabelecido;
> 2. elaboração de notas que se fizerem necessárias no curso do procedimento conciliatório;
> 3. elaboração de cotas de saneamento, diligência, arquivamento ou outros encaminhamentos não consubstanciados em notas;
> 4. numeração das respectivas notas e cotas;
> 5. tramitação interna (utilizando o AGUDOC) dos processos com notas e cotas para a Assessoria de Gabinete despachar com o Diretor;
> 6. elaboração das minutas de expedientes (ofícios, memorandos) relacionados aos respectivos procedimentos conciliatórios (a numeração será feita pela Secretaria, quando da saída do documento);
> 7. agendamento de reuniões conciliatórias conforme cronograma estabelecido;
> 8. despacho pessoal com o Diretor antes da reunião de conciliação, para definição de estratégias e orientações, e encaminhamento eletrônico posterior à reunião do respectivo termo, acompanhado do relato das ocorrências ali não registradas, mas entendidas por pertinentes;
> 9. elaboração dos Termos de Reunião e Termos de Conciliação;
> 10. encaminhamento dos termos de reunião aos interessados conforme cronograma estabelecido, com cópia para a Assessoria Técnica e indicativo de registro na Pasta CCAF da REDEAGU e no PROCCAF/SISCON;
> 11. encaminhamento do Termo de Conciliação, mediante elaboração da Papeleta de Demanda, para aprovação do Diretor, do CGU e homologação do AGU;
> 12. supervisão dos textos das notícias de divulgação dos respectivos acordos homologados, elaboradas pela Assessoria de Gabinete, via – 0800 eletrônico ou Assessoria de Comunicação da AGU;
> 13. manifestação, por meio de nota ou cota, pelo arquivamento ou encaminhamento outro dos processos não conciliados, conforme

cronograma estabelecido, mediante comprovação por expediente ou mensagem eletrônica de prévia ciência aos interessados;
14. alimentação do MONITOR DE PROCESSOS DE CONCILIAÇÃO na coluna referente às observações, com as últimas informações acerca do andamento do processo; a alimentação também poderá ser efetuada com o auxílio da AP 1, por meio de envio de mensagem eletrônica, com cópia para a Coordenação de Gestão do Procedimento Conciliatório – CGP;
15. atualização mensal do movimento dos processos sob sua responsabilidade – a partir do MONITOR DE PROCESSOS DE CONCILIAÇÃO – por meio de envio de mensagem eletrônica à AP 1, com cópia para a Coordenação de Articulação Federativa e Ações Descentralizadas – CAFAD;[256]

Tem-se, portanto, que a atividade do mediador da CCAF consiste num plexo de atividades que perpassam o momento das sessões mediativas, mas faz com que o mediador atue como efetivo servidor designado para aquele órgão, colaborando para o seu funcionamento administrativo.

Há que se ponderar, contudo, que o plexo de atividades administrativas não pode sobrecarregar o mediador da CCAF de forma que não possa desempenhar adequadamente seu papel como efetivo terceiro neutro no conflito, ou seja, há de se habilitar a figura do mediador para uma atuação mais *intra*-procedimento do que *extra*procedimento.

3.3.2 Trazendo os *players* à mesa: uma questão de representação legítima

Uma das grandes preocupações que permeiam o processo mediativo na CCAF é trazer à mesa conciliatória aqueles que têm efetivos poderes para negociar os possíveis termos de um acordo.

A falta de legitimidade do agente é apontada pela totalidade dos mediadores respondentes da pesquisa como um dos motivos que fazem com que as partes não cheguem a um acordo:

[256] BRASIL. Advocacia-Geral da União. Consultoria-Geral da União. Câmara de Conciliação e Arbitragem da Administração Federal – CCAF. **Referencial de Gestão CCAF**. Op. cit., p. 16-17.

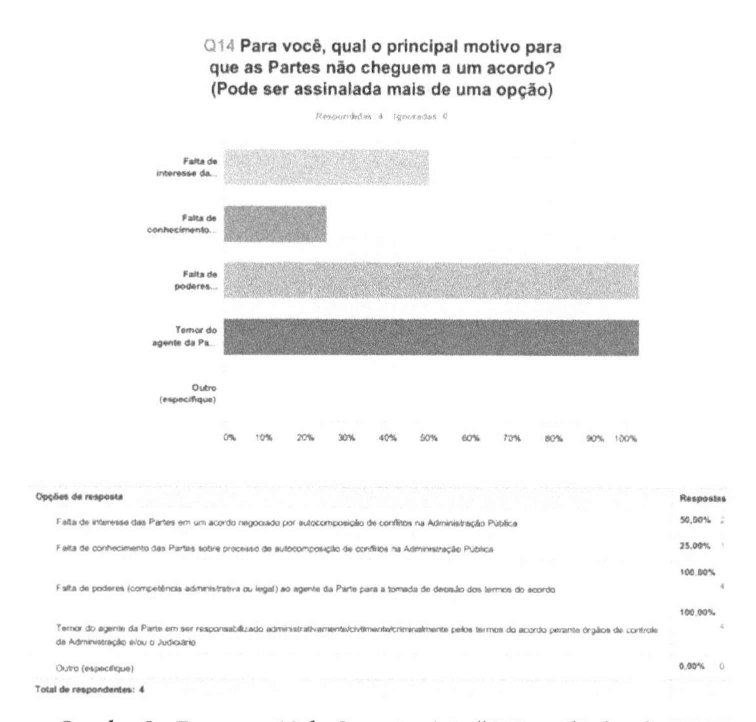

Opções de resposta	Respostas	
Falta de interesse das Partes em um acordo negociado por autocomposição de conflitos na Administração Pública	50,00%	2
Falta de conhecimento das Partes sobre processo de autocomposição de conflitos na Administração Pública	25,00%	1
Falta de poderes (competência administrativa ou legal) ao agente da Parte para a tomada de decisão dos termos do acordo	100,00%	4
Temor do agente da Parte em ser responsabilizado administrativamente/civilmente/criminalmente pelos termos do acordo perante órgãos de controle da Administração e/ou o Judiciário	100,00%	4
Outro (especifique)	0,00%	0

Total de respondentes: 4

Quadro 9 – Pergunta 14 do Questionário "O Conciliador da CCAF – Câmara de Conciliação e Arbitragem da Administração Federal"

É verdade que nem sempre é tarefa fácil encontrar o agente legitimado para negociar o acordo, exigindo-se do mediador o conhecimento sobre a estrutura interna da Administração Pública e de seu regime jurídico-administrativo para conseguir verificar quem é o agente legitimado.

Ainda dentro desse território, a questão da legitimação transplanta o campo jurídico e repousa também no campo teleológico, pois o agente presente na mesa conciliatória deve ser capaz de aproveitar de forma eficiente a oportunidade para o entendimento conjunto.

No caso da Biblioteca do Colégio Militar de Santa Maria, foi feito um registro de ponderação relevante pela mediadora no caso, acerca da atuação do Conselho Regional de Biblioteconomia. Recorde-se que o caso transitava em torno de uma autuação feita por esse Conselho ao Exército, por conta da ausência de bibliotecário habilitado na biblioteca daquele colégio militar. Na ocasião, o Conselho limitou-se a apresentar uma cartilha de boas práticas para conscientizar sobre o papel do profissional bibliotecário na sessão mediativa, o que valeu o registro da mediadora de que "Acreditamos, Gustavo e eu, que o Conselho ainda não percebeu o espaço e a visibilidade que ganhou participando dessas reuniões, deixando passar algumas oportunidades".[257]

Portanto, evidente que imperiosa a legitimidade jurídica do agente para negociação conciliada de um acordo, mas há ainda que se ponderar que o agente deve ser capaz de agir proativamente para a concertação dos interesses.

3.3.3 O interesse de terceiros: uma questão de representatividade dos *interessados*

Na linha do que se vem desenvolvendo no presente trabalho, reafirmamos que os conflitos da Administração Pública não raro perpassam suas dimensões jurídicas, evidenciando outros matizes econômicos e sociais.

Nesse sentido, em conflitos de dimensões alargadas, haverá elementos da sociedade civil e da iniciativa privada que são interessados no conflito, dada a sua repercussão na esfera do indivíduo ou do grupo interessado. Dessa forma, o sistema de gerenciamento de conflitos administrado pela CCAF deveria ser capaz de atender a essa demanda.

Contudo, a realidade revela-se tanto mais intrincada. Referindo-se à mediação realizada na CCAF que tinha por objeto o reconhecimento do Quilombo da Marambaia, no litoral sul do Estado do Rio de Janeiro em terreno designado à Marinha brasileira, Neurauter reporta-se às negociações, afirmando que

> A grande crítica é que as negociações envolveram apenas as representações internas dos órgãos, buscando criar um acordo entre eles, sem a participação de representantes da comunidade interessada. Se a intenção da Câmara é solucionar controvérsias através da composição de interesses, nada mais natural do que serem escutados os personagens que estão no núcleo do conflito e não só os órgãos estatais que os representam. Sem a presença deles nessa autocomposição, falta

[257] BRASIL. Advocacia-Geral da União. Câmara de Conciliação e Arbitragem da Administração Federal – CCAF. **Processo NUP 00534.000005/2011-75**. Procedência União – Comando do Exército. Abertura em: 28 dez. 2010. Termo de Conciliação n. 01612012/CCAF/CGU/AGU-HLC, fl. 98.

> legitimidade ao acordo e existe o risco de que o conflito continue existindo na realidade.[258]

Decerto que há um esforço normativo para regular a participação de grupos interessados no conflito, a exemplo da Portaria AGU n. 910, de 04 de julho de 2008, que "estabelece procedimentos para a concessão de audiências a particulares no âmbito da Advocacia-Geral da União e dos órgãos a ela vinculados"; da Portaria AGU n. 527, de 14 de abril de 2009, que "disciplina a realização de audiências e consultas públicas em processos administrativos que estejam sob apreciação dos órgãos da Advocacia-Geral da União – AGU e da Procuradoria-Geral Federal – PGF, cujo objeto verse sobre matéria de alta complexidade, com repercussão geral e de interesse público relevante"; bem como a Portaria/CGU n. 23, de 21 de dezembro de 2009, que resolve

> Determinar que os trabalhos da Câmara de Conciliação e Arbitragem da Administração Federal, quando o processo versar sobre controvérsia envolvendo comunidades indígenas e quilombolas, devem ser iniciados com audiência pública, na sede do município em que existe o conflito administrativo respectivo e que, para tanto, devem ser expedidas correspondências e editais, de forma a dar a máxima publicidade ao evento, que será coordenado pelo Conciliador a quem o processo for distribuído.

No entanto, dado o processo crescente fomentado pela Administração Pública consensual, a limitação da participação dos grupos interessados pela via da audiência pública parece ser insuficiente, dado o papel tão somente consultivo que oferece a esses grupos.

Enunciado n. 40 aprovado durante a I Jornada "Prevenção e Solução Extrajudicial de Litígios" do Conselho da Justiça Federal – CJF trata do assunto

[258] NEURAUTER, Maíra. O novo papel da Advocacia Geral da União na resolução de conflitos na Administração Pública: Câmara de Conciliação e Arbitragem da Administração Federal. In: FERREIRA, Gustavo; ARAÚJO, Marcelo Labanca Corrêa de; FELICIANO, Ivna Cavalcanti (Coord.). **Direito em dinâmica**: 25 anos da Constituição de 1988. [S.l.]: Instituto Frei Caneca, 2014.

da participação integral dos *stakeholders* na resolução do conflito pela via da mediação:

> Nas mediações de conflitos coletivos envolvendo políticas públicas, judicializados ou não, deverá ser permitida a participação de todos os potencialmente interessados, dentre eles: (i) entes públicos (Poder Executivo ou Legislativo) com competências relativas à matéria envolvida no conflito; (ii) entes privados e grupos sociais diretamente afetados; (iii) Ministério Público; (iv) Defensoria Pública, quando houver interesse de vulneráveis; e (v) entidades do terceiro setor representativas que atuem na matéria afeta ao conflito.

É necessário efetivamente integrar os grupos interessados na construção do acordo e, para isso, é necessário o envolvimento de representantes desses grupos *nas sessões mediativas*. Em conflitos multidimensionais, a pacificação reside na participação.

3.4 O acordo no âmbito da CCAF

O acordo no âmbito da CCAF não necessariamente significa um resultado que põe fim à controvérsia, pelo contrário, pode representar um conjunto de ações que auxiliem as partes a melhor se comunicarem e trabalharem para seus objetivos em comum.

Tome-se por exemplo o caso dos Servidores Municipais de Macapá, no qual se buscava nova resposta no âmbito da Constituição Federal para a transposição de servidores públicos que regularmente pertenciam ao quadro funcional do Município de Macapá, na época em que Amapá era Território, para os quadros da União federal quando Amapá tornou-se Estado federado.

O objeto do Termo de Conciliação naquele caso fora "encetar esforços para acelerar a votação da proposta de Emenda Constitucional n. 231-A, de 2007, do Deputado Federal Sebastião Bala Rocha"; além disso, os representantes do Município acordaram em "apresentar sugestões para aperfeiçoar a proposta em trâmite, inclusive com acolhimento de algumas sugestões oferecidas por este conciliador e pelos representantes da CONJUR/MPOG".[259] No caso, após homologado o Termo de Conciliação pelo Advogado-Geral da União e decorrido um ano, houve o arquivamento dos registros da mediação, pois, durante o período, não houve pedido do Município de Macapá para cooperação com o aperfeiçoamento da proposta de Emenda Constitucional n. 231-A, de 2007, conforme previsto no Termo de Conciliação.

Outra modalidade de acordo no âmbito da CCAF parece estar longe de se adequar ao propósito autocompositivo da mediação, que se trata do acordo por arbitramento, decisão imposta pela Consultoria-Geral da União em determinados casos.

Nada obstante, para fins deste trabalho, são esses os contornos que o "acordo" possui, quando tratamos de resultado positivo no âmbito da CCAF.

3.4.1 A instrumentalização do acordo na CCAF

O acordo, no âmbito da CCAF, significa chegar a um consenso pela via administrativa sobre ações de cada uma das partes, que devem ser adotadas em vista do conflito em espécie.

A instrumentalização do acordo no âmbito da CCAF é feita por meio de (i) termo de conciliação; (ii) termo de ajustamento de conduta ou (iii) termo de reunião.

Forma mais recorrente de registrar o acordo é o Termo de Conciliação, instrumento firmado dentre os representantes designados pelas partes. Dado que é necessário ter o agente legitimidade para firmar o acordo, o mediador tem como missão verificar a qualificação dos representantes de cada parte, a fim de se evitar questionamentos futuros.

Porém, necessário esclarecer que a celebração por representantes das partes não supre necessidade de autorização por superior hierárquico, em determinados casos. Nesse tocante, cabe um breve esclarecimento de que a Lei de Mediação revogou a previsão contida no artigo 1º da Lei n. 9.469,

[259] BRASIL. Advocacia-Geral da União. Câmara de Conciliação e Arbitragem da Administração Federal – CCAF. **Processo NUP 00400.002227/2009-23**. Procedência Prefeitura Municipal de Macapá. Abertura em: 26 fev. 2009. Termo de Conciliação n. CCAF-CGU-AGU-005/2010-GHR, fl. 132 (caso dos servidores municipais de Macapá).

de 10 de julho de 1997, e seu parágrafo primeiro, de que em controvérsias cujo valor superava R$ 500.000,00 (quinhentos mil reais), era necessária

> a autorização do Advogado-Geral da União e do Ministro de Estado ou do titular da Secretaria da Presidência da República a cuja área de competência estiver afeto o assunto, ou ainda do Presidente da Câmara dos Deputados, do Senado Federal, do Tribunal de Contas da União, de Tribunal ou Conselho, ou do Procurador-Geral da República, no caso de interesse dos órgãos dos Poderes Legislativo e Judiciário, ou do Ministério Público da União, excluídas as empresas públicas federais não dependentes, que necessitarão apenas de prévia e expressa autorização de seu dirigente máximo.

A partir do artigo 44 da Lei de Mediação, faz-se necessário apenas a autorização do Advogado-Geral da União e dos dirigentes máximos das empresas públicas federais, em conjunto com o dirigente estatutário da área afeta ao assunto, para a realização do acordo.[260]

O Termo de Ajustamento de Conduta segue o mesmo regramento do Termo de Conciliação, porém necessária a observância dos requisitos impostos pela Lei federal n. 9.469/1997, em seu artigo 4º-A, acrescentado pela Lei federal n. 12.249, de 11 de junho de 2010. No Termo de Ajustamento de Conduta, há maior ponderação do Advogado-Geral da União, que, além de previamente autorizar a assinatura quando se trata da Administração Pública federal (art. 36, inc. XIV, do Decreto federal n. 7.392/2010), pode ainda requisitar aos órgãos e entidades públicas federais manifestação sobre a viabilidade técnica, operacional e financeira das obrigações contidas no Termo de Ajustamento de Conduta.

O Termo de Reunião é instrumento utilizado para consignar resultados positivos da mediação quando de seu encerramento, para que sejam comunicados aos interessados. É hipótese em que se comunica do resultado positivo, porém não se tem o Termo de Conciliação.

[260] Ainda sobre o tema, o Enunciado CJF n. 32, aprovado na I Jornada "Prevenção e Solução Extrajudicial de Litígios": "A ausência da regulamentação prevista no art. 1º da Lei n. 9.469/1997 não obsta a autocomposição por parte de integrante da Advocacia-Geral da União e dirigentes máximos das empresas públicas federais nem, por si só, torna-a inadmissível para efeito do inc. II do § 4º do art. 334 do CPC/2015."

3.4.2 A avaliação e homologação do acordo por superiores hierárquicos

O acordo registrado no Termo de Conciliação não tem eficácia por si para encerrar a controvérsia, pois, segundo as normas que regem o acordo, mormente a Portaria AGU n. 1.281/2007, "havendo a conciliação, será lavrado o respectivo termo, que será submetido à homologação do Advogado-Geral da União" (art. 10). Aliás, pelo Decreto federal n. 7.392/2010, cabe ao Advogado-Geral da União "homologar, termo de conciliação realizada no âmbito da Advocacia-Geral da União" (art. 36, inc. XII).

Em conflitos que envolvem a Administração federal com outros níveis federativos, e a se considerar a relevância do conflito que está sendo dirimido, faz-se necessária a autorização do Procurador-Geral do Estado ou do Procurador-Geral do Município, dos Governadores ou dos Prefeitos, ou de quem lhes faça as vezes.

A homologação do acordo pelo Advogado-Geral da União tem um significado de uniformização do entendimento jurídico sobre a controvérsia no âmbito da Administração Pública, justamente pelo fato de que é responsabilidade da Advocacia-Geral da União construir e padronizar o posicionamento jurídico do Poder Executivo federal sobre determinada matéria.[261]

Tendo a uniformização do entendimento jurídico como propósito, a Portaria AGU n. 1.281/2007, que rege o procedimento da CCAF, autoriza, em seu artigo 11, à Consultoria-Geral da União elaborar o parecer para dirimir a controvérsia, submetendo-o então ao Advogado-Geral da União.

Porém, é possível se constatar outro propósito na verificação feita pela Consultoria-Geral da União, que é a análise de requisitos formais e de legalidade que dão base para o Termo de Conciliação.

No caso do Canecão, conflito judicializado em que se questionava o destino dado a imóvel doado pela União federal à Universidade Federal do Rio de Janeiro (UFRJ) no ano de 1967, que havia sido alugado a empresa privada e transformado na casa de espetáculos Canecão, na cidade do Rio de Janeiro, o

[261] O *caput* e o parágrafo 1º do artigo 40 da Lei Complementar n. 73/1993 estabelecem que os pareceres do Advogado-Geral da União são por este submetidos à aprovação do Presidente da República, sendo que o parecer aprovado e publicado juntamente com o despacho presidencial vincula a Administração Federal, cujos órgãos e entidades ficam obrigados a lhe dar fiel cumprimento.

primeiro acordo consubstanciado em Termo de Conciliação não foi aprovado foi pela Consultoria-Geral da União. Em seu parecer, a Consultoria-Geral da União entendeu que a situação do particular – a empresa de espetáculos – não fora considerada, bem como seria necessária aprovação ministerial à luz do entendimento de que se tratava de imóvel da União. Também considerou que, como o conflito fora judicializado e já havia sentença de primeiro grau que fixou honorários advocatícios, a questão deixara de ser abordada no Termo de Conciliação.

O conflito foi então devolvido à CCAF e em novo Termo de Conciliação ficou consignado que

> As partes se conciliaram no sentido de que a União renunciará a qualquer direito sobre o imóvel, mantendo-se hígida a doação efetuada por meio do Decreto-lei 233/67 e devidamente formalizada perante o Registro de Imóveis. Também decidiram pela compensação recíproca de honorários advocatícios. Ficou avençado que peticionarão conjuntamente junto ao Tribunal Regional Federal da 2ª Região informando a celebração da transação. A UFRJ providenciou uma avaliação atualizada do valor do imóvel, tendo sido identificado o valor de R$ 36.689.000,00 (fl. 51), o que implica em que, nos termos do artigo 1º, § 1º, da Lei 9.469/1997, com a redação que lhe foi dada pela Lei n. 11.941/2009, o acordo, além de ser homologado pelo Advogado-Geral da União, deverá também ser homologado pela Ministra titular do Ministério do Planejamento, ao qual se vincula a Secretaria do Patrimônio da União.[262]

Outra hipótese de intervenção da Consultoria-Geral da União é aquela em que se realiza o arbitramento quando não há acordo ao final do procedimento mediativo. Nesse caso a controvérsia envolve apenas entes da Administração Pública Federal e a matéria controvertida tem natureza exclusivamente jurídica. Assim, com a prévia anuência das partes, a CCAF pode realizar a sugestão

[262] BRASIL. Advocacia-Geral da União. Câmara de Conciliação e Arbitragem da Administração Federal – CCAF. **Processo NUP 00408.009006/2010-40**. Procedência PRF 2ª Região CMP. Abertura em: 29 jun. 2010. Termo de Conciliação n. 7/2011, fl. 57.

de encaminhamento do conflito e submete-a para análise do Consultor-Geral da União, que então emite parecer e, por sua vez, encaminha-o ao Advogado--Geral da União para homologação.

Esta técnica é replicada pelo parágrafo primeiro do artigo 36 da Lei de Mediação, segundo o qual, na mediação da Administração Pública, "se não houver acordo quanto à controvérsia jurídica, caberá ao Advogado-Geral da União dirimi-la, com fundamento na legislação afeta".

A intervenção do órgão hierarquicamente superior à CCAF para a propositura de uma resolução do conflito, na hipótese de não se chegar a um acordo, confere matiz heterocompositivo à mediação do conflito administrativo. Decerto que é uma técnica que acompanha o racional que justifica um dos papéis institucionais da AGU – estabelecer a orientação jurídica para a Administração Pública federal –, porém não contribui para a preservação da mediação como método autocompositivo de resolução de controvérsias, uma vez que impõe às partes uma solução de cuja construção não participaram, apesar de terem concordado com essa imposição.

Aliás, essa intervenção para imposição de uma resolução parece ser a gênese de um instituto estabelecido pela Lei de Mediação em seu artigo 35: a transação por adesão. Em breves linhas, trata-se de um método de resolução do conflito por resolução administrativa baseada em autorização do Advogado-Geral da União assentada em jurisprudência de tribunais superiores ou parecer da AGU aprovado pela Presidência da República, que se replica a casos idênticos e faz com que o interessado renuncie ao direito sobre o qual se funda o processo judicial ou administrativo que cuida do conflito matéria da resolução. Evidente que a transação por adesão, apesar de figurar na Lei de Mediação, ali não parece encontrar seu lugar, uma vez que não se adequa à técnica mediativa, sequer aquela que se propõe aos conflitos da Administração Pública.

3.4.3 O papel da CCAF na implementação do acordo

O trabalho do mediador da CCAF não se conclui no momento em que as partes celebram entre si os instrumentos de Termo de Conciliação ou Termo de Ajuste de Conduta.

Por estar inserida no âmbito da Administração Pública federal e possuir interlocução com as demais esferas da Federação, a CCAF concentra a tarefa de acompanhar, em determinados casos, a implementação do acordo. Assim como a homologação do acordo pelo Advogado-Geral da União, a continuidade do trabalho da CCAF após o acordo também é uma faceta da legitimidade da CCAF como órgão de assessoria jurídica ao Poder Executivo federal, no que toca à uniformização do entendimento jurídico.

Esta é uma característica peculiar à CCAF, uma vez que, comumente, o papel do mediador encerra-se quando se encerra a mediação – com ou sem acordo –, a partir de uma determinação das partes.

No caso de conflitos da Administração Pública, porém, o acompanhamento posterior ao acordo, feito pela instituição que gerencia a mediação, por meio de um mediador designado ou mesmo por algum servidor destacado para essa função, é uma característica desejável, dado que é um indicador de eficiência da mediação na Administração Pública.

No âmbito da CCAF, o acompanhamento da implementação do Termo de Conciliação ou do Termo de Ajustamento de Conduta pode importar em atividades previstas nesses instrumentos, designadas à CCAF quando da confecção do acordo, ou mesmo na notificação de outros órgãos da AGU do descumprimento do acordo, para que estes tomem providências que entenderem cabíveis.

No caso dos Estacionamentos do SAF/SUL-DF, em que se discutia a regularização de vários estacionamentos que serviam à Procuradoria-Geral da República – PGR e ao Tribunal de Contas da União – TCU, além das cortes do Supremo Tribunal Federal – STF, Superior Tribunal de Justiça – STJ, Tribunal Superior Eleitoral – TSE e Tribunal Superior do Trabalho – TST, pois se encontravam em área de bosque e preservação florestal, a CCAF teve seu papel delineado no Termo de Conciliação para acompanhamento da implementação do acordo.

Uma vez que o Termo de Conciliação nesse caso envolvia a participação de vários outros órgãos além daqueles a quem os estacionamentos serviam, tais como Instituto do Patrimônio Histórico e Artístico Nacional – IPHAN, Departamento Estadual de Trânsito – DETRAN, Companhia Urbanizadora da Nova Capital – NOVACAP, Secretaria de Habitação, Regularização e Desenvolvimento Urbano – SEDHAB e outros órgãos do Distrito Federal, a CCAF assumiu o papel de dar ciência a esses órgãos quanto ao plano de adequação das áreas de estacionamento e preservação/reflorestamento da área de bosque. Considerando que a execução do plano ficaria a cargo da NOVACAP, por meio de convênio, o qual fora firmado, na ocasião, apenas pelo STJ, era necessária a articulação com os demais órgãos que utilizavam o estacionamento, caso quisessem firmar o mesmo plano. Por fim, era necessário dar conhecimento do Termo de Conciliação à Procuradoria da República no Distrito Federal, uma vez que as irregularidades nos locais de estacionamento eram investigadas em inquérito civil por aquele órgão.

Como de costume, a CCAF também participou do Termo de Conciliação para encaminhá-lo para homologação pelo Advogado-Geral da União. O mesmo Termo de Conciliação também oferece um dado importante de que "o procedimento conciliatório possui natureza voluntária, logo os compromissos e prazos [ali] consignados [...] – e os eventuais descumprimentos – são de responsabilidade originária de cada ente ou órgão signatário".

Nessa medida, o acompanhamento da implementação do acordo na mediação da Administração Pública é ainda uma ferramenta de *compliance*. Se o objeto do acordo não for de conteúdo programático, ou seja, se estabelecer obrigações de caráter contraprestativo, a verificação do descumprimento do acordo por parte do sistema de gerenciamento da mediação pode fornecer base para instruir a responsabilização do agente público pelo descumprimento do acordo.

Aliás, importante notar que o Conselho da Justiça Federal – CJF já postulou que "o acordo realizado perante a Câmara de Conciliação e Arbitragem da Administração Pública Federal – CCAF – órgão integrante da Advocacia-Geral da União – constitui título executivo extrajudicial e, caso homologado judicialmente, título executivo judicial";[263] portanto, o conteúdo do Termo de Conciliação pode ser objeto de execução extra e judicial.

3.5 Questões fundamentais para o futuro do sistema de gerenciamento de conflitos da CCAF

Considerado o início da produção normativa no âmbito da Advocacia-Geral da União, que deitou as bases da Câmara de Conciliação e Arbitragem da Administração Federal – CCAF, este sistema de gerenciamento de conflitos na Administração Pública caminha para seu decênio.

[263] Enunciado n. 19 aprovado durante a I Jornada "Prevenção e Solução Extrajudicial de Litígios" do CJF, ocorrida em 22 e 23 de agosto de 2016.

A normatização do desenho institucional e procedimental da CCAF consolidou-a como um parâmetro de atuação e aplicação da mediação na Administração Pública.

Não à toa, ao abordar a mediação de conflitos que envolvem a Administração Pública, o legislador, pela Lei federal n. 13.140, promulgada em 26 de junho de 2015 ("Lei de Mediação"), claramente adota o desenho da CCAF como paradigma[264] de sistema de resolução de conflitos da Administração Pública pela via mediativa.

Porém, esta mesma lei invoca a abertura do rol de disputas que envolvem a Administração Pública para a mediação, haja vista a previsão de que as câmaras de resolução administrativa de conflitos por meio da mediação possam avaliar a admissibilidade da mediação de conflitos entre a Administração Pública e particulares (art. 32, inc. II, da Lei de Mediação). Há pela frente um desafio de se dar espaço à mesa de negociações consensuais para a iniciativa privada e a sociedade civil.

Assim, não basta viver de passado. A tendência do consensualismo como veículo de uma Administração Pública mais democrática impõe que a CCAF avalie seu desenho procedimental e institucional para superar suas atuais barreiras e encarar o desenvolvimento crescente da mediação como método de composição de conflitos no âmbito da Administração Pública.

3.5.1 A promoção do acordo como caráter de eficiência e validade

Fazer acordo não é medida de sucesso de um sistema de gerenciamento de conflitos; aliás, sequer este é o objetivo da mediação. Na mediação, o foco volta-se à construção ou retomada da capacidade de diálogo das partes, mormente sobre o conflito.[265]

[264] A adoção da CCAF como *standard* de resolução de conflitos na Administração Pública por meio da mediação também se consagra pelo Enunciado CJF n. 18 da I Jornada "Prevenção e Solução Extrajudicial de Litígios" de 22 e 23 de agosto de 2016: "Os conflitos entre a administração pública federal direta e indireta e/ou entes da federação poderão ser solucionados pela Câmara de Conciliação e Arbitragem da Administração Pública Federal – CCAF – órgão integrante da Advocacia-Geral da União, via provocação do interessado ou comunicação do Poder Judiciário."

[265] Na mesma linha, o Enunciado CJF n. 22 da I Jornada "Prevenção e Solução Extrajudicial de Litígios", de 22 e 23 de Agosto de 2016: "A expressão 'sucesso ou insucesso' do art.167, § 3º, do Código de Processo Civil não deve ser interpretada como quantidade de acordos

Porém, considerando que, no âmbito da CCAF, chegar a acordo representa tomar conjuntamente medidas conciliatórias para encaminhar o conflito – as partes aprendem a dialogar de forma eficiente –, o fato de que a maioria dos casos submetidos à CCAF não chega a qualquer entendimento entre as partes retira parte da eficácia do sistema e questiona a sua legitimação para sua finalidade institucional: a promoção do consensualismo nos conflitos da Administração Pública.[266] Esta situação impõe o aperfeiçoamento dos mecanismos para estabelecimento de uma comunicação eficaz entre as partes, para melhorar o relacionamento entre elas. Conflitos na Administração Pública em que a comunicação é inexistente ou permeada pela raiva[267] são casos extremos e geralmente envolvem direitos sociais ou políticas públicas.

Em geral, os participantes do conflito na Administração Pública estão relativamente em bons termos e apenas necessitam de auxílio especializado de um sistema de gerenciamento de conflitos mais dinâmico e efetivo.[268]

Retomando o resultado da pesquisa realizada com os mediadores, sobre os principais motivos pelos quais as partes não chegam a um acordo, sagrou-se a unanimidade de que os maiores entraves são (i) a falta de poderes (competência administrativa ou legal) do agente para decidir sobre os termos do acordo e (ii) o temor do agente em ser responsabilizado criminal, civil ou administrativamente sobre os termos desse acordo.

realizados, mas a partir de uma avaliação qualitativa da satisfação das partes com o resultado e com o procedimento, fomentando a escolha da câmara, do conciliador ou do mediador com base nas suas qualificações e não nos resultados meramente quantitativos."

[266] Confira-se também o Enunciado CJF n. 31: "É recomendável a existência de uma advocacia pública colaborativa entre os entes da federação e seus respectivos órgãos públicos, nos casos em que haja interesses públicos conflitantes/divergentes. Nessas hipóteses, União, Estados, Distrito Federal e Municípios poderão celebrar pacto de não propositura de demanda judicial e de solicitação de suspensão das que estiverem propostas com estes, integrando o polo passivo da demanda, para que sejam submetidos à oportunidade de diálogo produtivo e consenso sem interferência jurisdicional."

[267] Segundo Susskind e Field, a raiva emerge em três circunstâncias básicas: "quando as pessoas foram machucadas, quando elas se sentem ameaçada por riscos a que não deram causa ou quando elas acreditam que suas crenças fundamentais estão sendo desafiadas." Tradução nossa. SUSSKIND, L.; FIELD, P. **Dealing With an Angry Public**: The Mutual Gains Approach to Resolving Disputes. New York: The Free Press, 1996, p. 16.

[268] ROGERS, Nancy H. et al. (Eds.). Op. cit., p. 225.

Dessa forma, o desafio do desenho institucional e procedimental da CCAF é enfrentar esses dois entraves para a construção de um contato mais efetivo entre as partes, tendo-se em mente que são ambos derivados de falta de confiança.

A falta de plenipotenciário no processo mediativo da CCAF não pode ser lida como um mero desinteresse daquele membro da Administração Pública parte do conflito. É um problema de falta de confiança, na medida em que esta parte é cética quanto à possibilidade de que seu conflito possa ser solucionado pela via da mediação, um procedimento tão informal se comparado ao Judiciário ou a um processo administrativo... Essa informalidade só poderia significar falta de seriedade, certo? Pois onde está o rito, a burocracia? O que dá a certeza de que a mediação é séria o suficiente para que eu invista o tempo de meu alto escalão nesse procedimento?

De igual maneira caminha o temor do agente em ser responsabilizado por seus atos na mediação, só que dessa vez o ceticismo repousa nos órgãos de controle e fiscalização. Ceticismo de que a autocomposição de conflitos atenda ao interesse público, e não ao interesse individual de cada parte. Parte-se da crença de que a fluidez de entendimentos trocada no âmbito de um procedimento dinâmico não pode originar nada além de desvios de finalidade e enriquecimento ilícito.

Algumas conclusões em comum se extraem desses entraves: a falta de confiança da parte, gerada por espécie de ceticismo, nada mais é do que reflexo de uma falta de conhecimento informado do cético, que carece de uma formação específica sobre o consensualismo como motor da boa Administração.

O desafio da CCAF será, portanto, revisar e adequar seu desenho institucional e processual para lidar com essa falta de confiança sobre a qual residem os maiores entraves para a chegada a um acordo nos conflitos submetidos à sua mediação.

3.5.2 Publicidade ao sistema de gerenciamento de conflitos da CCAF

Pela carga principiológica que carrega, a publicidade é um meio de legitimação de toda atividade administrativa. Com o gerenciamento de conflitos não seria diferente.

Como afirmamos anteriormente (seção 2.1.3), ainda mais quando se trata de conflitos na Administração Pública, em que há uma natural desconfiança do emprego de métodos e implementação de acordos consensuais, dar publicidade ao sistema organizado é fundamental.

A abordagem institucional da CCAF quanto à publicidade pode ser tida como paradoxal. Ao passo que possui como diretriz a disseminação da cultura da mediação, coloca empecilhos para se obter informações sobre seu processo mediativo.

A obtenção de informação referente aos casos para o presente estudo foi feita por meio de requerimentos fundamentados na Lei de Acesso à Informação (Lei federal n. 12.527, de 18 de novembro de 2011) pelo Portal da Transparência, dirigidos à Advocacia-Geral da União, bem como à Ouvidoria da Advocacia-Geral da União, uma vez que os membros da CCAF não estão autorizados a disponibilizar informalmente os documentos relativos a conflitos já dirimidos no âmbito da CCAF.

Parece até um contrassenso o fato de que haja uma preocupação institucional quanto à documentação e ao registro do processo mediativo no âmbito da CCAF (como exposto na seção 3.2.1), porém a disponibilização dessa informação registrada seja feita de forma restritiva.

A publicidade dada pela CCAF ao seu sistema de gerenciamento de conflitos vai no sentido de propaganda, de expor a existência do sistema por meio de material de divulgação (cartilhas e referenciais de gestão).

Porém, como abordado anteriormente na seção 2.1.3, por uma questão de *accountability*, a publicidade demanda mais do que isso da CCAF. Como se concluiu no caso da Biblioteca do Colégio Militar de Santa Maria, a disseminação de informações não é feita somente por meio da distribuição de encartes educativos. É necessário maior empenho.

No que toca ao gerenciamento de conflitos feito pela CCAF, é necessário se assegurar facilidade de acesso às informações tanto daqueles que passaram/passam pelo sistema de gerenciamento quanto àqueles que assim pretendem, ou demais interessados. Não à toa, a Lei de Mediação de Portugal (Lei n. 29/2013), em seu artigo 37, dispõe sobre a obrigação das câmaras que administram a mediação em manter um portal na Internet "que dê a conhecer os sistemas públicos de mediação sob sua gestão" e em assegurar aos usuários a prestação de todas as "informações necessárias à utilização dos serviços através de formas legalmente previstas – presencialmente, por telefone, correio electrónico e através do portal de internet".[269]

Pela perspectiva de se expandir o rol de conflitos da Administração Pública mediados, no que toca à presença de particulares, garantir a publicidade que seja consentânea à boa Administração passa a ser uma das principais questões a serem enfrentadas pela CCAF no futuro próximo.

3.5.3 A avaliação como medida de qualidade: o sistema, o conflito, o mediador e as partes como sujeitos de métricas qualitativas

O planejamento da CCAF, no que toca à normatização do processo mediativo, tem por objetivo o controle de registro e movimentação dos casos mediados. Fica evidente que este tipo de planejamento visa o atingimento de índices de eficiência que buscam validar o sistema de gerenciamento de conflitos tal como manejado pela CCAF.

No entanto, a eficiência sozinha não legitima a existência da CCAF: gerenciar conflitos administrativamente, por uma equipe estruturada e de modo organizado, em período menor do que o trâmite judicial ou mesmo por processos administrativos e que importa em menos gastos, simplesmente não é o bastante.

A entrega de um sistema de gerenciamento de conflitos há de ser feita com *qualidade*, isto é, o processamento do conflito deve ser eficiente para que as partes possam expor seus interesses e construir a resolução do conflito, ou ao menos aprender a lidar com ele de forma produtiva.

A qualidade da atividade administrativa é uma exigência do interesse público consentânea à boa Administração. Koppenjian[270] ressalta que a entrega de um bom serviço público não é composta apenas por padrões de eficiência, sendo que a qualidade é igualmente importante. Ele salienta que o foco excessivo em parametrizações e eficiência resulta em negligenciar interesses que comportam nuances mais suaves e menos perceptíveis do que tempo e dinheiro. No entanto, reconhece o autor que a qualidade é difícil de ser mensurada.

[269] LOPES, D.; PATRÃO, A. Op. cit., passim.

[270] KOPPENJIAN, Joop. **The New Public Governance in Public Service Delivery**. The Hague: Eleven, 2012, p. 14-15.

Nesse ponto, recordamos a ideia exposta anteriormente (vide seção 2.1.1) de que o sucesso do sistema de gerenciamento de conflito, sob o prisma da nova governança da Administração Pública, depende de que se faça uma avaliação constante sobre o sistema.

Na pesquisa realizada com os mediadores, emergiu um importante dado no sentido de que não há uma prática institucional em se realizar uma avaliação por escrito do caso após seu término, independente se dele resultou acordo:

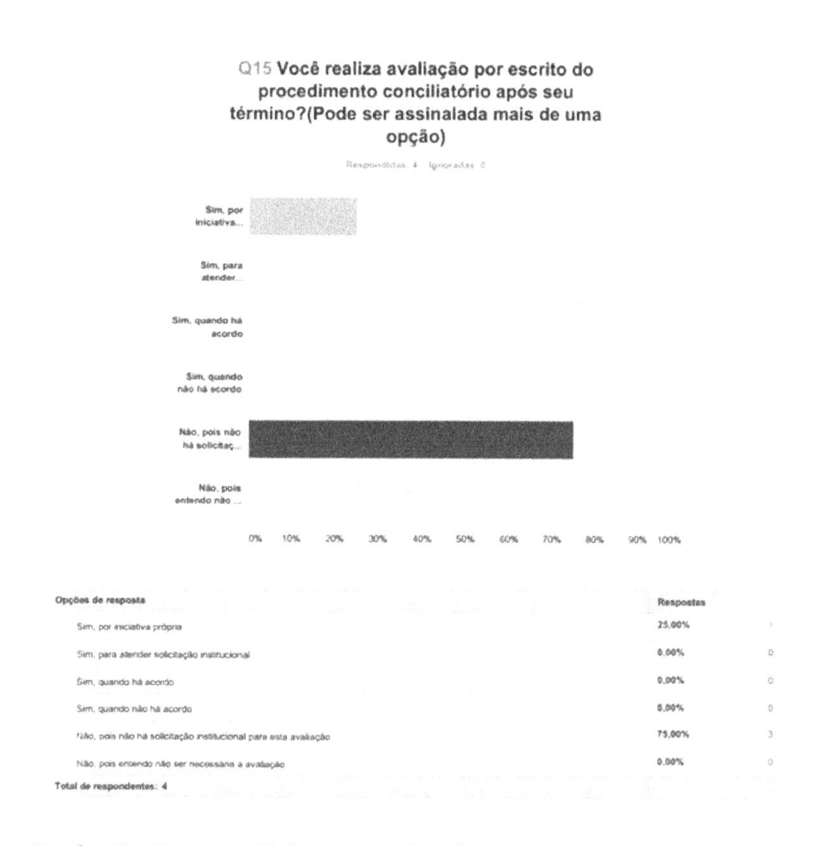

Opções de resposta	Respostas	
Sim, por iniciativa própria	25,00%	1
Sim, para atender solicitação institucional	0,00%	0
Sim, quando há acordo	0,00%	0
Sim, quando não há acordo	0,00%	0
Não, pois não há solicitação institucional para esta avaliação	75,00%	3
Não, pois entendo não ser necessária a avaliação	0,00%	0
Total de respondentes: 4		

Quadro 10 – Pergunta 15 do Questionário "O Conciliador da CCAF – Câmara de Conciliação e Arbitragem da Administração Federal"

Igualmente, não há uma prática institucionalizada no âmbito da CCAF para que os mediadores façam uma autoavaliação por escrito após encerrado o processo mediativo:

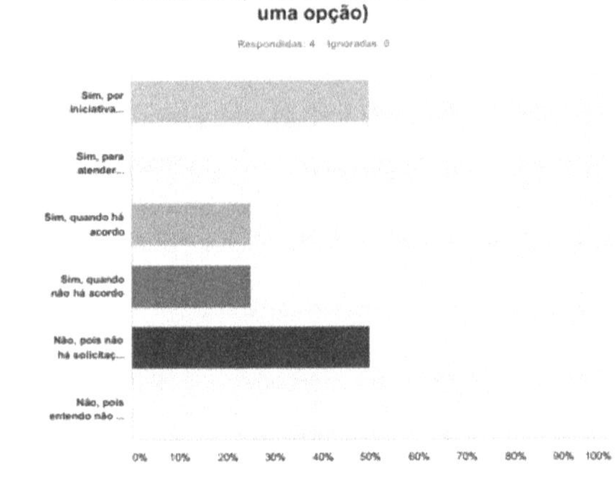

Opções de resposta	Respostas	
Sim, por iniciativa própria	50,00%	2
Sim, para atender solicitação institucional	0,00%	0
Sim, quando há acordo	25,00%	1
Sim, quando não há acordo	25,00%	1
Não, pois não há solicitação institucional para esta avaliação	50,00%	2
Não, pois entendo não ser necessária a avaliação	0,00%	0
Total de respondentes: 4		

Quadro 11 – Pergunta 16 do Questionário "O Conciliador da CCAF – Câmara de Conciliação e Arbitragem da Administração Federal"

A pesquisa revela, por outro lado, que, embora não seja uma prática institucional, a avaliação se faz presente na prática do mediador, que a adota por iniciativa própria. Embora seja uma iniciativa bastante louvável e um primeiro passo extremamente importante, fato é que a eficácia da avaliação como ferramenta para a qualidade depende de sua implementação reiterada e oficializada, pois será o processamento e o reconhecimento de seus resultados que trará os parâmetros de qualidade do sistema mediativo da CCAF.

A avaliação, portanto, é imperativa para se assegurar a qualidade do sistema. Como bem coloca Savy,[271] quem diz *qualidade* diz igualmente *avaliação*. A questão que se coloca, portanto, é a operacionalização da avaliação.

[271] SAVY, Robert. Ouverture du colloque. In: PAULIAT, H. (Org.) **La qualité**: une exigence pour l'action publique en Europe. Limoges: Pulim, 2004, p. 11-16, p. 12.

Reportando-se à avaliação de serviços públicos em geral, Caballero-Sanz coloca algumas questões fundamentais sobre "como devemos realizar este tipo de avaliação? Quais são os aspectos qualitativos que devemos monitorar? Quais são os meios a se utilizar?"[272]

O autor ainda aponta dois parâmetros indispensáveis para se considerar, sendo eles os "indicadores estatísticos dos aspectos qualitativos do serviço e as opiniões dos cidadãos sobre o nível de satisfação derivado do uso de serviços de interesse geral".[273]

O registro desses parâmetros é essencial, pois, "sem a documentação do que o programa efetivamente faz, como ele é organizado, como as pessoas são treinadas e a quem ele serve, é difícil saber o que você está 'avaliando'".[274]

Não basta apenas registrar o que ocorre dentro da mediação, como se procede na CCAF. Faz-se necessário coletar dados sobre: (i) as mediações (quanto tempo duram? Quanto tempo demora a seu início desde que o pedido de conciliação é feito? Quem comparece às sessões? Qual o número de sessões e sua frequência?); (ii) os mediadores (qual a prática e especialidade de cada um? Estamos alocando mediadores experientes para determinado tipo de conflito? Qual o método de abordagem de cada mediador? Os mediadores estão implementando novos métodos conciliativos? Estamos disseminando novos métodos conciliativos?); e (iii) as partes (quem são e quais são seus representantes? Pôde participar da formação e/ou rever o processo mediativo no seu curso? Foi-lhe dada a chance de participar de forma equânime do processo de tomada de decisão? Teve a chance de expor seus interesses sobre a resolução do conflito? O que você percebe como um processo justo?).

[272] Tradução nossa. CABALLERO-SANZ, Francisco. La qualité et l'évaluation des performances dans les services d'interêt général. In: PAULIAT, H. (Org.) **La qualité**: une exigence pour l'action publique en Europe. Limoges: Pulim, 2004, p. 181-184, p. 182.

[273] Tradução nossa. Ibidem, p. 182.

[274] Tradução nossa. ROGERS, Nancy H. et al. (Eds.). Op. cit., p. 332.

Após a coleta, fazem-se necessárias a organização e a análise desses dados, feita a partir dos métodos analíticos apropriados para extração de resultados úteis à implementação do sistema de gerenciamento de conflito, sendo que tal seleção não é tarefa simples. A partir das conclusões extraídas, vem o trabalho mais desafiador: o aprimoramento do sistema, pela adoção de novas técnicas e/ou pela *revisão* dos métodos até então adotados.

A implementação de um programa avaliativo com bases institucionais, para aprimoramento e revisão de estrutura ou procedimento, é uma medida necessária a ser adotada pela CCAF para quebrar a sua visão insular sobre seu design institucional e procedimental.

A avaliação, além de medida de qualidade, é garantia de legitimidade e participação democrática na gestão de um órgão que tem como missão fundamental promover a via do consensualismo para resolução de disputas na Administração Pública, sem que isso implique perda de autoridade sobre a estrutura desse órgão. Assim como a mediação, o sistema de gerenciamento de conflitos é um processo colaborativo.[275]

3.6 Síntese parcial do capítulo

Parte de uma política de autocomposição de conflitos, a Câmara de Conciliação e Arbitragem da Administração Federal – CCAF é uma unidade institucional da Consultoria-Geral da União e da Advocacia-Geral criada para o gerenciamento de conflitos por meio da conciliação em seu sentido lato.

A CCAF compõe-se de Diretoria e Coordenadorias, com respectivas assessorias, que formam um sistema hierárquico de validação dos atos do núcleo dos mediadores, e a interlocução da CCAF com as autoridades dos entes administrativos parte da mediação e com a Advocacia-Geral da União.

Inicialmente desenhada para atender a um espectro reduzido de conflitos, a CCAF atualmente é normatizada para mediar os conflitos da Administração Pública oriundos de todos os níveis federativos. Depurando-se as espécies de conflitos designados para resolução no âmbito da CCAF nos anos de 2010

[275] ROGERS, Nancy H. et al. (Eds.). Op. cit., p. 352.

a 2015, quatro são as principais matérias controvertidas: servidores em geral; finanças, orçamento e tributos; bens imóveis e estrutura administrativa. A maciça maioria dos conflitos já havia sido judicializada; nesse sentido, o encaminhamento do caso à CCAF pode ser feito pelo Poder Judiciário, haja visto o suporte dado pelo Supremo Tribunal Federal ao trabalho da CCAF e as diretrizes do Conselho da Justiça Federal.

Uma vez encaminhado o conflito à CCAF, acompanhado de documentação mínima sobre o caso, seja pelo ente da Administração parte do conflito ou pelo Poder Judiciário, há uma análise prévia de viabilidade do conflito para ser dirimido via mediação e, na sequência, é designado mediador para o caso.

Quanto ao desenho procedimental da mediação na CCAF, os mediadores contam com um roteiro bastante minucioso, ao qual se deve atentar para que não acarrete o engessamento do procedimento. Não é, contudo, prática institucional da CCAF a realização de revisão do procedimento durante e depois da mediação, deixando-se a critério dos mediadores fazê-la. Fica ainda a critério dos mediadores a realização de *caucus*, o que é uma prática de rotina, segundo os resultados da entrevista com os mediadores.

A análise documental dentro do processo mediativo na CCAF é um elemento relevante, e certas disputas cingem-se exatamente a isso. Podem ainda ser formados grupos de trabalho na CCAF para a discussão e encaminhamento dos documentos. Interesses subjacentes também se revelam em conflitos da Administração Pública e devem ser trabalhados pelos mediadores para que se desenhem acordos possíveis e satisfatórios.

A participação no procedimento de mediação na CCAF integra os mediadores e o que se designa de "interessados", donde se encaixam as partes e os terceiros interessados. Uma das grandes críticas em referência ao gerenciamento do conflito pela CCAF é a de que a participação de terceiros interessados, eis que juridicamente ou porque diretamente afetados pelo resultado da disputa, ainda é bastante tímida.

Os mediadores da CCAF são egressos das carreiras da advocacia pública, alocados à CCAF de forma voluntária ou por designação, permanecendo por prática na CCAF por ao menos um ano. Se por um lado é tranquilizador o fato de servidores públicos altamente especializados na matéria de fundo serem os mediadores, há preocupações quanto à confiança das partes na imparcialidade do mediador.

O acordo no âmbito da CCAF é instrumentalizado pelo Termo de Conciliação e homologado pelo Advogado-Geral da União; não sendo necessariamente de conteúdo transacional, o acordo pode se consubstanciar em medidas programáticas ou entabular obrigações de diálogo em construção pelas partes. Nada obstante, os mediadores acompanham a implementação do acordo como medida de *compliance*.

Dada a experiência de gerenciamento de conflitos da CCAF mesmo antes do advento do marco regulatório da mediação no Brasil, o desafio da CCAF é avaliar se o desenho institucional e procedimental até o momento adotado é consentâneo ao desenvolvimento do consensualismo na Administração Pública brasileira. Dentre os principais desafios se encontram: a eficiência da CCAF por acordos encetados, a garantia de publicidade do sistema da CCAF, que ainda é um entrave, assim como o estabelecimento de métricas de aferimento de qualidade.

Assim, passa-se às conclusões finais do presente trabalho.

CONCLUSÃO

A) A adoção da mediação pela Administração Pública para a resolução de seus conflitos revela um importante passo para a efetivação do consensualismo na atividade administrativa. A resolução de conflitos da Administração Pública por meio da mediação indica cumprimento da eficiência administrativa por meio de uma resolução de disputas mais versátil e menos onerosa, ao passo que contribui para a legitimação da decisão do conflito, ao viabilizar maior participação colaborativa dos *players* na chegada a um acordo.

B) O uso da mediação pode ser incorporado ao processo de tomada de decisão administrativa para resolução dos conflitos da Administração Pública por meio da interpretação de padrões legais e da dedução de um dever legal das autoridades administrativas para alinhar-se em consenso, baseando-se no direito fundamental à boa Administração Pública, consentânea à boa administração da justiça.

C) A aplicação da noção de boa Administração traz consigo uma ideia de formação de modelo de qualidade, de boa aplicação de recursos materiais e humanos, assim como de métodos e processos de ação. A formação do *standard* de boa Administração tem como critério intrínseco a ideia de normalidade da atuação administrativa, guardando estreita relação com a moralidade administrativa.

D) Levando-se em consideração o parâmetro de moralidade administrativa, a normalidade corresponde ao comportamento adequado da Administração segundo a finalidade de seu ato. Assim, a aplicação da mediação nos conflitos da Administração Pública impõe o delineamento institucional e procedimental da mediação dos conflitos como forma de equacionamento da exigência de qualidade.

E) A institucionalização da mediação como método de resolução de conflitos por órgãos e entes da Administração Pública precisa encontrar o meio-termo entre a completa ausência de estruturação, que destrói vínculos duradouros para o desenvolvimento da prática mediativa, e a possibilidade de que o ente público se aproprie do mecanismo de tal forma que se descaracterize o instituto, transformando-o em mais uma espécie de procedimento administrativo. É essencial, portanto, o desenvolvimento de um programa efetivo de gerenciamento de conflito dentro da estrutura institucional criada para a mediação dos conflitos da Administração Pública, que possua bases normativas sustentáveis para sua perpetuação, mas que permita que a realidade do conflito seja elemento relevante para a construção do sistema de resolução do conflito.

F) O desenho da Câmara de Conciliação e Arbitragem da Administração Federal – CCAF é tomado pela Lei federal n. 13.140, promulgada em 26 de junho de 2015 ("Lei de Mediação"), como *standard* de resolução de conflitos na Administração Pública pela via da mediação, parâmetro que também se consagra pelo Enunciado CJF n. 18 da I Jornada "Prevenção e Solução Extrajudicial de Litígios", de 22 e 23 de agosto de 2016.

G) A análise quantitativa dos conflitos submetidos à CCAF no período de 2010 a 2015 revelou que a grande maioria deriva de processos judiciais. Se por um lado isso representa um descompasso entre o objetivo institucional de se prevenir que conflitos da Administração Pública perpassem à esfera judicial, por outro lado o fato de que os conflitos analisados resultaram em acordo revela uma tendência não desprezível da Administração Pública em repensar a judicialização do conflito e sua emancipação em resolver seus próprios conflitos. O sistema de gerenciamento de conflitos depende de apoio institucional que exceda a esforços individuais e a sua permanência depende da publicidade que é dada ao sistema, com regras claras de acesso não apenas ao sistema, mas a informações sobre aquele sistema.

H) O questionário "O Conciliador da CCAF – Câmara de Conciliação e Arbitragem da Administração Federal" revelou que a confidencialidade é uma característica explorada na mediação na CCAF pelo fato de que a totalidade dos mediadores respondeu realizar o *caucus* (reuniões em separado com uma das partes). Ainda, o fato de que os respondentes afirmaram que um dos principais temas tratados em *caucus* é o esclarecimento de dúvidas quanto ao procedimento demonstra o caráter acessório dessas sessões para o conteúdo substantivo da disputa, porém importante para o desenvolvimento do fluxo instrutório da mediação. Assim, a aplicação do princípio administrativo da publicidade não se trata de dar publicidade a toda e qualquer sessão mediativa, mas sim tornar públicas informações que colaboram para o conhecimento do cidadão quanto a *o que* é submetido à mediação e como a instituição gerencia a mediação *do que* é mediado.

I) Fato é que, enquanto o sistema de mediação pré-estabelecido prova-se funcional em alguns contextos, para outros pode não se aplicar, de forma que se faz necessário o arranjo da estrutura procedimental sobre a qual se desenvolverá a mediação, tendo como norte as características *daquele* conflito.

J) A maioria expressiva dos casos da CCAF analisados na presente pesquisa – quase 60% – relaciona-se a patrimônio público: bens imóveis (28%) e ativos financeiros ("finanças, orçamento, tributos" – 30%). Extrai-se desses dados que a mediação tem sido utilizada pela Administração Pública para resolver controvérsias de conteúdo econômico expressivo. Por outro lado, a estatística revela que conflitos relacionados a políticas públicas e direitos sociais coletivos ainda são tratados marginalmente no que se refere à autocomposição, o que revela que a Administração Pública ainda não foi capaz de assimilar a mediação como instrumento transformador de sua relação com os administrados.

K) Por isso, para além da institucionalização, é necessária a formulação de um rito que viabilize a participação, deliberação e colaboração das partes em conflito de forma que produza resultados que acenem ao interesse público, à medida que acomodem diversos interesses e reflitam entendimentos ou acordos de eficácia prática às partes.

L) A começar pela confecção do procedimento para adequá-lo à realidade do conflito, o questionário "O Conciliador da CCAF – Câmara de Conciliação e Arbitragem da Administração Federal" permitiu chegar à conclusão de que a revisão sistemática do procedimento – pré-estabelecido pela normatização – é uma prática disseminada entre os mediadores. Metade dos respondentes procede à revisão do procedimento por solicitação das partes, o que significa que há efetivas participação e preocupação das partes na e quanto à condução do processo mediativo. Como melhor prática, o ideal seria que a totalidade dos mediadores tivesse respondido que revisam o procedimento por solicitação das partes. O questionário ainda revelou que há solicitação de ordem hierárquica superior ao núcleo central do processo mediativo (partes e mediador) para revisão do procedimento mediativo, por solicitação da Coordenadoria da CCAF ou outro ente hierarquicamente superior, do que se infere que se trata da manutenção do controle sobre os registros do procedimento.

M) Em relação à participação na mediação, o êxito do processo mediativo depende de que o agente representante da Administração parte do conflito tenha efetivos poderes e capacidade funcional-regimental de negociar acordos; trata-se de medida de legitimadade. A falta de legitimidade do agente é apontada pela totalidade dos mediadores respondentes da pesquisa como um dos motivos que fazem com que as partes não cheguem a um acordo.

N) Questão ainda mais sensível refere-se à aptidão do processo mediativo em recepcionar eficientemente terceiros representantes de grupos da sociedade civil e da iniciativa privada, ainda que informalmente constituídos, para participar efetivamente da mediação, uma vez que possuem interesses legítimos na resolução do conflito e podem colaborar para pô-lo a termo final. Decerto que há um esforço normativo (Portaria AGU n. 910/2008 e Portaria/CGU n. 23/2009) para regular a participação de grupos interessados no conflito, porém a limitação da participação dos grupos interessados pela via da audiência pública parece ser insuficiente, dado o papel tão somente consultivo que oferece a esses grupos. Nesse tocante, embora a mediação se trate de um método autocompositivo em que a figura central são as partes, em se tratando de ter como parte ente ou organismo da Administração Pública, a figura do mediador é elemento essencial para o sucesso da mediação.

O) O mediador da CCAF é egresso da advocacia pública e designado ou integrante da CCAF por opção; a tendência é que permaneça junto à CCAF por ao menos um ano, havendo casos em que mediadores permaneceram no quadro por mais de cinco anos. Esse dado importa na medida em que há uma correlação direta entre o período de permanência do advogado público federal na CCAF atuando como mediador e o amadurecimento do sistema de gerenciamento de conflito. Outro dado importante revelado pelo questionário "O Conciliador da CCAF – Câmara de Conciliação e Arbitragem da Administração Federal" é que, nada obstante metade dos respondentes permanecera um ano na CCAF, a maioria dos respondentes atuou em um número relevante de casos (de 31 a 60 casos), de forma que foram expostos nesse período a um volume não desprezível de procedimentos mediativos.

P) O mediador inegavelmente desempenha uma função pública e deve ter qualificação para o público; conforme se notou do estudo de casos selecionados da CCAF, o exercício de autoridade do mediador no conflito da Administração Pública tem maior importância do que em mediação que envolve tão somente particulares. Isso levanta a questão quanto ao impacto do mediador pertencer aos quadros da Administração Pública para a confiança das partes; por uma questão de imparcialidade, há que se examinar o conforto das partes em ter como mediador servidor público do mesmo ente da Administração Pública que é parte. Da análise dos registros dos casos mediados pela CCAF e selecionados para este estudo, não foram constatados questionamentos das partes sobre a imparcialidade do mediador, mas se pôde observar que a função de autoridade pública, aliada à de mediador, ajudou no avanço de negociações.

Q) A evolução do processo mediativo passa – se assim for desejado e conseguido pelas partes – pela confecção do acordo que ponha termo àquele conflito. Novamente, as peculiaridades do regime administrativo opõem nuances não apenas à confecção do acordo, mas à sua implementação e manutenção. A transação pela Administração

Pública depende, na verdade, de uma análise sistemática do Direito Administrativo positivado, para que se separem situações que ensejariam ofensas à ordem pública daquelas cujo manejo de objeto e forma indica maior vantajosidade e eficiência.

R) O consenso pode requerer combinar ou sintetizar opções aceitáveis, ligando-se ou alternando-se soluções, ou mesmo concordando-se com o abandono de um dos itens de negociação, tudo isso com vistas a se chegar a um *acordo possível*. A instrumentalização do acordo no âmbito da CCAF é feita por meio de: (i) termo de conciliação; (ii) termo de ajustamento de conduta; ou (iii) termo de reunião. Nesse sentido, a exemplo do que ocorre na CCAF, o acordo não precisa ser uma solução que ponha fim à controvérsia, muitas vezes porque sua solução não residiria num provimento judicial. Dessa forma, o acordo no âmbito da mediação na Administração Pública pode ser a construção de hipóteses para melhores entendimentos entre as partes, como a discussão sobre aprimoramento de projetos legislativos ou de adequações à forma de exercício de fiscalização derivada do poder de polícia da Administração. A verificação do descumprimento do acordo por parte do sistema de gerenciamento da mediação pode fornecer base para instruir a responsabilização do agente público pelo descumprimento do acordo. O acordo firmado entre as partes na mediação constitui, ainda, um título executivo extrajudicial e, caso homologado judicialmente, torna-se título executivo judicial. Portanto, conclui-se que o conteúdo do Termo de Conciliação pode ser objeto de execução judicial e extrajudicial.

S) A consolidação do desenho institucional do sistema de gerenciamento do conflito pela mediação depende também de métricas de qualidade. A pesquisa realizada com os mediadores evidenciou que não há uma prática institucional de se realizar uma avaliação por escrito do caso após seu término, independentemente se dele resultou acordo, bem como que não há uma prática institucionalizada no âmbito da CCAF para que os mediadores façam uma autoavaliação por escrito após encerrado o processo mediativo, apesar de haver iniciativas isoladas dos mediadores em realizar essas avaliações por conta própria. Embora seja uma iniciativa importante como primeiro passo, fato é que a eficácia da avaliação como ferramenta para a qualidade depende de sua implementação reiterada e oficializada como instituto, pois será o processamento e o reconhecimento de seus resultados que trará os parâmetros de qualidade do sistema mediativo da CCAF. Por isso, métodos de avaliação da instituição que considerem a percepção tanto dos usuários do sistema como de seus operadores são altamente desejáveis para a manutenção da qualidade que mantém o padrão de referência de boa Administração.

REFERÊNCIAS

ABRAMSON, Harold I. **Mediation Representation**. 2. ed. New York: Oxford University Press, 2011.

AGUIAR, Carla Zamith Boin. **Mediação empresarial**: aspectos jurídicos relevantes. 2. ed. São Paulo: Quartier Latin, 2010.

ALMEIDA, D. A. R.; PANTOJA, F. M; PELAJO, S. Possíveis diretrizes para a regulamentação legal da mediação: proposições da comissão de mediação da OAB-RJ. In: VERÇOSA, F. et al. (Coord.) **Arbitragem e mediação**: temas controvertidos. Rio de Janeiro: Forense, 2014, cap. 15, p. 315-327.

ALVES, C. B.; GOMES NETO, J. M. W. Criação das centrais de conciliação, mediação e arbitragem em Pernambuco: uma análise de sua efetividade à luz do novo enfoque de acesso à Justiça. **Revista de Processo – RePro**, v. 37, n. 211, p. 317-348, set. 2012.

AMARAL, Paulo Osternack. **Arbitragem e Administração Pública**: aspectos processuais, medidas de urgência e instrumentos de controle. Belo Horizonte: Fórum, 2012.

AMERICAN ARBITRATION ASSOCIATION; AMERICAN BAR ASSOCIATION; ASSOCIATION FOR CONFLICT RESOLUTION. **Model Standards of Conduct for Mediators**, set. 2005. Disponível em < https://www.adr.org/sites/default/files/document_repository/AAA%20Mediators%20Model%20Standards%20of%20Conduct%2010.14.2010.pdf >. Acesso em: 17 out. 2017.

AMORIM, J. R. N. O CNJ, a mediação e a conciliação. **Revista de Arbitragem e Mediação**, v. 11, n. 43, p. 343-346, out./dez. 2014.

AMORIM; J. P.; SOARES, B. M. Algumas considerações em torno dos Centros de Arbitragem Voluntária institucionalizada e dos respectivos regulamentos arbitrais. In: FONSECA, I. C. M. (Coord.) **A arbitragem administrativa e tributária**: problemas e desafios. Coimbra: Almedina, 2012, p. 91-107.

ARAGÃO, Alexandre Santos de. Repensando o "Princípio da Supremacia do Interesse Público sobre o particular". In: SARMENTO, Daniel (Org.) **Interesses**

públicos 'versus' interesses privados: desconstruindo o princípio da supremacia do interesse público. Rio de Janeiro: Lumen Juris, 2005.

ARAUJO, N.; FÜRST, O. Um exemplo brasileiro do uso da mediação em eventos de grande impacto: o programa de indenização do voo 447. In: VERÇOSA, F. et al. (Coord.) **Arbitragem e mediação**: temas controvertidos. Rio de Janeiro: Forense, 2014, cap. 17, p. 353-367.

AUBY, Jean-Bernard. **La théorie du Droit Administratif global**: brève présentation critique. Troisième session du Séminaire "Droit Administratif Comparé, Européen et Global". Disponível em <http://www.sciencespo.fr/chaire-madp/sites/sciencespo.fr.chaire-madp/files/jba.pdf>. Acesso em: 17 out. 2017.

BADIN, Arthur. Conselho Administrativo de Defesa Econômica: CADE: a transação judicial como instrumento de concretização do interesse público. **Revista de Direito Administrativo – RDA**, n. 252, p. 189-217, set./dez. 2009.

BARDIN, L. **Análise de conteúdo**. Lisboa: Edições 70; LDA, 2011.

BARRÈRE, Christian. Logique judiciaire et logieue de l'efficience. In: ALCOUFFE, A.; FOUCARDE, B.; PLASSARD, J.-M.; TAHAR, G. (Org.). **Efficacité versus équite em** économie **sociale**. Paris: L'Harmattan, 2000, t. 1, p. 103-114.

BATISTA JÚNIOR, O. A. **Transações administrativas**: um contributo ao estudo do contrato administrativo como mecanismo de prevenção e terminação de litígio e como alternativa à atuação administrativa autoritária, no contexto de uma administração pública mais democrática. São Paulo: Quartier Latin, 2007.

BATISTA JÚNIOR, O. A.; CAMPOS, S. A Administração Pública consensual na modernidade líquida. **FA – Fórum Administrativo**, Belo Horizonte, v. 14, n. 155, p. 31-43, jan. 2014.

BENJAMIN, Robert. **The Natural History of Negotiation and Mediation**: The Evolution of Negotiative Behaviors, Rituals, and Approaches. Disponível em <http://www.mediate.com/articles/NaturalHistory.cfm>. Acesso em: 17 out. 2017.

BENTO, Leonardo Valles. **Governança e governabilidade na reforma do Estado**: entre eficiência e democratização. Barueri: Manole, 2003.

BINENBOJM, Gustavo. **Uma teoria do Direito Administrativo**: direitos fundamentais, democracia e constitucionalização. Rio de Janeiro: Renovar, 2006.

BLOHORN-BRENNEUR, B. Une culture de la communication pour retrouver la paix. In: BLOHORN-BRENNEUR, B; DRAGOS, C. (Orgs.). **La mediation**: un chemin de paix pour la justice en Europe: GEMME, 10 ans déjà...! Paris: L'Harmattan, 2015.

BONAVIDES, Paulo. **Teoria constitucional da democracia participativa**: por um direito constitucional de luta e resistência: por uma nova hermenêutica: por uma repolitização da legitimidade. 2. ed. São Paulo: Malheiros, 2001.

BOUSTA, Rhita. **Essai sur la notion de bonne administration en Droit Public**. Paris: L'Harmattan, 2010.

BOUVIER, P. et al. Éléments **de Droit Administratif**. 2. ed. Larcier, 2013.

BOWLING, D.; HOFFMAN, D. Bringing Peace into the Room: The Personal Qualities of the Mediator and Their Impact on the Mediation. In: BOWLING, D.; HOFFMAN, D. (Eds.). **Bringing Peace into the Room**: How the Personal Qualities of the Mediator Impact the Process of Conflict Resolution. San Francisco: Jossey-Bass, 2003, p. 13-48.

BRASIL JR, S.; CASTELLO, J. J. B. O cumprimento coercitivo das decisões judiciais no tocante às políticas públicas. In: GRINOVER, A. P., WATANABE, K. (Coords.). **O controle jurisdicional de políticas públicas**. Rio de Janeiro: Forense, 2011.

BRASIL. Advocacia-Geral da União. Câmara de Conciliação e Arbitragem da Administração Federal – CCAF. **Processo NUP 00400.002227/2009-23**. Procedência Prefeitura Municipal de Macapá. Abertura em: 26 fev. 2009. Termo de Conciliação n. CCAF-CGU-AGU-005/2010-GHR.

BRASIL. Advocacia-Geral da União. Câmara de Conciliação e Arbitragem da Administração Federal – CCAF. **Processo NUP 00400.01377112011-15**. Procedência Governo do Estado do Ceará-CE. Abertura em: 19 ago. 2011. Termo de Conciliação n. 001/2015/CCAF/CGU/AGU-RBA.

BRASIL. Advocacia-Geral da União. Câmara de Conciliação e Arbitragem da Administração Federal – CCAF. **Processo NUP 00407.001417/2010-05**. Procedência Procuradoria Geral Federal. Abertura em: 28 fev. 2014. Termo de Conciliação n. 003-2014-CCAF-CCAF--CGU-AGU-PBB.

BRASIL. Advocacia-Geral da União. Câmara de Conciliação e Arbitragem da Administração Federal – CCAF. **Processo NUP 00408.009006/2010-40**. Procedência PRF 2ª Região CMP. Abertura em: 29 jun. 2010. Termo de Conciliação n. 7/2011.

BRASIL. Advocacia-Geral da União. Câmara de Conciliação e Arbitragem da Administração Federal – CCAF. **Processo NUP 00534.000005/2011-75**. Procedência União – Comando do Exército. Abertura em: 28 dez. 2010. Termo de Conciliação n. 01612012/CCAF/CGU/AGU-HLC.

BRASIL. Advocacia-Geral da União. Consultoria-Geral da União. Câmara de Conciliação e Arbitragem da Administração Federal – CCAF. **Cartilha**: conciliar é a solução. Brasília: AGU, Consultoria-Geral da União, 2008. Disponível em: <http://www.agu.gov.br/page/download/index/id/728637>. Acesso em: 17 out. 2017.

BRASIL. Advocacia-Geral da União. Consultoria-Geral da União. Câmara de Conciliação e Arbitragem da Administração Federal – CCAF. **Cartilha**. 3. ed. Brasília, 2012. Disponível em <http://www.agu.gov.br/page/content/detail/id_conteudo/191832>. Acesso em: 17 out. 2017.

BRASIL. Advocacia-Geral da União. Consultoria-Geral da União. Câmara de Conciliação e Arbitragem da Administração Federal – CCAF. **Referencial de Gestão CCAF**. Brasília: AGU, 2013, atualizada. Disponível em: <http://www.agu.gov.br/page/download/index/id/12197078>. Acesso em: 17 out. 2017.

BRASIL. Conselho Nacional de Justiça. **100 Maiores Litigantes**. 2012. Disponível em <http://www.cnj.jus.br/images/pesquisas-judiciarias/Publicacoes/100_maiores_litigantes.pdf> . Acesso em: 17 out. 2017.

BRASIL. Conselho Nacional de Justiça. **Estudo aponta a produtividade de magistrados e servidores do Poder Judiciário**. 01 abr. 2014. Disponível em <http://www.cnj.jus.br/noticias/cnj/61486-estudo-aponta-a-produtividade-de-magistrados-e-servidores-do-poder-judiciario>. Acesso em: 17 out. 2017.

BRASIL. Conselho Nacional de Justiça. **Resolução n. 125**. Desafios para integração entre o sistema jurisdicional e a mediação. 29 nov. 2010.

BRASIL. Ministério da Justiça. Secretaria de Reforma do Judiciário. **Estudo qualitativo sobre boas práticas em mediação no Brasil**. Coordenação: Ada Pellegrini Grinover, Maria Tereza Sadek e Kazuo Watanabe (CEBEPEJ), Daniela Monteiro Gabbay e Luciana Gross Cunha (FGV Direito SP). Brasília, 2014. Disponível em: <http://mediacao.fgv.br/wp-content/uploads/2015/11/Estudo-qualitativo-sobre-boas-praticas-em-mediacao-no-Brasil.pdf>. Acesso em: 17 out. 2017.

BRASIL. Supremo Tribunal Federal. **Ação Cautelar n. 3456-DF**. Rel. Min. Gilmar Mendes, j. 1º out. 2013, DJe-196 04 out. 2013.

BRASIL. Supremo Tribunal Federal. **Ação Cível n. 1689-RS**. Rel. Min. Dias Toffoli, j. 29 jun. 2012, DJe-150 1º ago. 2012.

BRASIL. Supremo Tribunal Federal. **Ação Cível Originária n. 1019-PR**. Rel. Min. Gilmar Mendes, j. 1º ago. 2016, DJe-164 05 ago. 2016.

BRASIL. Supremo Tribunal Federal. **Ação Cível Originária n. 1186-RS**. Rel. Min. Edson Fachin, j. 18 set. 2015, DJe-188 22 set. 2015.

BRASIL. Supremo Tribunal Federal. **Ação Cível Originária n. 1265-RO**. Rel. Min. Edson Fachin, j. 10 jun. 2016, DJe-123 15 jun. 2016.

BRASIL. Supremo Tribunal Federal. **Ação Cível Originária n. 1449-MA**. Rel. Min. Cármen Lúcia, j. 02 jun. 2016, DJe-123 15 jun. 2016.

BRASIL. Supremo Tribunal Federal. **Ação Cível Originária n. 1718-DF**. Rel. Min. Rosa Weber, j. 05 mar. 2015, DJe-052 18 mar. 2015.

BRASIL. Supremo Tribunal Federal. **Ação Cível Originária n. 1797-PI**. Rel. Min. Cármen Lúcia, j. 23 mar. 2016, DJe-058 31 mar. 2016.

BRASIL. Supremo Tribunal Federal. **Ação Cível Originária n. 1915-DF**. Rel. Min. Rosa Weber, j. 15 ago. 2015, DJe-173 02 set. 2015.

BRASIL. Supremo Tribunal Federal. **Ação Cível Originária n. 2571-DF**. Rel. Min. Rosa Weber, j. 31 ago. 2015, DJe-173 03 set. 2015.

BRASIL. Supremo Tribunal Federal. **Ação Cível Originária n. 2745-DF**. Rel. Min. Gilmar Mendes, j. 23 fev. 2016, DJe-037 29 fev. 2016.

BRASIL. Supremo Tribunal Federal. **Ação Cível Originária n. 897-SE**. Rel. Min. Gilmar Mendes, j. 19 abr. 2016, DJe-078 25 abr. 2016.

BRASIL. Supremo Tribunal Federal. **Ação Direta de Inconstitucionalidade n. 2.649**. Rel. Min. Cármen **Lúcia**, j. 8 maio 2008, Plenário, DJE 17 out. 2008.

BRASIL. Supremo Tribunal Federal. **Agravo Regimental na Ação Cível Originária n. 1115-RS**. Rel. Min. Teori Zavascki, j. 25 ago. 2016, DJe-183 30 ago. 2016.

BRASIL. Supremo Tribunal Federal. **Medida Cautelar na Ação Cível Originária n. 2884**. Rel. Min. Edson Fachin, j. 30 jun. 2016, DJe-140 1º ago. 2016.

BRESSER PEREIRA, L. C. A Reforma do Estado dos anos 90: lógica e mecanismos de controle. **Cadernos MARE da Reforma do Estado**, n. 1, 1997. Disponível em: <http://www.bresserpereira.org.br/ver_file_3.asp?id=2789>. Acesso em: 17 out. 2017.

CABALLERO-SANZ, Francisco. La qualité et l'évaluation des performances dans les services d'interêt général. In: PAULIAT, H. (Org.) **La qualité**: une exigence our l'action publique en Europe. Limoges: Pulim, 2004, p. 181-184.

CAHALI, Francisco José. **Curso de arbitragem**. 3. ed. São Paulo: Revista dos Tribunais, 2013.

CAPPELLETTI, Mauro; GARTH, Bryant. **Acesso à justiça**. Porto Alegre: Sergio Fabris, 2002.

CARPENTER, S. L.; KENNEDY, W. J. D. **Managing Public Disputes**: A Practical Guide for Professionals in Government, Business and Citizen's Groups. San Francisco: Jossey-Bass, 2001.

CARVALHO FILHO, José dos Santos. **Manual de Direito Administrativo**. 27. ed. São Paulo: Atlas, 2014.

CASSESE, Sabino. La arena pública: nuevos paradigmas para el Estado. In: **La crisis del Estado**. Buenos Aires: Abeledo Perrot, 2003.

CEBOLA, C. M. A arbitragem no contexto ambiental e urbanístico. In: FONSECA, I. C. M. (Coord.). **A arbitragem administrativa e tributária**: problemas e desafios. Coimbra: Almedina, 2012.

CONSENSUS BUILDING INSTITUTE FOR THE U.S. E.P.A. OFFICE OF ENVIRONMENTAL JUSTICE. **Using dispute resolution techniques to address environmental justice concerns**: case studies. Cambridge, MA, 2003.

COOLEY, John W. **The Mediator's Handbook**: Advanced Practice Guide for Civil Litigation. 2. ed. [S.l.]: NITA, 2006.

DALLARI, Adilson de Abreu. Viabilidade da transação entre o Poder Público e o particular. **Revista Interesse Público**, n. 13, p. 11-24, 2002.

DE GRAAF, K. J.; MARSEILLE, A. T.; TOLSMA, H. D. Mediation in Administrative Proceedings: A Comparative Perspective. In: DRAGOS, D. C.; NEAMTU, B. (Eds.). **Alternative Dispute Resolution in European Administrative Law**. Heidelberg: Springer, 2014, cap. 19, p. 589-605.

DI PIETRO, Maria Sylvia Zanella. 500 anos de Direito Administrativo brasileiro. **Revista Eletrônica de Direito do Estado**, n. 5, jan./fev/mar/ 2006. Disponível em < http://www.direitodoestado.com/revista/rede-5-janeiro-2006-maria%20sylvia%20zanella.pdf> Acesso em: 17 out. 2017.

DI PIETRO, Maria Sylvia Zanella. **Direito Administrativo**. 25. ed. São Paulo: Atlas, 2012.

DRAGOS, D. C.; NEAMTU, B. (Eds.). **Alternative Dispute Resolution in European Administrative Law**. Heidelberg: Springer, 2014.

DUARTE, David. **Procedimentalização, participação e fundamentação**: para uma concretização do princípio da imparcialidade administrativa como parâmetro decisório. Coimbra: Almedina, 1996.

ECO, Umberto. **Como se faz uma tese**. Tradução Gilson Cesar Cardoso de Souza. São Paulo: Perspectiva, 2006.

EUROPA. European Ombudsman. **Overview**. Disponível em: <http://europa.eu/about-eu/institutions-bodies/ombudsman/index_en.htm#goto_2>. Acesso em: 17 out. 2017.

EUROPA. Parlamento Europeu; Conselho. **Diretiva n. 2008/52/EC**. 21 maio 2008.

FALECK, Diego. Introdução ao design de sistema de disputas: Câmara de Indenização 3054. **Revista Brasileira de Arbitragem**, v. 5, n. 23, p. 7-32, jul./ago. 2009.

FARINELLI, A.; CAMBI, E. Conciliação e mediação no novo Código de Processo Civil (PLS 166/2010). **Revista de Processo – RePro**, v. 36, n. 194, p. 277-305, abr. 2011.

FISHER, R., SHARP, A. **Getting it done**: how to lead when you are not in charge. New York: Harper Perennial, 1999.

FISHER, R.; BROWN, S. **Getting Together**: Building Relationships as we Negotiate. New York: Penguin Books, 1989.

FISHER, R.; URY, W.; PATTON, B. **Getting to Yes**: Negotiating Agreement without Giving in. 3. ed. New York: Penguin Books, 2011.

FONSECA, I. C. M. A arbitragem administrativa: uma realidade com futuro? In: FONSECA, I. C. M. (Coord.) **A arbitragem administrativa e tributária**: problemas e desafios. Coimbra: Almedina, 2012, p. 61-89.

FORESTER, John. **Dealing with Differences**: Dramas of Mediating Public Disputes. New York: Oxford, 2009.

FREEMAN, L. R.; PRIGOFF, M. L. Confidentiality in Mediation: The Need for Protection. **Ohio St. Journal on Dispute Resolution**, n. 37, 1986-1987.

FREITAS, Ariane. **William Ury**: Abilio Diniz me disse que o que mais queria era liberdade. 12 jun. 2015. Disponível em: <http://epoca.globo.com/tempo/noticia/2015/06/william-ury-quando-nos-influenciamos-fica-facil-influenciar-os-outros.html>. Acesso em: 17 out. 2017.

FREITAS, J.; MOREIRA, R. M. C. Decisões administrativas: conceito e controle judicial da motivação suficiente. **Interesse Público**, v. 17, n. 91, p. 15-26, maio/jun. 2015.

FREITAS, Juarez. **Discricionariedade administrativa e o direito fundamental à boa Administração Pública**. São Paulo: Malheiros, 2007.

FRIEDMAN, G.; HIMMELSTEIN, J. **Challenging conflict**: mediation through understanding. [S.l.]: ABA Publishing, 2008.

FULLER, L. L. Collective Bargaining and the Arbitrator. In: KAHN M. L. (Ed.). **Collective Bargaining and the Arbitrator's Role**: Proceedings of the Fifteenth Annual Meeting of the National Academy of Arbitrators. Washington, D.C: BNA, 1962, p. 29-30.

GABORIAU, Simone. **La qualité de la justice**: une nouvelle légitimité pour une institution em crise de confiance. In: PAULIAT, H. (Org.). **La qualité**: une exigence our l'action publique en Europe. Limoges: Pulim, 2004, p. 123-132.

GIBSON, Kevin, Confidentiality in Mediation: A Moral Reassessment. **Journal of Dispute Resolution**, v. 1992, n. 1, art. 5, p. 25-67.

GRAU, Eros Roberto. **O direito posto e o direito pressuposto**. 8. ed. São Paulo: Malheiros, 2011.

GRINOVER, A. P., WATANABE, K. (Coord.). **O controle jurisdicional de políticas públicas**. Rio de Janeiro: Forense, 2011.

GRINOVER, A. P.; WATANABE, K.; LAGRASTA NETO, C. (Orgs.). **Mediação e gerenciamento do processo**: revolução na prestação jurisdicional e guia prático para a instalação do setor de conciliação e mediação. São Paulo: Atlas, 2008.

GRUBER, A. **La décentralisation et les institutions administratives**. 2. ed. Paris: Armand Colin, 1996.

GUERRA, Isabel Carvalho. **Pesquisa qualitativa e análise de conteúdo**: sentidos e formas de uso. Portugal: Principia, 2010.

HARADA, Kiyoshi. **Direito Financeiro e Tributário**. 19. ed. São Paulo: Atlas, 2010.

HAURIOU, Maurice. **Précis de Droit Administratif et de droit public general**. Paris: Recueil Sirey, 1933.

HOFFMAN, D. Mediation and the Art of Shuttle Diplomacy. **Negotiation Journal**, n. 27, p. 263-307, jul. 2011.

HOPE, Mary Kendall. **The Guided Method of Mediation**: A Return to the

Original Ideals of ADR. Durham: Eloquent Books, 2009.

JUNQUEIRA, Kátia Valverde. Mediação: instrumento eficaz para a eficiência regulatória. **Revista da EMERJ**. Rio de Janeiro: EMERJ, v. 14, n. 56, p. 108-118, out./dez. 2011.

JUSTEN FILHO, Marçal. Conceito de interesse público e a personalização do Direito Administrativo. **Revista Trimestral de Direito Público**. São Paulo, Malheiros, n. 26, p. 115-136, 1999.

JUSTEN FILHO, Marçal. **Curso de Direito Administrativo**. 10. ed. São Paulo: RT, 2014.

JUSTEN FILHO, Marçal. **O direito das agências reguladoras independentes**. São Paulo: Dialética, 2002.

KAPSALI, Vassiliki. **Les droits des administrés dans la procédure administrative non contentieuse**. Issy-les-Molineaux: LGDJ, 2015.

KOPPENJIAN, Joop. **The New Public Governance in Public Servisse Delivery**. The Hague: Eleven, 2012.

KOVACH, Kimberlee K. **Mediation in a Nutshell**. 3. ed. St. Paul: West Academic Publishing, 2014.

KOVACH, Kimberlee K. Mediation. In: BORDONE, R. C; MOFFITT, M. L. (Eds.). **The Handbook of Dispute Resolution**. San Francisco: Jossey-Bass, 2005, cap. 19, p. 304-317.

LACHAUME, J. F. et al. **Droit Administratif**: les grandes décisions de la jurisprudence. 16. ed. Paris: PUF, 2014.

LAMARZELLE, Denys. Le management public em Europe: dirigeant public et qualité de la décision. In: LACHAUME, J. F. et al. **Droit Administratif**: les grandes décisions de la jurisprudence. 16. ed. Paris: PUF, 2014, p. 135-142.

LEAL, Victor Nunes. **Manual de Negociação Baseado na Teoria de Harvard – Escola da Advocacia-Geral da União**. Brasília: EAGU, 2017. Disponível em <www.agu.gov.br/page/download/index/id/38200382>. Acesso em: 17 out. 2017.

LEATHERBURY, Thomas S.; COVER, Mark A. Keeping Public Mediation Public: Exploring the Conflict Between Confidential Mediation and Open Government. **SMU Law Review**, n. 46, p. 2.221-2.232, 1993.

LEMES, Selma. **Arbitragem na administração pública**: fundamentos jurídicos e eficiência econômica. São Paulo: Quartier Latin, 2007.

LEVY, Fernanda Rocha Lourenço. **Cláusulas escalonadas**: a mediação comercial no contexto da arbitragem. São Paulo: Saraiva, 2013. 354 p.

LOPES, D.; PATRÃO, A. **Lei da Mediação comentada**. Coimbra: Almedina, 2014.

MAGIERA, S.; WEISS, W. Alternative Dispute Resolution Mechanisms in the European Union Law. In: DRAGOS, D. NEAMTU, B. (Eds.). **Alternative Dispute Resolution in European Administrative Law**. Heidelberg: Springer, 2014, cap. 16, p. 489-538.

MARQUES NETO, Floriano de Azevedo Peixoto. O Direito Administrativo no sistema de base romanística e de common law. **RDA – Revista de Direito Administrativo**. Rio de Janeiro, v. 268, p. 55-81, jan./abr. 2015.

MARQUES NETO, Floriano Peixoto de Azevedo; CYMBALISTA, T. M. Os acordos substitutivos do procedimento sancionatório e da sanção. **Revista Brasileira de Direito Público**, v. 31, p. 51-68, 2010.

MARTINS, P. A. B. Arbitrabilidade objetiva: interesse público, indisponibilidade de direitos e normas de ordem pública. In: LEITE, E. O. (Coord.) **Mediação, arbi-**

tragem e conciliação. Rio de Janeiro: Forense, 2008, p. 253-271.

MEDAUAR, Odete. **A processualidade no Direito Administrativo**. 2. ed. São Paulo: Revista dos Tribunais, 2008.

MEDAUAR, Odete. **Direito Administrativo moderno**. 17. ed. São Paulo: Revista dos Tribunais, 2013.

MEDAUAR, Odete. **O Direito Administrativo em evolução**. 2. ed. São Paulo: Revista dos Tribunais, 2003.

MEIRELLES, Hely Lopes. **Direito Administrativo brasileiro**. 39. ed. atual. São Paulo: Malheiros, 2013.

MENDONÇA, José Vicente Santos de. A verdadeira mudança de paradigmas do Direito Administrativo brasileiro: do estilo tradicional ao novo estilo. **RDA – Revista de Direito Administrativo**, Rio de Janeiro, v. 265, p. 179-198, jan./abr. 2014.

MENEZES DE ALMEIDA, Fernando; ZAGO, Mariana. A. S. Controle de políticas públicas pelo poder judiciário: breves ideias a partir do modo de estruturação da jurisdição. In: SUNDFELD, Carlos Ari; ROSILHO, André. (Orgs.). **Direito da regulação e políticas públicas**. São Paulo: Malheiros, 2014, p. 91-103.

MENKEL-MEADOW, Carrie J. Dispute Resolution. In: CANE, P.; KRITZER, H. M. (Eds.) **The Oxford Handbook of Empirical Legal Research**. Oxford: Oxford University Press, 2013, cap. 25, p. 596-624.

MENKEL-MEADOW, Carrie. Roots and Inspirations: A Brief History of the Foundations of Dispute Resolution. In: BORDONE, R. C; MOFFITT, M. L. (Eds.). **The Handbook of Dispute Resolution**. San Francisco: Jossey-Bass, 2005, p. 13-32.

MILARÉ, E.; SETZER, J.; CASTANHO, R. O compromisso de ajustamento de conduta e o fundo de defesa de direitos difusos: relação entre os instrumentos alternativos de defesa ambiental da Lei 7.347/1985. **Revista de Direito Ambiental**, v. 10, n. 38, p. 9-22, abr./jun. 2005.

MNOOKIN, R. H.; PEPPET, S. R.; TULUMELLO, A. **Beyond Winning**: Negotiating to Create Value in Deals and Disputes. Cambridge, MA: Belknap Harvard, 2000.

MNOOKING, R. H. **Bargaining with the Devil**: When to Negotiate, When to Fight. New York: Simon & Schuster, 2010.

MNOOKING, R. H. et al. (Org.). **Mediating Disputes**: slides. Program on Negotiation at Harvard Law School, primavera 2013.

MORAND-DEVILLER, Jacqueline. **Droit Administratif**. Paris: Montchrestien, 2011.

MOREIRA NETO, Diogo de Figueiredo. **Mutações de Direito Público**. São Paulo: Renovar, 2006.

MOREIRA NETO, Diogo de Figueiredo. Para a compreensão do Direito Pós-Moderno. **Revista de Direito Público da Economia – RDPE**. Belo Horizonte, v. 11, n. 44, p. 67-86, out./dez. 2013.

MOREIRA NETO, Diogo de Figueiredo. Transadministrativismo: uma apresentação. **RDA – Revista de Direito Administrativo**. Rio de Janeiro, v. 267, p. 67-83, set./dez. 2014.

MOREIRA, R. S.; STROZENBERG, P. Mediação de conflitos comunitários: história e prática. In: VERÇOSA, F. et al. (Coords.) **Arbitragem e mediação**: temas controvertidos. Rio de Janeiro: Forense, 2014, cap. 18, p. 369-378.

NEURAUTER, Maíra. O novo papel da Advocacia Geral da União na resolução de conflitos na Administração Pública: Câmara de Conciliação e Arbitragem da

Administração Federal. In: FERREIRA, Gustavo; ARAÚJO, Marcelo Labanca Corrêa de; FELICIANO, Ivna Cavalcanti (Coord.). **Direito em dinâmica**: 25 anos da Constituição de 1988. [S.l.]: Instituto Frei Caneca, 2014.

NUNES, Cleucio S. Sistemas de justiça emancipatórios do monismo estatal: reflexões sobre soluções democráticas de controvérsias jurídicas. **Revista de Processo – RePro**, v. 40, n. 240, p. 439-457, 2015.

OLIVEIRA JR., J. A. O exercício do poder no Direito Estatal, Arbitral e de Mediação. In: LEITE, E. O. (Coord.). **Mediação, arbitragem e conciliação**. Rio de Janeiro: Forense, 2008, p. 219-217.

OLIVEIRA, G. J.; VARESCHINI, J. M. L. Administração pública brasileira e os 20 anos da Constituição de 1988: momento de predomínio das sujeições constitucionais em face do direito fundamental à boa administração pública. **Fórum Administrativo**, v. 95, p. 23-34, 2009.

OLIVEIRA, Gustavo Justino de. A administração consensual como a nova face da Administração Pública no século XXI: fundamentos dogmáticos, formas de expressão e instrumentos de ação. In: OLIVEIRA, Gustavo Justino de. **Direito Administrativo democrático**. Belo Horizonte: Forum, 2010, p. 211-232.

OLIVEIRA, Gustavo Justino de. Administração Pública democrática e efetivação de direitos fundamentais. In: OLIVEIRA, Gustavo Justino de. **Direito Administrativo democrático**. Belo Horizonte: Forum, 2010, p. 159-187.

OLIVEIRA, Gustavo Justino de. O bom governo e a boa administração. **Gazeta do Povo**. Curitiba, p. 2-2, 28 abr. 2008.

OLIVEIRA, Gustavo Justino de; SCHWANKA, Cristiane. A administração consensual como a nova face da administração pública no séc. XXI: fundamentos dogmáticos, formas de expressão e instrumentos de ação. **A&C – Revista de Direito Administrativo & Constitucional**, v. 32, p. 271-288, 2008.

PALMA, Juliana Bonacorsi de. **Sanção e acordo na Administração Pública**. São Paulo: Malheiros, 2015.

PAULIAT, Hélène (Org.). **La qualité**: une exigence pour l'action publique en Europe. Limonges: Pulim, 2004.

PEIXINHO, Fábio G. C. **Governança judicial**. São Paulo: Quartier Latin, 2012.

PEREIRA, L. C. B.; SPINK, P. K. (Org.) **Reforma do Estado e Administração Pública gerencial**. 7. ed. Rio de Janeiro: FGV, 20056.

PODZIBA, Susan L. **Civic Fusion**: mediating polarized public disputes. [S.l.]: ABA Publishing, 2012.

POULET, Nadine. Le concept de qualité. In: PAULIAT, H. (Org.). **La qualité**: une exigence our l'action publique en Europe. Limoges: Pulim, 2004, p. 17--33.

PURDY, J. M; GRAY, B. Government Agencies as Mediators in Public Policy Conflicts. **The International Journal of Conflict Management**, v. 5, n. 2, p. 158-180, abr. 1994.

QUILLEVÉRÉ, G. L'organisation de l'instruction du procès administratif. In: FIALAIRE, J.; KIMBOO, J. (Eds.). **Le nouveau Droit du procès administratif**. Paris: L'Harmattan, 2013, p. 33-48.

RAIFFA, Howard. **The Art and Science of Negotiation**. Cambridge: Harvard University Press, 1982.

REALE, Miguel. Crise da Justiça e arbitragem. **Revista de Arbitragem e Mediação – RArb**, v. 10, n. 36, p. 319-324, jan./mar. 2013.

ROGERS, Nancy H. et al. (Eds.). **Designing systems and processes for ma-**

naging disputes. New York: Wolters Kluwer Law & Business, 2013.

SALACUZE, Jeswald W. **Seven Secrets for Negotiating with the Government**: How to Deal with Local, State, National or Foreign Governments: and Come Out Ahead. New York: AMACOM, 2008.

SALLES, Carlos Alberto de. **Arbitragem em contratos administrativos**. São Paulo: Método, 2011.

SANDER, F. E. A.; ROZDEICZER, L. Selecting an Appropriate Dispute Resolution Procedure: Detailed Analysis and Simplified Solution. In: BORDONE, R. C; MOFFITT, M. L. (Eds.). **The Handbook of Dispute Resolution**. San Francisco: Jossey-Bass, 2005, cap. 24. p. 386-406.

SANTANNA, Ana Carolina Squadri; VERAS, Cristiana Vianna; MARQUES, Giselle Picorelli Yacoub. Independência e imparcialidade: princípios fundamentais da mediação: a mediação no novo código de processo civil. In: ALMEIDA, Diogo Assumpção Rezende de; PANTOJA, Fernanda Medina; PELAJO, Samantha (Coords.). **A mediação no Novo Código de Processo Civil**. Rio de Janeiro: Forense, 2015.

SANTOS, T. A.; GALVÃO FILHO, M. V. A mediação como método (alternativo) de resolução de conflitos. In: VERÇOSA, F. et al. (Coords.). **Arbitragem e mediação**: temas controvertidos. Rio de Janeiro: Forense, 2014, cap. 20, p. 415-455.

SAUVÉ, Jean-Marc. **A la recherche des principes du droit de la procédure administrative**. 5 dez. 2014. Disponível em <http://www.conseil-etat.fr/Actualites/Discours-Interventions/A-la-recherche-des-principes-du-droit-de-la-procedure-administrative>. Acesso em: 17 out. 2017.

SAVY, Robert. Ouverture du colloque. In: PAULIAT, H. (Org.) **La qualité**: une exigence our l'action publique en Europe. Limoges: Pulim, 2004, p. 11-16.

SCANLON, Kathleen M. Primer on Developments in Mediation Confidentiality. In BLEEMER, Russ (Ed.). **Mediation**: Approaches and Insights. [S.l.]: Juris Publishing, cap. 35, p. 241-248.

SCHIER, Adriana da Costa R. **A participação popular na Administração Pública**: o direito de reclamação. Rio de Janeiro: Renovar, 2002.

SHONK, Katie. **How Mediation Works**: Applying mediation techniques for conflict resolution. 7 jun. 2016. Disponível em: <http://www.pon.harvard.edu/daily/dispute-resolution/how-mediation-works/?mqsc=e3838603>. Acesso em: 17 out. 2017.

SILVA JR., S. R. A mediação aplicada a conflitos socioambientais: uma via necessária. In: VERÇOSA, F. et al. (Coord.). **Arbitragem e mediação**: temas controvertidos. Rio de Janeiro: Forense, 2014, cap. 19, p. 379-413.

SILVA, E.; DALMAS, S. B. Câmara de Arbitragem da AGU e modelo arbitral brasileiro: aproximações e distinções. **Revista de Processo – RePro**, v. 38, n. 217, mar. 2013, p. 341-372.

SILVA, Paulo E. A. **Gerenciamento de processos judiciais**. São Paulo: Saraiva, 2010.

SOUZA, Luciane Moessa de. **Mediação de conflitos coletivos**: a aplicação dos meios consensuais à solução de controvérsias que envolvem políticas públicas de concretização de direitos fundamentais. Belo Horizonte: Fórum, 2012.

SOUZA, Luciane Moessa de. **Meios consensuais de solução de conflitos envolvendo entes públicos**: negociação, mediação e conciliação na esfera administrativa e judicial. Belo Horizonte: Fórum, 2012.

SOUZA, Luciane Moessa de. **Resolução consensual de conflitos coletivos envolvendo políticas públicas**. Organização Igor Lima Goettenauer de Oliveira. Brasília: FUB, 2014. Disponível em: <http://mediacao.fgv.br/wp-content/uploads/2015/11/Resolucao-Consensual-de-Politicas-Publicas.pdf>. Acesso em: 17 out. 2017.

STEWART, Richard B. Addressing Problems of Disregard in Global Regulatory Governance: Accountability, Participation and Responsiveness. **IILJ Working Paper**. NYU School of Law. 2014/2.

SUNDFELD, C. A.; CÂMARA, J. A. Acordos na execução contra a Fazenda Pública. **Revista Eletrônica de Direito Administrativo Econômico**. Salvador, n. 23, ago./set./out., 2010. Disponível em <http://www.direitodoestado.com/revista/redae-23-agosto-2010-carlos-ari-jacintho-arruda.pdf>. Acesso em: 17 out. 2017.

SUNDFELD, Carlos Ari. **Direito Administrativo para céticos**. 2. ed. São Paulo: Malheiros, 2014.

SUSSKIND, L.; CRUIKSHANK, J. **Breaking Robert's Rules**: the New Way to Run Your Meeting, Build Consensus, and Get Results. New York: Oxford University Press, 2006.

SUSSKIND, L.; CRUIKSHANK, J. **Breaking the Impasse**: Consensual Approaches to Resolving Public Disputes. [S.l.]: Basic Books, 1987. The MIT-Harvard Public Disputes Program.

SUSSKIND, L.; ERDMAN, S. **The Cure for Our Broken Political Process**: How We Can Get Our Politicians to Resolve the Issues Tearing Our Country Apart. Dulles: Potomatic Books, 2008.

SUSSKIND, L.; FIELD, P. **Dealing With an Angry Public**: The Mutual Gains Approach to Resolving Disputes. New York: The Free Press, 1996.

TUMMERS, Lars G.; JILKE, Sebastian; VAN DE WALLE, Steven. Citizens in Charge? Reviewing the Background and Value of Introducing Choice and Competition in Public Services. In: DWIVEDI, Y. K.; SHAREEF, M. A.; S.K. Pandey & V. Kumar (Eds.). **Public Administration Reformation**: Market Demand from Public Organizations. London: Routledge, 2013, p. 9-27.

UNITED NATIONS. Office of Legal Affairs. Codification Division. **Handbook on the Peaceful Settlement of Disputes Between States**. New York, 1992.

UNITED STATES POSTAL SERVICE. **All you need to know about REDRESS**. Disponível em <https://about.usps.com/what-we-are-doing/redress/programs.htm>. Acesso em: 17 out. 2017.

VASCONCELOS, Carlos Eduardo de. **Mediação de conflitos e práticas restaurativas**. São Paulo: Método, 2008.

WATANABE, Kazuo. A mentalidade e os meios alternativos de solução de conflitos no Brasil. In: GRINOVER, A. P.; WATANABE, K.; LAGRASTA NETO, C. (Coords.). **Mediação e gerenciamento do processo**. São Paulo: Atlas, 2008, p. 6-10.

WATANABE, Kazuo. **Política pública do Poder Judiciário nacional para tratamento adequado dos conflitos de interesses**. Disponível em <http://www.tjsp.jus.br/Download/Conciliacao/Nucleo/ParecerDesKazuoWatanabe.pdf>. Acesso em: 17 out. 2017.

WEHMEIER, Sally (Ed.). **Oxford Advanced Learner's Dictionary of Current English**. 6. ed. New York: Oxford University Press, 2002.

WEISS, Jean-Pierre. **La division par zéro**: essai de gestion et management publics. Paris: Groupe Revue Fiduciaire, 2009. Coleção "Réforme de L'État".

WHEELER, Michael. **Negotiation**. Boston: Harvard Business School Press, 2003. Série "The Harvard Business Essentials".

APÊNDICE A

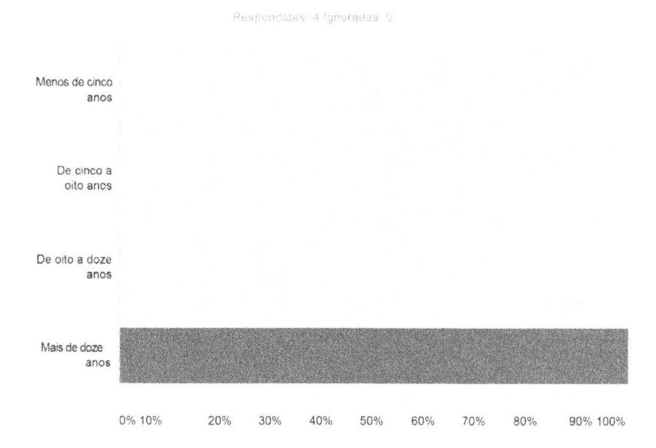

Opções de resposta	Respostas	
Menos de cinco anos	0,00%	0
De cinco a oito anos	0,00%	0
De oito a doze anos	0,00%	0
Mais de doze anos	100,00%	4
Total		4

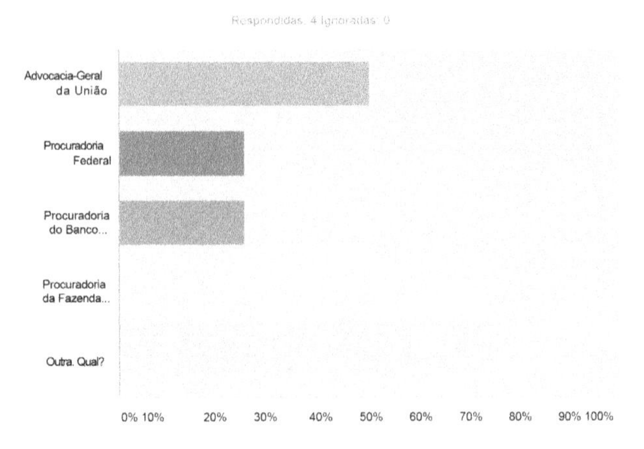

Opções de resposta	Respostas	
Advocacia-Geral da União	50,00%	2
Procuradoria Federal	25,00%	1
Procuradoria do Banco Central	25,00%	1
Procuradoria da Fazenda Nacional	0,00%	0
Outra. Qual?	0,00%	0
Total		4

nº	Outra. Qual?	Data
	Não há nenhuma resposta.	

Q3 Como passou a figurar no quadro de conciliadores da CCAF?

Respondidas: 4 Ignoradas: 0

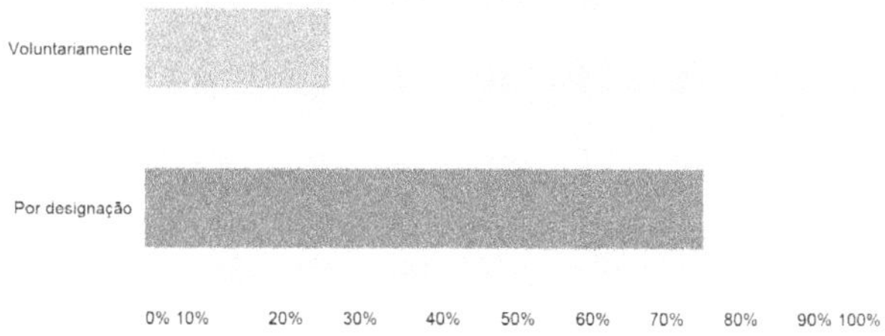

Voluntariamente

Por designação

0% 10% 20% 30% 40% 50% 60% 70% 80% 90% 100%

Opções de resposta	Respostas	
Voluntariamente	25,00%	1
Por designação	75,00%	3
Total		4

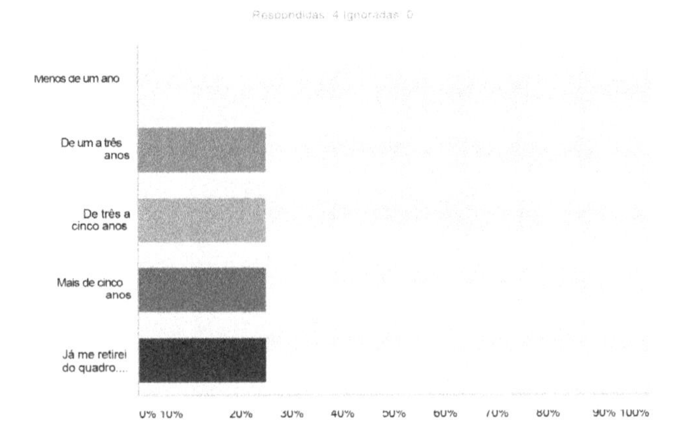

Opções de resposta	Respostas	
Menos de um ano	0,00%	0
De um a três anos	25,00%	1
De três a cinco anos	25,00%	1
Mais de cinco anos	25,00%	1
Já me retirei do quadro. Permaneci por ...	25,00%	1
Total		4

nº	Já me retirei do quadro. Permaneci por ...	Data
1	1 ANO	15/06/2016 16:53

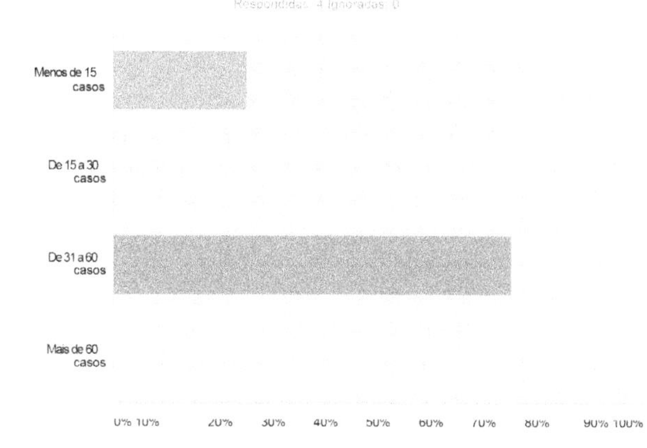

Opções de resposta	Respostas	
Menos de 15 casos	25,00%	1
De 15 a 30 casos	0,00%	0
De 31 a 60 casos	75,00%	3
Mais de 60 casos	0,00%	0
Total		4

Q6 **Possui formação teórica específica em mediação e conciliação?**

Respondidas: 4 Ignoradas: 0

Opções de resposta	Respostas	
Não	50,00%	2
Sim	50,00%	2
Total		**4**

nº	Se sim, qual?	Data
1	PESQUISA DE MESTRADO	15/06/2016 16:55
2	ENAM, EFAM e EAGU	14/06/2016 17:30

Q7 Antes de integrar a CCAF, teve experiência prática com mediação e conciliação?

Respondidas: 4 Ignoradas: 0

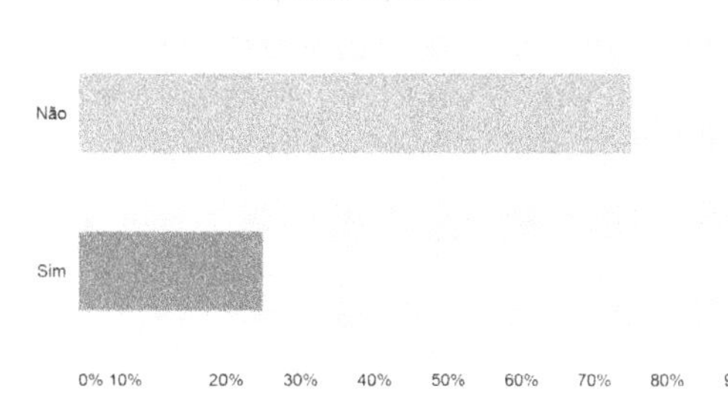

Opções de resposta	Respostas	
Não	75,00%	3
Sim	25,00%	1
Total		4

nº	Se sim, qual?	Data
1	CONCILIAÇÃO NA AREA DE PREVIDENCIA	15/06/2016 16:55

Q8 Realiza cursos de atualização e reciclagem sobre mediação e conciliação?

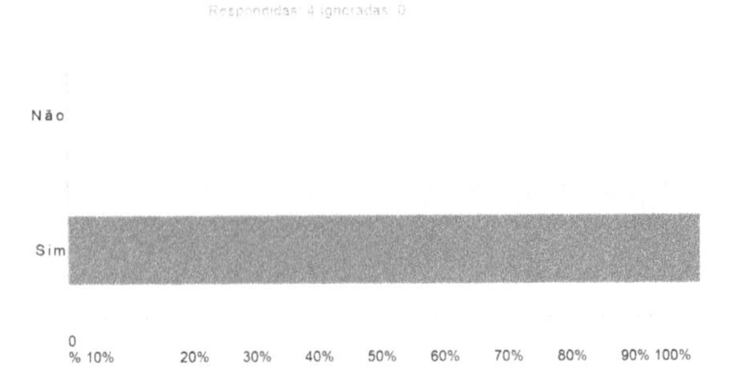

Opções de resposta	Respostas	
Não	0,00%	0
Sim	100,00%	4
Total		4

nº	Se sim, qual?	Data
1	Curso de formação em mediação da CLIP	21/06/2016 16:17
2	CNJ E UNB	15/06/2016 16:55
3	Cursos oferecidos pela EAGU, pelo CJF e pelo CNMP	15/06/2016 11:02
4	EAGU	14/06/2016 17:30

Q9 Você confere às Partes a possibilidade de revisão sistemática do procedimento durante a conciliação/mediação? (Pode ser assinalada mais de uma opção)

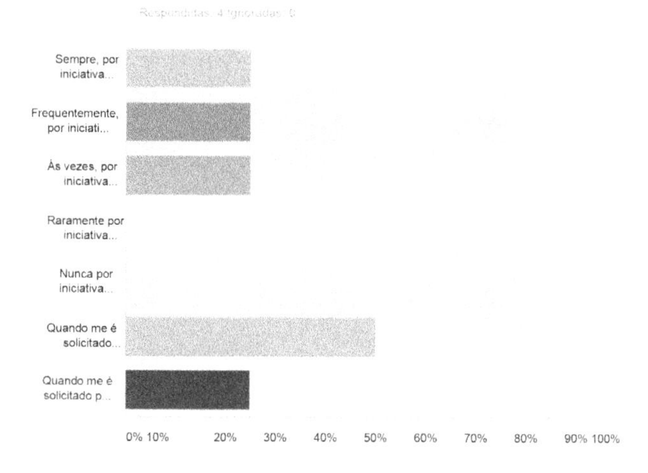

Opções de resposta	Respostas	
Sempre, por iniciativa própria	25,00%	1
Frequentemente, por iniciativa própria	25,00%	1
Às vezes, por iniciativa própria	25,00%	1
Raramente por iniciativa própria	0,00%	0
Nunca por iniciativa própria	0,00%	0
Quando me é solicitado pelas Partes	50,00%	2
Quando me é solicitado pela Coordenadoria da CCAF ou outro ente hierárquico	25,00%	1
Total de respondentes: 4		

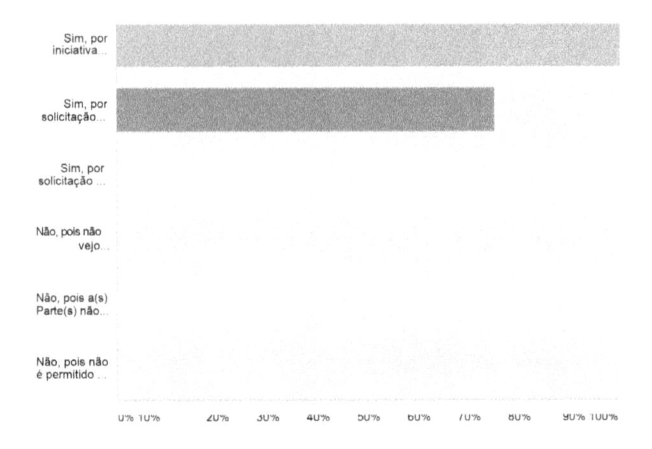

Opções de resposta	Respostas	
Sim, por iniciativa própria	100,00%	4
Sim, por solicitação da(s) Parte(s)	75,00%	3
Sim, por solicitação da Coordenadoria da CCAF ou outro ente hierárquico	0,00%	0
Não, pois não vejo necessidade	0,00%	0
Não, pois a(s) Parte(s) não me solicita(m)	0,00%	0
Não, pois não é permitido no âmbito da CCAF	0,00%	0
Total de respondentes: 4		

Q11 Caso Você se reúna separadamente com cada Parte, qual é o objetivo dessas sessões?(Pode ser assinalada mais de uma opção)

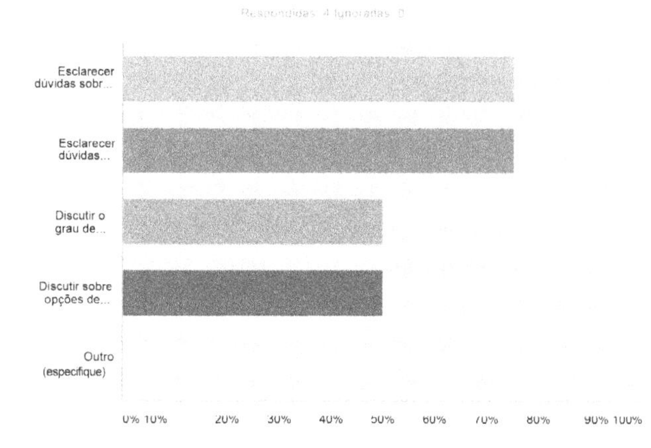

Opções de resposta	Respostas	
Esclarecer dúvidas sobre o procedimento de conciliação/mediação	75,00%	3
Esclarecer dúvidas técnicas sobre o objeto da controvérsia	75,00%	3
Discutir o grau de envolvimento e participação da Parte na conciliação/mediação	50,00%	2
Discutir sobre opções de acordo	50,00%	2
Outro (especifique)	0,00%	0
Total de respondentes: 4		

nº	Outro (especifique)	Data
	Não há nenhuma resposta.	

Q12 Você fornece sugestões sobre o conteúdo do acordo às Partes?(Pode ser assinalada mais de uma opção)

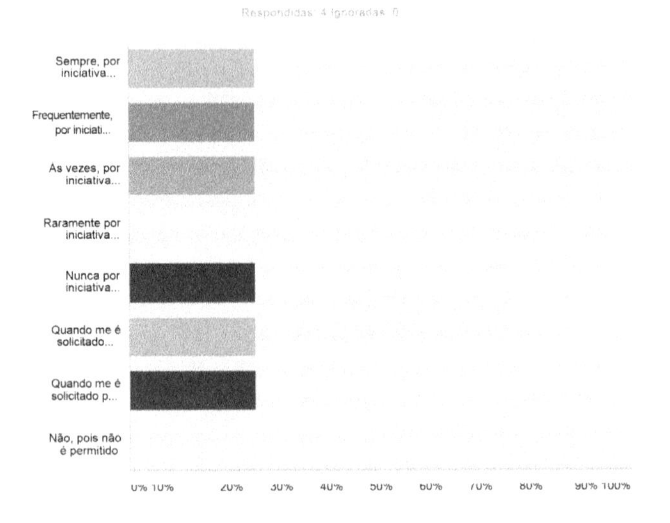

Opções de resposta	Respostas	
Sempre, por iniciativa propria	25,00%	1
Frequentemente, por iniciativa própria	25,00%	1
Às vezes, por iniciativa própria	25,00%	1
Raramente por iniciativa própria	0,00%	0
Nunca por iniciativa própria	25,00%	1
Quando me é solicitado pelas Partes	25,00%	1
Quando me é solicitado pela Coordenadoria da CCAF ou outro ente hierárquico	25,00%	1
Não, pois não é permitido	0,00%	0
Total de respondentes: 4		

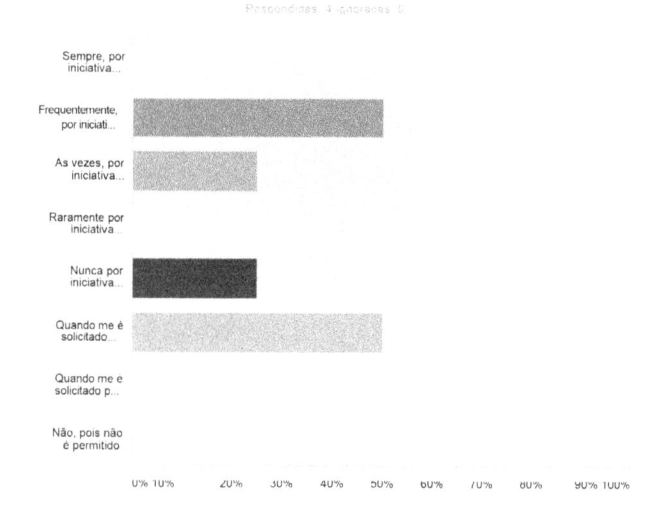

Opções de resposta	Respostas	
Sempre, por iniciativa própria	0,00%	0
Frequentemente, por iniciativa própria	50,00%	2
Às vezes, por iniciativa própria	25,00%	1
Raramente por iniciativa própria	0,00%	0
Nunca por iniciativa própria	25,00%	1
Quando me é solicitado pelas Partes	50,00%	2
Quando me é solicitado pela Coordenadoria da CCAF ou outro ente hierárquico	0,00%	0
Não, pois não é permitido	0,00%	0
Total de respondentes: 4		

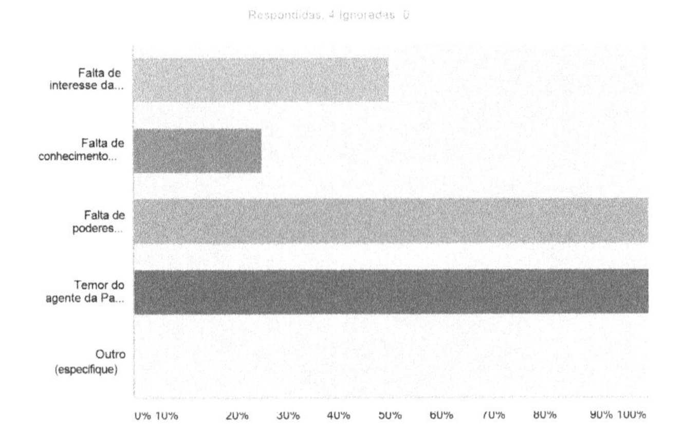

Opções de resposta	Respostas	
Falta de interesse das Partes em um acordo negociado por autocomposição de conflitos na Administração Pública	50,00%	2
Falta de conhecimento das Partes sobre processo de autocomposição de conflitos na Administração Pública	25,00%	1
Falta de poderes (competência administrativa ou legal) ao agente da Parte para a tomada de decisão dos termos do acordo	100,00 %	4
Temor do agente da Parte em ser responsabilizado administrativamente/civilmente/criminalmente pelos termos do acordo perante órgãos de controle da Administração e/ou o Judiciário	100,00 %	4
Outro (especifique)	0,00%	0
Total de respondentes: 4		

nº	Outro (especifique)	Data
	Não há nenhuma resposta.	

Q15 Você realiza avaliação por escrito do procedimento conciliatório após seu término?(Pode ser assinalada mais de uma opção)

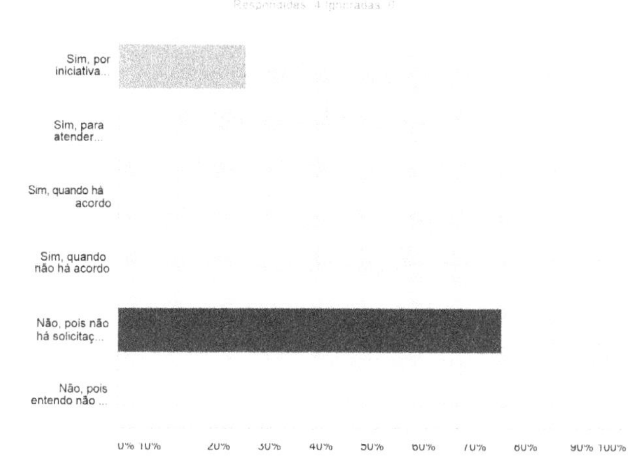

Opções de resposta	Respostas	
Sim, por iniciativa própria	25,00%	1
Sim, para atender solicitação institucional	0,00%	0
Sim, quando há acordo	0,00%	0
Sim, quando não há acordo	0,00%	0
Não, pois não há solicitação institucional para esta avaliação	75,00%	3
Não, pois entendo não ser necessária a avaliação	0,00%	0
Total de respondentes: 4		

Q16 Você realiza auto-avaliação por escrito após término do procedimento conciliatório?(Pode ser assinalada mais de uma opção)

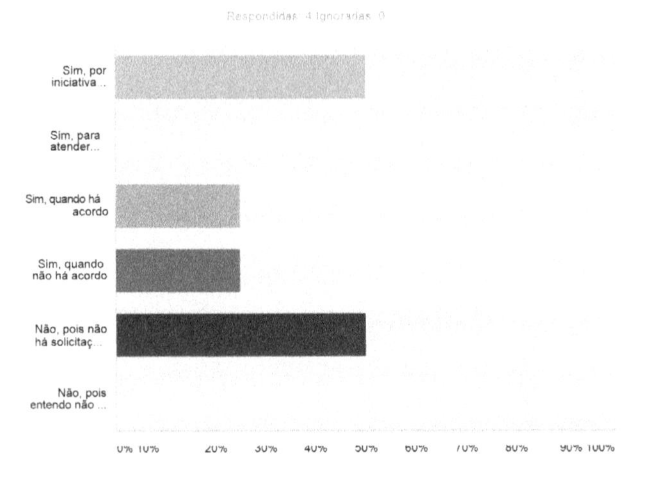

Opções de resposta	Respostas	
Sim, por iniciativa própria	50,00%	2
Sim, para atender solicitação institucional	0,00%	0
Sim, quando há acordo	25,00%	1
Sim, quando não há acordo	25,00%	1
Não, pois não há solicitação institucional para esta avaliação	50,00%	2
Não, pois entendo não ser necessária a avaliação	0,00%	0
Total de respondentes: 4		

APÊNDICE B

Ano	Processo	Termo de Conciliação	Conciliador	Parte 1	Parte 2	Parte 3	Instrumento objeto controvertido	Matéria controvertida
2010	00400.002227/2009-23	005/2010	Gustavo Henrique Ribeiro de Melo	Município de Macapá	MPOG		Legislação	Interpretação de conceitos
2010	00400.011357/2009-57	005/2010	Gustavo Henrique Ribeiro de Melo	IPHAN	SPU	PGF	Convênio	Estrutura administrativa
2010	02051.000109/2004-17	001/2010	Maria Isabel Cohim R. Freitas	FUNAI	IBAMA		Processo judicial	Meio ambiente
2010	00525.002170/2007-94	002/2010	Maria Isabel Cohim R. Freitas	União Federal	Procuradoria-Geral Federal	Universidade Federal do Rio Grande do Norte	Processo judicial	Propriedade de bens imóveis
2010	00407.005522/2009-71	003/2010	Meire Lucia G. M Mota Coelho	INSS	ECT		Processo judicial	Propriedade de bens imóveis

2010	00411.008514/2009-18	004/2010	Ana Paula Ameno Sobral	PGF	PGFN	SPU	Processo judicial	Propriedade de bens imóveis
2010	00407.002660/006/20102010-32	006/2010	Maria Isabel Cohim R. Freitas	IPHAN	SPU	PGF	Processo judicial	Propriedade de bens imóveis
2010	00424.008119/2010-20	CCAF-CGU-AGU-008/2011-MGO	Mareny Guerra de Oliveira	ANAC	Coordenação-Geral de Cobrança e Recuperação de Créditos – CGCOB	Departamento de Polícia Federal – DPF	Processo judicial	Servidores Públicos
2011	00407.004212/2010-73	Nº CCAF-CGU-AGU-013/2011-MGO	Mareny Guerra de Oliveira	Agência Nacional de Vigilância Sanitária – ANVISA	Conselho Nacional de Desenvolvimento Científico e Tecnológico – CNPq		Convênio	Saúde pública
2011	54000.002209/2010-17	015/2011/CCAF/CGU/AGU-VIW	Vera Inês Werle	Ministério do Desenvolvimento Agrário – MDA	Ministério do Planejamento, Orçamento e Gestão – MPOG	Secretaria do Patrimônio da União – SPU	Processo judicial	Propriedade de bens imóveis

2011	004007.000373/2006-1	CCAF-CGU-AGU-020/2011-LMS	Luciane Moessa de Souza	Universidade Federal do Rio de Janeiro – UFRJ	Agência Nacional de Telecomunicações – ANATEL	Ministério das Comunicações	Ato administrativo	Telecomunicações
2011	00408.009006/2010-40	CCAF-CGU-AGU-007/2011-LMS	Luciane Moessa de Souza	Secretaria do Patrimônio da União	Universidade Federal do Rio de Janeiro		Processo judicial	Propriedade de bens imóveis
2011	00407.006113/2010-26	CCAF-CGU-AGU-024/2011-LMS/ADC	Luciane Moessa de Souza e Adriano Dutra Carrijo	União Federal	IBAMA	Ministério do Meio Ambiente	Processo judicial	Meio ambiente
2011	00534.000005/2011-75		Helena Dias Leão Costa	Conselho Regional de Biblioteconomia da 10ª	Conselho Federal de Biblioteconomia	Comando do Exército (Colégio Militar de Santa Maria)	Ato administrativo	Servidores Públicos

2011	00400.000904/2011-93	Nº CCAF-CGU-AGU-010/2011-MGO/GOM	Mareny Guerra de Oliveira e Gina de Oliveira Mello	Imprensa Nacional	Consultoria Jurídica da União no Estado de São Paulo CJU/SP	Ministério do Planejamento, Orçamento e Gestão	Processo judicial	Estrutura administrativa
2011	00408.0011552/2010-41	Nº CCAF-CGU-AGU-001/2011-LMS/PBF	Luciane Moessa de Souza e Paulo Kusano Bucalen Ferrari	União Federal	Fundo Nacional de Desenvolvimento - FND		Processo judicial	Estrutura administrativa
2011	00400.010845/2008-66	Nº CCAF-CGU-AGU-002/2011-GHR	Gustavo Henrique Ribeiro de Melo	CONJUR/MME	RFB	PGFN	Ato administrativo	Estrutura administrativa
2011	00400.021565/2010-06	Nº 026/2011/CCAF/CGU/AGU-HLC	Helena Dias Leão Costa	Município de Pareci Novo / RS	União Federal		Processo judicial	Finanças, Orçamento, Tributos
2011	00400.009796/2010-33	Nº 035/2011/CCAF/CGU/AGU-HLC-GHR	Helena Dias Costa Leão e Gustavo Henrique Ribeiro de Melo	INCRA	ICMBio	CONJUR/MDA	Ato administrativo	Propriedade de bens imóveis

2011	00475.005357/2009-44	Nº 037/2011/CCAF/CGU/AGU-GHR	Gustavo Henrique Ribeiro de Melo	Colégio Militar de Juiz de Fora	Comando do Exército	Conselho Regional de Biblioteconomia – 6ª Região	Ato administrativo	Servidores Públicos
2012	**00400.000051/2012-71**	**Nº 012/2012/CCAF/CGU/AGU-PB**	**Patrícia Batista Bértolo**	**Estado do Paraná**	**Ministério da Saúde**	**Secretaria-Geral do Contencioso – SGCT/AGU**	**Processo judicial**	**Saúde pública**
2012	00400.012003/2012-25	Nº 02/2013/CCAF/CGU/AGU – HMB	Helia Maria Bettero	Tribunal de Contas da União – TCU	Secretaria de Controle Externo no Rio de Janeiro – SECEX/RJ-D3	Companhia Docas do Rio de Janeiro – CDRJ	Processo judicial	Propriedade de bens imóveis
2012	**08620.078612/2012-64**	**Nº 004/2013/CCAF/CGU/AGU0-GOM**	**Gina de Oliveira Mello**	**FUNAI**	**Ministério da Saúde**	**SESAI**	**Processo judicial**	**Saúde pública**
2012	00475.005485/2010-21	Nº 001/2012/CCAF/CGU/AGU-MIC	Maria Isabel Cohim R. Freitas	União Federal	Secretaria da Receita Federal-SRF	Procuradoria da União no Estado de Minas	Processo judicial	Finanças, Orçamento, Tributos

						Gerais – PU/MG		
2012	00400.017218/2011-51	Nº 002/2012/CCAF/CGU/AGU-HLC	Helena Dias Leão Costa	Consultoria Jurídica do Ministério dos Transportes – CONJUR-MT	Procuradoria da Fazenda Nacional – PGFN,	Secretaria-Geral de Contencioso – SGCT	Processo judicial	Questões processuais
2012	00400.019292/2011-11	Nº CCAF-CGU-AGU-004-/2012 – GOM	Gina de Oliveira Mello	Município de Maneiros do Tietê/SP	Ministério do Turismo		Convênio	Finanças, Orçamento, Tributos
2012	00400.004712/2011-56	Nº 06/2012/CCAF/CGU/AGU – MGO	Mareny Guerra de Oliveira	Secretaria da Receita Federal do Brasil	Agência Nacional de Águas - ANA		Ato administrativo	Finanças, Orçamento, Tributos
2012	00450.000298/2009-04	Nº CCAF-CGU-AGU-010/2012- HLC	Helena Dias Leão Costa	CONJUR/ Ministério da Agricultura	Procuradoria Federal do Departamento Nacional de Obras Contra a Seca-DNOCS		Contrato da Administração	Propriedade de bens imóveis

2012	00400.007225/2011-45	Nº CCAF-CGU-AGU-13/2012 – THP	Thais Helena F. Pássaro	MUNICIPIO DE CRICIÚMA/SC	INSS	Procuradoria Geral Federal	Contrato da Administração	Finanças, Orçamento, Tributos
2012	00400.000149/2012-28	Nº 015/2012/CCAF/CGU/AGU-GHR	Gustavo Henrique Ribeiro de Melo	ECT	Ministério Público do Trabalho		Ato administrativo	Finanças, Orçamento, Tributos
2012	00400.008810/2012-43	025/2012/CCAF/CGU/AGU-HLC	Helena Dias Leão Costa	CEMIG	Estado de Minas Gerais	AGE/MG	Processo judicial	Finanças, Orçamento, Tributos
2013	00400.017007/2009-02	Nº 011/2013/CCAF/CGU/AGU-MIC	Maria Isabel Cohim R. Freitas	Procuradoria-Geral da União – PGU	Município de Anápolis-ANS/GO	Procuradoria Geral do Município de Anápolis – PGM/ANS	Processo judicial	Telecomunicações
2013	00400.001949/2012-66	Nº 001/2013/CCAF/CGU/AGU-LMB	Luciana Marques Bombino	ANS	CNPq		Convênio	Finanças, Orçamento, Tributos
2013	00405.004623/2008-64	026/2012/CCAF/CGU/AGU-MIC	Maria Isabel Cohim R. Freitas	Procuradoria-Geral da União – PGU	Procuradoria-Geral do Estado de	e Procuradoria-Geral do	Processo judicial	Meio ambiente

					São Paulo – PGE/SP	Municípi o de Itirapina – PGM/Itira pina		
2013	00400.011685/20 10-97	Nº 005/2013/CCA F/CGU/AGU-VIW	Vera Inês Werle	Estado do Rio Grande do Sul	Ministério da Saúde	Secretaria do Tesouro Nacional	Processo judicial	Finanças, Orçamento, Tributos
2013	00400.010768/20 12-21	Nº 006/2013/CCA F/CGU/AGU-LMB	Luciana Marques Bombino	ECT	Departament o da Polícia Federal		Ato administrativo	Finanças, Orçamento, Tributos
2013	00400.012280/20 12-38	Nº 3/2013/CCAF/ CGU/AGU – BMC	Bruno Marcio Rocha Alencar	Estado da Bahia	Ministério do Turismo		Processo judicial	Interpretação de conceitos
2013	00432.011597/20 11-07	Nº 01/2012/CJU/B A/CGU/AGU	Gilberto Valois Costa	Ministério Público Federal - Procuradori a da República na Bahia	Superintendê ncia Estadual da FUNASA na Bahia	Procurado ria da União e Procurado ria Federal	Contrato da Administração	Propriedade de bens imóveis
2013	00400.005648/20 13-92	Nº 009/2013/CCA F/CGU/AGU-THP	Thais Helena F. Pássaro	Comando Militar do Planalto - CMP	Consultoria Jurídica - Adjunta do	Secretaria do Patrimôni o da	Ato administrativo	Propriedade de bens imóveis

					Comando do Exército	União – SPU		
2014	00407.0014117/2010-05	N° 003/2014/CCAF/CGU/AGU-PBB.	Patrícia Batista Bértolo e Maria Isabel Cohim R. de Freitas	DISTRITO FEDERAL: Secretaria de Estado de desenvolvimento Urbano, Habitação e Meio Ambiente/ GDF – SEDUMA (sucedida pelas atuais Secretaria de Estado de desenvolvimento Urbano e Habitação - SEDHAB e Secretaria de Meio	STF, STJ, TST, TRF1, TCU, PGR, CÂMARA DOS DEPUTADOS e MRE.		Ato administrativo	Estrutura administrativa

				Ambiente e Recursos Hídricos - SEMARH) ; Secretaria de Obras/DF, NOVACAP (Departamento de Parques e Jardins - DPJ); Instituto de Meio Ambiente e dos Recursos Hídricos do Distrito Federal – Brasília Ambiental (IBRAM); DFRANS, DETRAN/ DF,				

				Procuradoria de Meio Ambiente e Patrimônio Urbanístico – PROMAI/PG-DF, Secretaria de Governo.				
2014	00407.006843/2013-70/2009-02	002/2013/CCAF/CGU/AGU/CJU-RS	Tatiana de Marsillac Linn Heck	UFSM	Petrobras		Ato administrativo	Estrutura administrativa
2014	00400.002516/2013-17	N° 001/2014/CCAF/CGU/AGU-LMB	Luciana Marques Bombino	Procuradoria-Geral do Estado da Bahia (PGE/BA)	Superintendência de Desenvolvimento do Nordeste (SUDENE)	Companhia de Engenharia Ambiental e Recursos Hídricos da Bahia (CERB)	Convênio	Finanças, Orçamento, Tributos
2014	0068.001206/2013-06	006/2014/CCAF/CGU/AGU-LMB	Luciana Marques Bombino	Escola da Advocacia Geral da União	Conselho Regional de Biblioteconomia da 1ª Região		Ato administrativo	Servidores Públicos

2014	59204.001424/2011-17	002/2014/CCAF/CGU/AGU-LMB	Luciana Marques Bombino	SUDENE	BNB		Convênio	Finanças, Orçamento, Tributos
2014	00688.000802-2013-61	005/2014/CCAF/CGU/AGU	Helia Maria Bettero e Mareny Guerra de Oliveira	INCRA	Estado do Tocantins		Processo judicial	Propriedade de bens imóveis
2014	00407.003488/2011-15	007/2014/CCAF/CGU/AGU-HLC	Helena Dias Leão Costa	IPHAN	DNIT		Processo judicial	Propriedade de bens imóveis
2014	00688.000886/2014-13	008/2014/CCAF/CGU/AGU	Maria Isabel Cohim R. Freitas	CEF	DEPEN/MJ		Processo judicial	Execução de contratos
2014	00688.001329/2013-39	009/2014/CCAF/CGU/AGU	Luciana Marques Bombino	Município de Vacaria/RS	Ministério da Justiça (SENASP/MJ)		Convênio	Finanças, Orçamento, Tributos
2014	00692.002030-13	010/2014/CCAF/CGU/AGU-THP	Thais Helena F. Pássaro	Estado do Paraná	Procuradoria-Geral do Estado do Paraná – PGE/PR	União por intermédio da Secretaria de Aviação Civil/PR	Processo judicial	Estrutura administrativa

2015	00400.013771/2011-15	001/2015/CCAF/CGU/AGU-RBA	Raquel Albuquerque	Estado do Ceará	Ministério da Integração Nacional		Convênio	Finanças, Orçamento, Tributos
2015	00688.000474/2013	19/2014/CCAF/CGU/AGU-BMC	Bruno Marcio Rocha Alencar	Estado do Rio Grande do Norte	Departamento Penitenciário Nacional – DEPEN/MJ		Convênio	Estrutura administrativa
2015	00400.012936/2008-36	018/2014/CCAF/CGU/AGU-THP	Thais Helena F. Pássaro	Estado do Amazonas	IPHAN	ICMBio	Processo judicial	Questões processuais
2015	08653000900/2013-15	4/2014/CLC/CJU-CE/CGU/AGU-LP	CLC-CE	16ª Superintendência Regional de Polícia Rodoviária Federal	Superintendência do Patrimônio da União no Ceará (SPU/CE)		Ato administrativo	Propriedade de bens imóveis
2015	00552.004724/2014-90	001/2014/CCAF/CGU/AGU/CJU/CLC-SC	CJU/CLC-SC	União Federal	10° Batalhão de Engenharia de Construção	Conselho Regional de Enfermagem de Santa Catarina	Ato administrativo	Servidores Públicos
2015	00402.003296/2014-00	11/2015/CLC/CJU-PE/CGU	CLC/PE	União Federal	Procuradoria Regional da	; Municípi	Processo judicial	Finanças, Orçamento, Tributos

					União/5ª Região	o de Recife		

ÍNDICE